“十一五”国家图书重大工程出版规划项目



中国城市化建设丛书

# 城市化进程下中国城市群空间运行及其机理

彭　翀
顾朝林　著

东南大学出版社
·南京·

## 内 容 提 要

随着我国城市化进程不断深入和“城市群战略”的兴起，城市功能的广域化和城市间社会经济联系的密切化催生大城市群崛起并左右区域经济，然而，关于城市群空间运行的研究尚缺乏系统性和突破，并由于滞后于我国当前城市群空间发展规划实践而难以对其提供科学指导。因此，本研究结合多学科理论，并以辽中城市群为例，对城市群空间运行及其机理展开研究。内容主要包括：(1)城市群空间运行在静态格局和动态演化两方面的一般规律。(2)通过构建城市群空间运行的模型来分析城市群空间运行的宏观机理。(3)通过对主体行为的空间效应建立MAS/SC模型来探讨城市群空间运行的微观机理。(4)运用理论研究的主要成果，以辽中城市群的空间发展为例，具体对其空间运行的宏观、微观机理进行定性和定量分析。

本书信息量大，图文并茂，可供从事区域研究、城市与区域规划、区域经济、人文地理等专业人员和政府管理者以及大专院校师生参考。

**图书在版编目(CIP)数据**

城市化进程下中国城市群空间运行及其机理/彭翀，顾朝林著. —南京：东南大学出版社，2011.1
(中国城市化建设丛书)
ISBN 978-7-5641-2301-7

Ⅰ.①城… Ⅱ.①彭…②顾… Ⅲ.①城市群—城市管理—研究—中国 Ⅳ.①F299.21

中国版本图书馆CIP数据核字(2010)第126321号

**出版发行**：东南大学出版社
**社　　址**：南京四牌楼2号　　**邮编**：210096
**出 版 人**：江建中
**网　　址**：http://www.seupress.com
**电子邮箱**：press@seu.edu.cn
**经　　销**：全国各地新华书店
**印　　刷**：江苏兴化印刷有限责任公司
**开　　本**：700 mm×1000 mm　1/16
**印　　张**：12.25
**字　　数**：218千
**版　　次**：2011年1月第1版
**印　　次**：2011年1月第1次印刷
**书　　号**：ISBN 978-7-5641-2301-7
**定　　价**：39.00元

# 前　　言

改革开放以来，随着国民经济的迅猛发展，我国城市化进程不断深入，城市功能的广域化和城市间社会经济联系的密切化催生大城市群崛起并左右区域经济，这成为近年我国城市化发展中出现的新特点。这种特点体现了城市化与城市群之间的密切联系：一方面，城市化的快速发展成为城市群形成与发展的前提，后者是前者在特定历史时期的特定空间形式；另一方面，城市群的发展促进了城市化的深度发展，并在某种程度上影响着城市化的发展方向。正如叶嘉安院士等(2006)指出：城市化进程的加速催生了“城市区域化”和“城市群”的形成，这些变化都对城镇体系重组带来深远影响。

在政策和规划层面，国家强调城市群空间发展对城市化推进的重大意义。如“十一五”规划纲要“把城市群作为推进城市化的主体形态，逐步形成若干城市群为主体，其他城市和小城镇点状分布，永久耕地和生态功能区相间隔，高效协调可持续的城市化空间格局”。纲要还指出，珠江三角洲、长江三角洲、环渤海地区，要继续发挥对内地经济发展的带动和辐射作用，加强区内城市的分工协作和优势互补，增强城市群的整体竞争力。2007 年 10 月 15 日，中共中央召开党的第十七次全国代表大会再次明确提出，要“走中国特色城市化道路，按照统筹城乡、布局合理、节约土地、功能完善、以大带小的原则，促进大中小城市和小城镇协调发展。以增强综合承载能力为重点，以特大城市为依托，形成辐射作用大的城市群，培育新的经济增长极”。这都不但强调了我国城市群发展在城市化建设中的重要性，而且对未来城市群，特别是大型和特大型城市群的发展研究提出更高的要求。此外，顾朝林(2006)在对中国城市发展新趋势的论述中指出：当代城市发展的两个重要特点为城市规模巨型化和城市联盟及其一体化。这都说明，在高速发展的城市化与城市区域化的推动下，城市群很可能成为区域空间未来发展的重要生长点；城市之间的竞争在很大程度上会转化为城市群体之间的竞争；而在城市群内部，联盟与竞争关系也日趋复杂化。

本书的研究即是在城市化进程的大背景下，探讨城市群空间运行（格局、演化）及其机理的一般规律，并以辽中城市群为例进行实证分析。

研究共分为四个部分。第一部分：研究思路的构建部分，介绍研究背景与意义、国内外研究成果、研究思路、研究内容与框架及研究方法等基本内容。

第二部分：理论研究部分，也是本书的主体内容，分别从城市群的空间运行、空间运行的宏观机理和微观机理三方面具体进行理论探讨。首先，研究将城市群的空间运行概括为空间格局和空间演化的时空耦合；空间格局的研究包括形态格局、层次格局和关联格局三方面，分别提出了形态格局的几种重要的空间模式，归纳了各层次空间格局的若干典型形式，建立了包含宏观、中观和微观在内的层次格局时空模型，并归纳出关联格局在区域关联和城乡关联上的内容与模式；在空间演化的研究中，对城市群的空间演化进程进行四阶段划分，简要归纳了城市群空间演化的规律，指出空间城市化的发展历程，并提出城市群空间演化的三种模式；在此基础上，构建了包含空间格局和空间演化的城市群时空耦合模型，在城市群空间演化和空间格局之间建立了三重对应关系。第二，通过构建城市群空间运行的模型来分析针对空间格局和空间演化的城市群空间运行的宏观机理。模型由三个层次构成：空间格局和空间演化为其核心层次，二者的机理分别为系统与共生、集聚与扩散。模型在核心层之外，将影响分为传统驱动要素和新型驱动要素两个层次，前者包括自然条件、历史人文、区位条件、交通运输和产业经济等要素，后者包括全球化与地方化、信息化与网络化等新经济环境要素。第三，从城市群微观主体空间行为对空间运行效应的角度探讨城市群空间运行的微观机理，而这种空间行为效应的分析通过构建空间运行的多主体概念模型（multi-agent system for spatial circulation, MAS/SC）实现。本研究仅针对新时期背景下的中国城市群进行分析。首先提出并界定与空间运行过程相关的三类主体（市场性主体、社会性主体和政府性主体）；然后选取最重要的三种主体（企业主体、居民主体和政府主体）对主体进行替代简化，对它们的主要空间行为（企业的选址、搬迁、生产行为，居民家庭的居住选址、搬迁和居民的消费、择业行为，政府的政策、规划、建设行为）建模；接着对主体行为之间的交互进行分析；最后讨论主体行为的空间效应。

第三部分：实证研究部分。实证研究运用理论研究的主要成果，以辽中城市群的空间发展为例，具体对其空间格局、空间演化和空间运行的宏观、微观机理进行定性和定量分析。研究首先通过分析辽中城市群的城镇历史演进过程,将其发展阶段划分为萌芽、形成、初步发展和快速发展阶段,并对其空间城市化进程进行具体分析。然后,在现状空间格局的分析中,将现状空间形态格局概括为极核走廊式,提出未来可能的格局形式为双核走廊式;对城市群空间层次格局从宏观、中观和微观三方面分别构建巨型城市区、网络城市和边缘城市并进行具体阐述;通过城市联系度和城乡一体化的定量分析概括辽中城市群空间关联格局特征。接着,本书探讨了城市群空间运行的宏观机理,对应理论研究中指出的宏观机理三部分,从城市群的内部空间系统和外部空间系统两方面及城市群内部城市之间的空间协调几方面探讨城市群空间的系统与共生,对辽中城市群各发展阶段的集聚与扩散特征进行简要概括,总结了不同发展阶段影响城市群空间运行的驱动要素。最后通过构建辽中城市群空间运行的多主体模型,从微观主体行为对宏观空间运行影响的角度讨论了辽中城市群空间运行的微观机理。模型选取了空间运行最相关的两个主体(政府和企业),通过定性的方式研究其选址和搬迁、生产联系、政策和规划行为和行为交互对空间运行的影响。

第四部分:结论部分。在总结研究结论和创新点的基础上,讨论研究中的一些问题,指出研究工作的不足,并提出未来在中国城市群空间理论体系构建和实证研究中的方法和技术等方面需要进一步研究之处。

城市化进程中的城市群空间研究是一个具有理论和实践价值的研究领域,本研究在以下方面取得了一些进展:(1)将空间运行理解为空间格局和空间演化的时空耦合过程,并通过构建城市群空间运行的时空耦合模型,在城市群空间演化和空间格局之间建立了三重对应关系。(2)在空间格局研究中,建立了城市群空间层次格局模型;在空间演化分析中,提出了城市群空间演化的四阶段划分。(3)从宏观和微观两个层面对城市群的空间运行机理进行相对全面而系统的研究。宏观机理概括为空间系统与共生、空间集聚与扩散、要素条件的驱动三方面;微观机理从城市群主体(企业、居民和政府)的空间行为对空间运行效应的角度探讨,并构建了空间运行的多主体概念模型(multi-agent system for spatial circulation)。

# 目　　录

# 1 研究概述

本研究在城市化进程的大背景下，针对城市群的空间运行及其机理的一般规律展开，并以辽中城市群作为实例，进行定性和定量分析。本章从研究的现实与学术背景、理论与实践意义、研究进展综述、研究思路、研究内容、研究方法等方面进行介绍。

## 1.1 研究背景

本研究的背景体现在“发展与变迁”（中国城市化与城市群发展的现实背景）和“成功与不足”（中国大城市群空间发展研究的学术背景）两方面。

### 1.1.1 发展与变迁

从城市群、城市带到都市连绵区概念的提出，反映了城市化空间研究向纵深发展的过程。城市群作为一种地域组织，源于一个城镇化区域里相邻城市的相互作用，即城市群的出现和发展都是城市发展到较高阶段普遍的产物（顾朝林等，2008）。国家“十一五”规划纲要将促进城镇化健康发展作为重要战略，即坚持大中小城市和小城镇协调发展，积极稳妥地推进城镇化。纲要还指出，珠江三角洲、长江三角洲、环渤海地区要继续发挥对内地经济发展的带动和辐射作用，加强区内城市的分工协作和优势互补，增强城市群的整体竞争力。这不但强调了我国城市群发展在城市化建设中的重要性，而且对未来城市群，特别是大型和特大型城市群的发展研究提出更高的要求。此外，顾朝林（2006）在对中国城市发展新趋势的论述中指出：当代城市发展的两个重要特点为城市规模巨型化和城市联盟及其一体化。这都说明，在高速发展的城市化与城市区域化的推动下，城市群很可能成为区域空间未来发展的重要生长点；城市之间的竞争在很大程度上会转化为城市群体之间的竞争；而在城市群内部，联盟与竞争关系也日趋复杂化。

关于中国城市群体系的构成，方创琳（2005）认为：世界城市群结构体系正在形成，城市群间的等级职能正通过参与新的国际劳动地域分工进行重组。中国城市群结构体系由28个大小不同、规模不等、发育程度不一的城市群组成，目前尚处于总体发育雏形阶段，但却是中国未来经济发展格局中最具活力和潜力的战略支撑点和增长极。

针对中国城市群的发展，大多数学者认为城市与城市群的形成发展是一个很长的历史过程，中国城市群总体发育程度低且差异很大，这种差异具有一定程度的合理性，并呈现出发育的阶段性、总体分布的不平衡性和空间分异的规律性；而就城市群内部而言，集聚程度不断提高，中心城市边缘空间迅速扩展(姚士谋等，2001；方创琳，2005)。方创琳(2005)预计，在不远的将来，中国城市群结构体系总体上将告别发育雏形阶段，依次逐步实现向快速发展阶段、发育成熟阶段、趋向鼎盛阶段和鼎盛阶段的分阶段跨越。同时，全球经济一体化正在成为强化“跨”城市群合作的巨大力量。通过竞争与合作，实现城市群经济一体化，并且主动融入世界城市经济体系，逐步迈向国际化和现代化，既是未来我国城市群结构体系发展的必然趋势，也是城市群结构体系形成发育的内在要求(申玉铭，1999；王士君等，2001)。

### 1.1.2 成功与不足

学术界倾向于将中国城市群按其规模划分为不同类型进行研究，这主要是由于城市群空间运行及其机理的复杂程度与空间管治涉及的层面都存在很大差别。方创琳(2005)根据城市群发育程度指数模型计算结果，将中国城市群划分为三个等级，其中一级城市群包括长江三角洲城市群、珠江三角洲城市群和京津冀都市圈三个城市群，辽宁中部城市群所在区域属于第二等级。而此前，代合治(1998)根据面积、人口总量、人口密度和城镇数量等指标将中国城市群划分为特大型城市群、大型城市群、中型城市群和小型城市群四类；姚士谋等(2001)的研究中将沪宁杭地区、京津唐地区、珠三角区域、辽中南地区和四川盆地五城市群称为超大型城市群，而把其他一些发育程度相对较低的称为“城镇密集区”。据此，可以将中国处于前位规模的城市群统称为“大城市群”，而实证研究中的辽宁中部城市群即属此列。

西方国家对大城市群空间发展的研究起步于城市空间的研究，经历了由静态到动态、从小尺度都市区到大尺度城市带、从结构分析到机制探索、从本国研究到国际研究的过程，并对全球经济、信息时代城市群空间新变化进行了探讨。中国大城市群空间的研究与发展晚于西欧、北美等西方发达国家约80年，但我国城市化和工业化进程的加快正在迅猛催生着中国城市群结构体系的形成与发展(倪鹏飞等，2004)，也同时引发国内对城市群空间研究的蓬勃开展。这些研究源自城镇体系，包括对城市群概念的界定、城市群空间发展演变及其机制、空间格局和空间模式的研究及其特征等，此外，对空间协调、整合及管治的方式与策略也有所论述。总体来说，近年来，关于中国大城市群空间发展的研究成果已经较为丰富，《中国城市群》一书的出版和大量学术文章的发表促进了研究体系的形成。具体而言，研究更多地集中在城市群的空间格局和发展过程方面；另外，实证分析多于理论研究。

不过，由于中国大城市群的发展日新月异，加之中国城市群空间发展的研究还不成熟，因此，仍有一些不足之处有待完善。主要表现在：(1) 中国大城市群空间发展的理论体系比较薄弱，缺乏系统性和多学科的综合研究。我国城市群结构体系研究者主要集中在地理学者和城市规划学者当中，专门研究城市群及城市群结构体系的著作不多，从经济学、社会学、生态学和全球化角度研究的更少。(2) 中国大城市群空间发展的理论和实证研究比较脱节，理论研究时往往缺乏实证数据的验证，而实证研究的理论支持也往往不足。(3) 中国大城市群空间发展演变和格局研究很多时候孤立开展，而实际上，时空之间存在密切相关性，对二者进行耦合的研究还很缺乏。即使单就空间格局研究而言，绝大多数只关注城市群的宏观格局，部分涉及内部的相互关系，但很少从宏观、中观直至微观展开系统研究。(4) 目前，学术界对于中国大城市群空间运行的机理缺乏系统的理论研究和针对实证数据的定量分析，研究方法和技术也很少有突破。此外，对于中国大城市群空间发展规划与战略，多数针对较为直观的空间问题展开分析，很少通过空间运行的研究确定问题本质，并结合问题背后的机理进行研究。

## 1.2 研究意义

基于研究背景的考察可知，中国大城市群处在高速发展期，然而关于城市群空间运行的理论研究尚缺乏系统性和突破，这不仅有碍于对大城市群空间发展一般规律的理解，而且制约了实证研究的深度和广度；另一方面，全国正掀起城市群战略规划和研究的热潮，城市群的发展迎来良好机遇，而制定科学的空间发展战略和规划须以充分认识城市群空间运行及其机理等空间规律为基础。

### 1.2.1 理论意义

(1) 针对我国大城市群空间运行的理论研究缺乏系统性的现状，构建城市群空间运行及其机理相对完整的理论框架，有助于对城市群空间运行一般规律的认识。

(2) 将城市群的空间运行理解为空间格局和空间演化的耦合过程，丰富和发展了区域空间理论；其中在空间格局的研究中，建立了包括宏观、中观和微观三个空间层次在内的空间层次格局模型，弥补了以往国内城市群理论研究中对中观和微观层次研究不足的缺陷。

(3) 城市群空间机理的研究包括相对完整的宏观和微观两个层次，特别是在微观机理研究中，通过建立多主体模型对空间主体行为及其空间效应的分析，为空间运行机理的研究提供了新的视角。

### 1.2.2 实践意义

(1) 通过对辽中城市群空间运行的时空分析，明确了辽中城市群目前所处的发展阶段及其空间特征，并指出未来的空间发展趋势。

(2) 通过对辽中城市群空间运行机理的研究，初步了解了城市群空间运行的基本规律及空间发展背景和空间主体行为在空间运行中所起的作用，为政府的政策和规划制定提供了科学依据。

## 1.3 研究框架

本研究旨在探寻城市群的空间运行及其机理的一般规律，并以辽中城市群作为实例，进行定性和定量分析。

### 1.3.1 研究思路

本研究从理论和实证两方面展开。理论研究包括三部分内容，第一是城市群的空间运行。针对以往研究的缺陷，本研究首先将城市群空间运行的内容界定为静态呈现(空间格局)和动态过程(空间演化)的耦合，并从空间格局、空间演化、格局和演化的时空耦合三方面进行阐释。第二和第三部分分别从宏观和微观两方面探讨城市群空间运行的机理，与空间运行的研究内容相对应，前者包括城市群空间运行的格局机理、演化机理和驱动要素，后者从微观主体空间行为对城市群空间运行效应的角度进行分析，弥补了以往研究的两点不足：其一是以往研究常将宏观和微观机理纳入一个框架下考虑，不易理顺其中的关系；其二是以往研究侧重于空间演化机理的分析，而对空间格局的机理研究不足。对应理论研究的三部分，本研究对辽中城市群展开定性和定量的实证分析。

### 1.3.2 研究内容

研究由四个部分共7章内容组成，研究流程见图1-1。

第一部分为第1～2章，是论文的研究概述，包括研究的现实与学术背景、理论与实践意义、研究进展综述、研究思路、研究内容、研究方法等基本内容。

第二部分为第3～5章，是论文的理论研究部分，也是文章的主体，分别从城市群的空间运行、空间运行的宏观机理和微观机理三方面具体进行探讨。

第三部分为第6章，是文章的实证部分。实证研究运用理论研究的主要成果，以辽中城市群的空间发展为例，具体对其空间运行及其机理进行定性和定量分析。

第四部分为第7章，是结论部分，在总结研究结论和创新点的基础上，指出研究工作的不足，并提出未来的研究方向。

### 1.3.3 研究方法

此次研究主要运用下列几种方法：

1）空间运行的多主体模型（MAS/SC）

在微观空间主体行为对城市群空间运行的作用分析中运用空间运行的多主体模型（Multi-agent System for Spatial Circulation）。模型分为两个部分：多主体行为和空间运行。多主体模型方法在城市空间的研究中应用较广，从理论上看，此方法也应适用于城市群这类相对宏观的空间，本研究中对此进行有益尝试。模型首先定义城市群空间运行的相关主体，然后对各类主体的空间行为及行为交互建模，最后分析主体行为的空间效应。在对辽中城市群的实证分析中，选取与空间运行最相关的两类主体（政府和企业）进行较为详细的定性分析。

2）时空耦合的分析方法

本研究将空间运行理解为空间格局和空间演化的结合，在研究方法上突破以往研究中将空间格局（空间研究）和空间演化（时间研究）孤立的研究思路，对二者进行耦合研究，体现在两个方面：（1）在理论研究中，将空间格局研究分为形态格局、层次格局和关联格局三部分，将空间演化研究分为演化阶段、空间城市化和演化方式三部分，通过构建时空耦合模型在空间格局和空间演化之间建立了三重对应关系。（2）在实证研究中，分别从三重对应关系的角度对辽中城市群的空间运行进行分析。

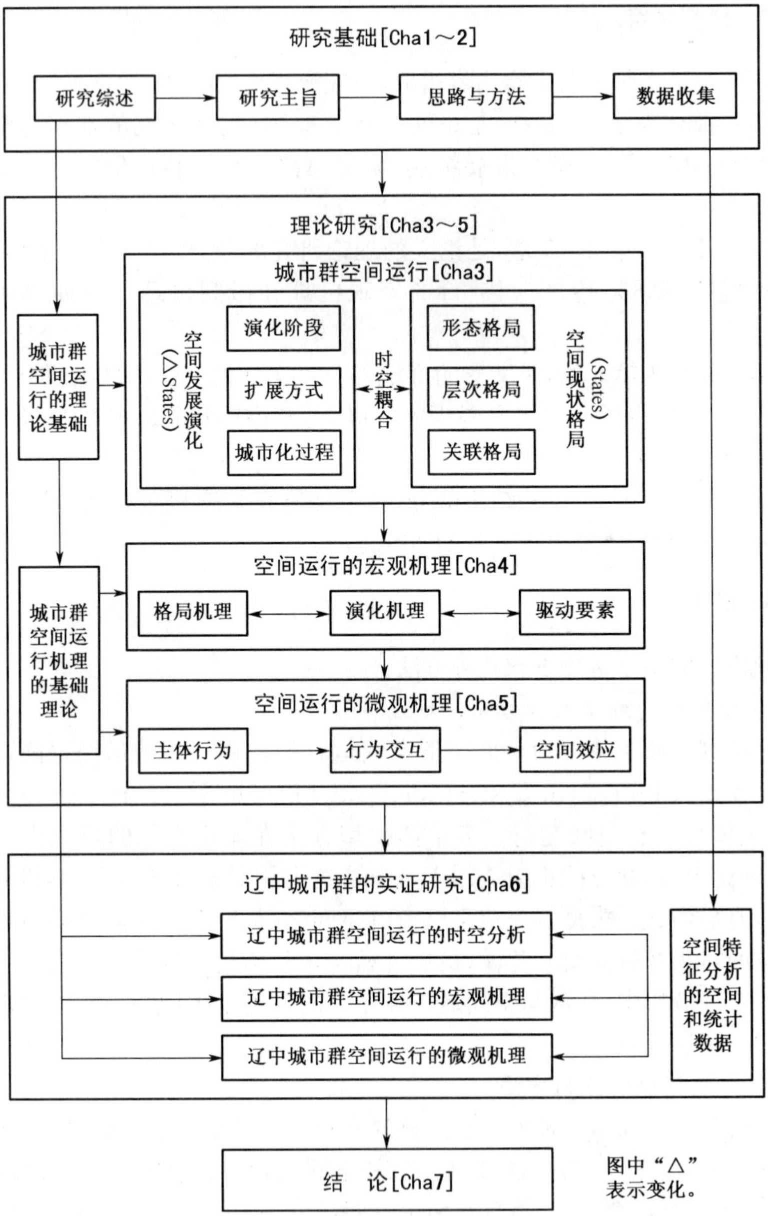


图 1-1　论文研究流程

3）理论和实证相结合的研究方法

本次研究首先从理论上探讨城市群空间运行及其机理的一般规律，然后针对辽宁中部城市群展开实证分析，实现理论与实证的结合（表 1-1）。

**表 1-1 理论与实证结合的方法**

| | 理 论 | 实 证 | 结 论 |
|---|---|---|---|
| 空间格局 | 城市群空间形态格局、层次格局和关联格局的理论建树 | 辽中城市群空间运行的时空定性、定量分析 | 城市群空间运行的时空耦合模型；辽中城市群空间形态格局、层次格局和关联格局确定及特征；辽中空间演化方式和空间发展阶段判定、空间演变特征和规律、阶段划分和现状阶段判定 |
| 空间演化 | 城市群空间发展演化阶段、空间城市化和空间演化方式的相关理论构建 | | |
| 空间运行宏观机理 | 城市群空间系统与共生、集聚与扩散、影响因素 | 辽中城市群空间系统与共生、集聚与扩散、影响因素分析 | 城市群空间运行的宏观机理模型；辽中城市群空间运行的宏观机理 |
| 空间运行微观机理 | 微观主体行为及其空间效应的理论研究 | 政府和企业主体行为的空间效应分析 | 城市群空间运行的微观机理模型；辽中城市群空间运行的微观机理 |

4) GIS 辅助空间分析技术

GIS 作为强大的空间分析辅助工具应用于实证研究中空间格局分析的如下方面：

（1）通过处理研究区域空间图形和建立其属性数据库，分析空间特征。

（2）结合地理学模型和数学公式，对研究区域各层次的空间格局开展各项定量分析。

（3）结合空间分析软件，实现空间分析结果的可视化显示。

# 2 研究进展综述

鉴于本书研究的问题是城市群空间运行及其机理，相关研究进展综述主要包括三部分，首先是城市群相关概念的发展和城市群的内涵；第二是城市群空间运行的相关内容，根据国内外研究现状，分别从空间格局和空间演化两方面进行归纳；第三是城市群空间运行机理的相关内容，包括基本理论、驱动力和作用机理几方面。

## 2.1 城市群及其相关概念

自19世纪末以来，中外学者在城市群研究方面提出了很多与城市群相关的空间概念；而对于城市群概念本身及其内涵，我国学者倾向于从空间角度进行定义和阐释，这都成为城市群空间研究的基础。

### 2.1.1 城市群概念及其发展

城市群相关概念可以追溯到英国学者霍华德(Howard, 1898)在《明日的田园城市》(*Garden Cities of Tomorrow*) 中提出的“田园城市”理念，这开创了从城市群(Town cluster)的角度来研究城市的先河。“集合城市”(Conurbation)最早由英国著名城市学家帕特里克·格迪斯(Patrick Geddes)于1915年在《进化中的城市》(*Cities in Evolution*)中提出。弗塞特(Fawcett)于1930年代提出“城镇密集区”，并将其定义为城市功能用地占据的连续地域，也就是将城镇密集区限制在城镇建成区(Built-up Area)的范围。邓肯(Duncan)于1950年在《大都市与区域》中首次引入“城市体系”(Urban System)的观点(周一星，1995)。

城市群相关理论发展的新阶段以“大都市带”为标志。1957年，法国地理学家戈特曼(Gottmann)在其著名论文《大都市带、或东北沿海地区的城市化》中提出“Megaloplis”(希腊语，意为巨大城市，中文译为“大都市带”)。加拿大地学者麦吉(McGee)对东南亚发展中国家城市密集地区进行研究后提出“城乡融合区”(Desakota) 的概念，将其定义为“沿大城市核心间的交通走廊延伸的农业活动与非农业活动高度混合的地域”，并认为这些地区已出现类似西方大都市带的空间结构。他还提出大都会带（Mega-urban Region，MR）的概念，认为它产生的条件是两大或两个以上核心城市由高效的交通路线连接起来，范围包括核心城市（Major Cities）、城市外缘区（Peri-urban Zones）以及城乡融合区（McGee，1991）。城乡融合区这种亚洲独特的新型城市化区域，在形态上类似于西方的大都市区。对东南亚国家的这种“大都会带”，不少学者将其定义为大都市伸展区（Extended Metropolitan Region，EMR）或都市连绵区（Metropolitan Interlocking Region，MIR）。大都市伸展区与西方的大都市带（Megalopolis）类似，但它们的空间结构特征和发生机制与后者存在差异。大都市伸展区在发展中国家中是主要经济增长和全球化的集中点，它们是整个国民经济的“枢纽、推动器和孵化器”，是经济、科学、技术、教育、信息和专业人才高频繁交流的高度集聚地（顾朝林等，2002）。20 世纪 90 年代初，周一星提出中国都市连绵区的涵义：以若干大城市为核心，大城市与周围地区保持强烈交互作用和密切社会经济联系，沿一条或多条交通走廊分布的巨型城乡一体化区域（周一星，1991）。

### 2.1.2 城市群的涵义

联合国人类聚落中心最早使用城市聚集区（Urban Agglomeration）作为衡量城市规模的标准，将之定义为一群密集、连续的城镇所形成的人口居住区，现在城市群的英文名称就来源于此。国内有关城市群的概念从不同角度出发，主要有以下一些表述。姚士谋在其《中国城市群》专著中提出，城市群（Urban Agglomerations）是在特定的地域范围内，具有相当数量的，不同性质、类型和等级规模的城市，依托一定的自然环境条件，以一个或两个特大或大城市作为地区经济的核心，借助于综合运输网的通达性，发生与发展着纯属个体之间的内在联系，共同构成一个相对完整的城市“集合体”（姚士谋，1992）。顾朝林认为，城市群是由若干个中心城市在各自的基础设施和具有个性的经济结构方面，发挥特有的经济社会功能，而形成一个社会、经济、技术一体化的、具有亲和力的有机网络（顾朝林，1995）。陈凡等认为，城市群是指在一定地区范围内，由各类不同等级规模的城市依托交通网络所组成的一个相互制约、相互依存的一体化城市网络（陈凡等，1997）。代合治则认为，城市群是由若干基本地域单元构成的连续区域，城市群区域应具有较高的城市化水平（代合治，1998）。吴传清等认为，城市群是指在城市化过程中，在特定地域范围内，若干不同性质、类型和等级规模的城市基于区域经济发展和市场纽带联系而形成的城市网络群体（Urban Network System）（吴传清等，

2003)。刘静玉等认为,城市群(Urban Agglomeration)是在城市化过程中,在一定的地域空间上,以物质性网络(由发达的交通运输、通信、电力等线路组成)和非物质性网络(通过各种市场要素的流动而形成的网络组织)组成的区域网络化组织为纽带,在一个或几个核心城市的组织和协调下,由若干个不同等级规模、城市化水平较高、空间上呈密集分布的城镇通过空间相互作用而形成的,包含有成熟的城镇体系和合理的劳动地域分工体系的城镇区域系统(刘静玉等,2004)。

可见,学者们比较一致的意见是:首先,城市群应是一个地域概念;其次,城市群体现社会、经济和文化一体化和相互依存的群体特征;再次,城市群应有一个或多个中心城市;第四,城市群是由物质性网络和非物质性网络联系构成的网络体系;第五,城市群应有较高的城市化水平。至于城市群内的众多城市是否属于同一行政辖区,并不是构成城市群的必要条件。因此,城市群的一般涵义可以理解为:在具有较高城市化水平和较发达物质性和非物质性网络基础的特定地域内,以一个或几个大型或特大型中心城市为核心,由若干不同等级、不同规模的城市构成的社会、经济和文化一体化的相互依存的城市群体。

## 2.2 城市群空间运行

与城市群空间运行相关的研究主要体现在空间格局和空间演化两个方面。

### 2.2.1 城市群空间格局

国内外学术界有关城市群空间格局的研究主要包括城市群空间格局形式和空间格局形态两方面,前者指学术界较为公认的空间格局的一些典型形式,如大都市带、网络城市、边缘城市等;后者指空间格局的形态模式,如极核型、多中心型等。

1) 空间格局形式

在霍华德(Howard)"田园城市"理念和帕特里克·格迪斯(Patrick Geddes)提出的"集合城市"之上,明显具有城市群特征的空间形态为弗塞特(Fawcett)于20世纪30年代提出的"城镇密集区"。刘荣增(2003)将这一概念的地域范围作更广义理解,认为城镇密集区是社会经济及城镇发展到一定历史阶段的产物。刘荣增(2003)进一步提出:城镇密集区由节点、网络和基质三部分组成,其基本特征为高密度城镇、高城市化水平、整体性区域和多层次性结构。近 50 年来，国内外学术界研究较为成熟的格局形态主要有大都市带、大都会带、都市连绵区和大都市伸展区等。其概念在前面已经进行过讨论。而近 10 年，在全球化和信息化发展的背景下，又有一些新的空间格局概念被提出，如巨型城市区、全球城市区和全球区域等。

巨型城市区(Mega-city Region, MCR)的概念于 1999 年由彼得·霍尔(P. Hall)提出，由中心大城市向新的或临近的较小城市极度扩散后所形成。巨型城市区是在形成全球城市化程度最高的地区的过程中新出现的一种城市现象，它是经历了中心大城市向新的或临近的较小城市极度扩散的漫长过程后形成的，是 21 世纪初正在出现的新城市模式。它是由形体上分离但功能上相互联系的一连串的 20～50 个城镇组成，在一个或多个较大的中心城市周围集聚，通过新的劳动功能分工显示出巨大的经济力量。这些城市(镇)既作为单独实体而存在(大多数居民在本地工作并且大多数工人是本地居民)，也被通过高速公路、高速铁路和承载"流动空间"的电信电缆传输的密集人流和信息流所连接，作为更广阔的功能上的城市区域存在(Castells, 1989)。这种巨型城市区是一种从中心向外扩散、半径达 150 千米的城市体，并且是一种伴随着私人小汽车所支持的在通勤腹地内就业的地方性集中发展模式(顾朝林，2006)。

为了强调城市和区域在全球经济和世界政治舞台上日益增长的、作为必要的空间节点的作用，萨森和斯科特曾分别提出了全球城市(Sassen, 1991)和全球城市区(Global City-Region, GCR)(Scott, 2001)的概念。斯科特认为全球城市区日益成为现代生活的中心，全球化刺激了其作为所有生产活动包括制造业、服务业、高技术产业和低技术产业的基础的重要性。彼得·霍尔(2003)认为，在全球化时代，随着生产在全世界的分散，服务活动越来越与物质生产地空间分离，全球性高端服务活动日益集中在少数几个贸易城市。以全球城市为中心，形成功能相互交织的广域地区。从世界城市密集地区发展趋势看，是由几个全球城市再组成全球城市区域，共同面对全球化的挑战以及参与全球城市和区域间的竞争。因此，研究全球城市区的意义主要在于总结目前全球化背景下城市区域的特征(李红卫等，2006)。另一方面，全球化并非我们的目的，我们需要的是城市与区域更好的发展(杨汝万，2004)。这是因为全球化的力量一方面与区域化和本土化的力量互相补充，另一方面又互相抗衡。于是，吴志强(2002)指出，需要为全球化背景下的城市区域描绘一个更好的蓝图——全球区域(Global-Region, GR)。根据李红卫等(2006)的论述，全球区域可以看作是全球化和地方化连接下的空间格局，应具有如下特征：空间密集性、体系网络化、全球枢纽性、内部联盟性和文化独特性。他们的研究还发现，世界上已经出现了较为典型的全球区域，包括波士顿—华盛顿地区、芝加哥—匹兹堡地区、圣地亚哥—旧金山地区、东京—名古屋—大阪地区、伦敦—伯明翰—利物浦和曼彻斯特地区、巴黎—鲁昂—勒阿弗尔地区等；中国最具发展潜力的全球区域为珠江三角洲。

1970 年希腊杜克西亚斯(C. A. Doxiadis)预测世界城市发展将形成连片巨型大都市区。后来，又有学者进一步预测大都市带将发展为世界都市带(Ecumenpolis)(Leman，1976；顾朝林，1995)。世界人居中心的 ELS(Ekistic Logarithmic Scale)在研究城市规模与发展形态存在的互相对应的关系时，提出七种不同的城市发展形态，终极状态为“全球城市化地区”。2006 年，顾朝林在分析中国城市发展新趋势时，提出城市的发展最终导向“无边界城市”的格局。虽然这些理论从城市群发展的趋势上看是可能的，不过由于目前国内外大型城市群还远未达到这样的发展水平，故而缺乏实证研究的支持。

城市群的子空间内存在多核心城市区和网络城市、走廊城市、组合城市、都市区、卫星城、新城、边缘城市和无边缘城市等格局形式。

多核心城市区的思想可以追溯到弗里德曼(Friedmann)和米勒在 1965 年提出的“城市领域”(Urban Field)概念。虽然多核心城市区的理念已经广泛应用于城市网络的空间战略规划(特别是在欧洲)，但是关于这一术语的定义并不明确(Turok & Bailey, 2004; Dieleman & Faludi, 1998)。最典型的多核心城市区有荷兰的兰斯塔德地区(Randstad)，它已经逐渐成为荷兰区域规划的范式——“兰斯塔德概念”并扩展到荷兰三角洲都市地区(Lambregts & Zonneveld, 2004)。此外，欧洲范围内还有德国的莱茵河—鲁尔大都市地区(Rhine-Ruhr Metropolitan Region)，比利时的佛兰德钻石地区(Flemish Diamond)，英国的格拉斯哥—爱丁堡地区(Glasgow-Edinburgh Region)以及北意大利的帕多瓦—特雷弗—威尼斯地区(Padua-Treviso-Venice Region)等(Wusten & Faludi, 1992；Dieleman & Faludi, 1998)。欧洲之外，典型的例子如美国的南加利福尼亚城市区域(Southern Californian Urban Region)和日本的关西或近畿区(Battern, 1995)。针对多核心城市区这一格局，学者们提出相关的具体空间形态，包括走廊城市和网络城市等(Battern, 1995)。在双中心的城市体系中，由于快速交通走廊的建设，核心城市间的联系得到明显加强，并且城市间的联系更倾向于水平互补性。于是，地域在空间结构上逐渐形成走廊城市(Corridor City)(Batten, 1995；顾朝林，2006)。Fishman 研究 1980 年代美国城市体系发现，蔓延 50～100 英里的

“增长走廊”(Growth Corridor)没有明显的核心和可定义的边界，它们呈现出多中心性(Multicentred)。在欧洲一些大都市圈内部，那些邻近国家级高速公路或者高速铁路的城市开始发展，出现了走廊城市的趋势(顾朝林，2006)。学界对走廊城市未给出明确定义，多数研究仅从空间形态的“廊道特征”上考察；但从提出此概念的初衷看，笔者认为，对走廊城市的理解应不同于一般城市群中的“发展走廊”，其在空间规模和发展水平上有较高要求。网络城市是全球化和知识化经济正在培育的一种创新性的多核心城市结构，指的是两个或更多原先彼此独立但存在潜在的功能互补的城市，借助于快速高效的交通走廊和通信设施连接起来，彼此尽力合作而形成的富有创造力的城市集合体(Batten, 1995)。网络城市的突出特点表现为：(1) 强调水平联系和互补性；(2) 注重科研、教育、创新技术等知识型活动；(3) 城市增长潜力并不受制于城市规模，而与弹性相关，网络城市的增长率明显快于中心地城市(Batten, 1995)。

都市区是都市连绵区或大都市带的基本组成单元，它并不是一级行政区，而是一种跨市县的城市功能地域概念。1910 年，美国首先定义了都市区概念(Metropolitan District, MD)，规定都市区内有一个至少 20 万人口的城市，在城市行政边界以外 10 千米范围内的最小行政单元(Minor Civil Division, MCD)的人口密度为 150～200 人/平方英里。此后对这一概念作了多次的修订补充，并在 1990 年后定名为都市区(Metropolitan Area, MA)。西方其他国家的城市功能地域概念基本上是仿效美国建立的(胡序威等，2000)。在一个都市区内，有一个客观存在的核心，核心和外围县之间具有在高度城市化基础上的密切的社会经济联系，并有一体化的倾向。

卫星城和新城的思想源于霍华德的田园城市理论和新城思想。为了遏制大城市的无序蔓延，在城市周边建立绿带，并以绿带之外的卫星城(Satellite City)来容纳新增的城市人口。起初，在人口郊区化的背景下，这些卫星城被建设为“卧城”，即主要提供居住功能，而没有足够的就业岗位。随着大城市地租的继续上升和卫星城的发展，这些卫星城作为反磁力的中心城市，需要提供各种经济机构和建设体育、文化设施，以扭转经济生活向中心地带集中的趋势(Golany, 1976)。而这种具有反磁力的“自足性”成为新城与传统卫星城的最主要区别。“自足性”是指新城内部三次产业协调发展，提供足够而丰富的就业岗位和住宅供应，使新城居住和工作的人群相对统一，并为这些人群提供相应质量的城市服务，以摆脱传统卫星城对母城的依赖。

“边缘城市”(Edge City) 这一概念最初于 1991 年由美国学者埃尔·嘎

罗(Joel Garreaul) 提出,是指在原中心城市周围郊区(特别是高速公路交叉口和机场周围)发展起来的,兼具商业、就业与居住等职能的综合功能中心。"边缘城市"是美国城市郊区开发的产物,代表了美国城市发展的新趋势,即在扩散中又相对集中,城市结构则由单中心向多中心转变。"边缘城市"具有良好的人居环境和完善的城市功能,代表了20世纪80年代美国城市郊区开发的新趋势。边缘城市是美国社会的一种客观存在,它是人口郊区化、产业信息化、交通小汽车化等多因素综合作用的结果,是空间重组和空间重构的产物,并反映了城市由单中心向多中心结构转变的趋势,是在扩散中的重新积聚(孙一飞等,1997;赵鹏军等,2000)。"边缘城市"曾一度被认为代表了20世纪美国城市发展的"第三次浪潮"。其中,第一次浪潮是1950年代到1960年代的人口居住郊区化;第二次浪潮是1970年代以后超级市场为代表的商业郊区化;第三次浪潮就是就业岗位的全面郊区化。从欧美的经验可以看出,欧美对边缘城市本质认识的相同点在于:区位特征(产生于中心城市外围和都市区的边缘)、交通特征(高速公路、铁路和机场等重要交通线的交叉口)、功能特征(设施完善的新增长极)。与边缘城市对应,近年又出现了无边缘城市的提法。无边缘城市(Edgeless City)是办公空间的蔓延导致的空间新形式,它未达到边缘城市密度、集聚性和综合功能的指标要求,然而却在美国的大都市区内普遍存在(有2/3的办公空间分布在无边缘城市内);无边缘城市具有城市的功能,却不具备城市的形式(Lang, 2003)。学术界对无边缘城市的进一步研究还不多见。

2) 空间结构形态

城市群空间发展主要有单一核心城市带动和多核心共同带动两种方式,这就在空间上导向单中心和多中心两种截然不同的结构模式:前者是以大城市为核心,周围伴有若干中、小城镇的团状群组;后者指以若干座规模相仿的城市为中心,组成多核心带状或块状的城市群(邹军 & 陈小卉,2001;唐茂华,2005)。同时,陆玉麒于1998年将双中心结构作为多中心中的特例提出来进行研究,称为双核模式(陆玉麒,1998; 2002)。他认为,这一现象广泛存在于我国沿海和沿江地区。归纳双核结构现象的共同点可以发现,一方是政治、经济、文化三位一体的区域性中心城市,主要是省会城市;另一方则是重要的港口城市,行使着区域中心城市的门户港城的功能。王士君等(2001)也提出"双核模式"。与"双核结构"不同的是,这里的双核指主副双中心,在本质仍应属于单中心的范畴。据此可以认为,双核模式是在某一区域中,围绕区域中心城市和港口城市所形成的一种特殊的多中心空间结构模式。

从外在景观表现来看，城市群空间由节点、网络及基质三部分组成（唐茂华，2005）。而在空间形态上，不少学者从网络的角度理解城市群的空间模式。1996 年，J. G. Papaioannou 开展了全球城市群结构体系网络化发展模式的研究。官卫华和姚士谋（2003）认为，城市群具有区域城市的空间网络结构特征。年福华（2002）将城市群空间理解为网络化空间结构模式：极核网络化模式（Core Region Network）、双子座网络化模式（Town of Dumbbell Network）、多中心网络化模式（Multiple Nuclei Network）、走廊发展型城镇网络化模式（Corridor Type Network）。

根据城市群空间模式形态和形成机制的差异，王士君等提出"成长三角"模式、"雁行"模式和"多极式"模式（王士君等，2001）。此观点认为，"成长三角"模式下的城市群，不仅在空间形态上表现为"三角形"，而且在经济发展上，由于城市规模和实力的不同，也形成以一个主角带动两个副角的稳定结构；典型的城市群有长株潭、厦泉漳、武宜襄和哈大齐等。"雁行"模式以核心城市作为整个城市群的发展极，以铁路、公路、水路和航空等构成交通框架，形成高层次的、整体的经济网络；此类城市群有以上海为"领头雁"的长江三角洲城市群、以青岛为核心的山东半岛城市群等。"多极式"城市群中的城市之间存在强大的吸引力和制衡关系，是一种多极化的格局；以香港、广州、深圳和澳门所形成的珠江三角洲城市群最为典型。

### 2.2.2 城市群的空间演化

城市群空间演化的相关研究包括城市群空间演化的基础理论和阶段划分两部分。

1）城市群空间演化的基础理论

城市群空间演化的基础理论来源于经济地理学、区域经济学、生态学、空间科学和系统科学等多学科。这些基础理论被应用到城市群（或城镇体系）的相关研究中（陆大道，1998；2001；崔功豪等，2001；谢守红，2002；胡伟平，2003，徐昊，2004；李蕊蕊等，2006）。概括起来，主要的基础理论为：生物空间行为理论、增长极理论、核心—边缘理论、点—轴渐进扩散理论、系统理论等。

（1）生物空间行为理论

生物空间行为理论主要基于生态学中基本生物行为，如集聚与扩散、增长与演替、遗传与突变（应激）等，这在城镇群体空间关系中有类似表现。

集聚与扩散行为是社会性生物最基本的空间行为方式（胡伟平，2003）。城市群生态系统中的主体是具有高度社会性的"人"，集聚是社会群体的空间行为本能。人类在原始社会就开始为了抵御敌人和集体生产活动而集聚。产业革命以来的城市化进程更是将人们史无前例地集聚到城镇空间;在集聚的过程中,由于过分集聚出现的城镇弊病又驱使城镇的扩散发展。这种城镇在空间上的集聚与扩散,其行为主体实质上是“人—地”系统中的“人”,动力机制主要由城镇发展的“推力”与“张力”控制。

在增长与演替的行为中,城市群的增长是量的积累;而演替则突出了城镇群体发展中的功能性提升与转换,是一个质的提高。增长与演替行为和集聚与扩散行为有些相似,但增长与演替更多地强调生态过程。在信息社会的今天,城镇的生态功能与知识创新功能受到越来越多的关注。城市群功能的提升是在个体、种群、群落的结构性演变中实现的,既体现在城镇个体内部土地利用空间的职能转换中,也体现在城镇体系的职能分化过程中(胡伟平,2003)。与此相似的行为有入侵与演替,城市群地域结构的演变就如植物群落中的演替是入侵现象的后果一样,随着人流、物流、资金流、信息流的输入,城市群地域结构就会加速改变初始相对的平衡状态,而不是囿于原有的地域结构,其分化并重新迅速整合导致了新的城市群地域结构(徐昊,2004)。

城市群空间关系的遗传与突变行为体现在对城镇历史的继承与新城的生成等方面。遗传指城镇的空间扩展总是在历史长河中保持了文化基因的遗传特性;而突变表现在重大发展机遇出现时,城市群会突变式地在综合条件较好的区位崛起新城镇,或者原有城镇会根据重大变故作出相应的重大发展方向的布局调整,即发生本能的“应激”行为。新城镇的突变式发展与原有城镇的“应激”行为会对城镇群体的演替产生直接推动作用,进而提升城市群生态系统的状态,与遗传行为共同推进城市群发展(胡伟平,2003)。

(2) 增长极理论

城镇群体空间增长是一个连续过程,通常表现为由城镇核心向周边区域的蔓延过程,1950 年提出增长极(Growth Pole)理论的法国经济学家佩鲁(Perroux)正是这种过程的主要支持者(李蕊蕊等,2006)。他的增长极概念是一个纯经济概念,与地域空间系统无直接关系。后来鲍德维尔(Bouderville)把增长极同极化空间、城镇空间联系起来,就使增长极有了确定的地理位置,即增长极的“极”位于城镇或其附近的中心区域。增长极理论是区域开发中不均衡理论的一个典型,强调通过发展中心来带动区域。从城市群的空间格局来看,增长并非同时出现在所有地方,而是以不同的强度出现在一个或几个增长点和增长极上,然后通过不同的渠道向外扩散,并带动整个区域的经济发展。增长极对周围区域产生扩散的正效果和极化的负效果。一般而言，城市在初期发展阶段表现为极化效应，中后期表现为扩散效应(谢守红，2002)。其中，增长极的极化作用很强，而扩散作用相对较弱。城市群极化的形式也多种多样，有向心式极化、等级性极化、波状圈层极化等；而扩散方式则刚好相反，有核心扩散、等级扩散、波状圈层扩散和跳跃扩散等，对于不同城市群要区别对待。增长极建立的关键是选择有发展潜力的城镇或地区进行密集投资，使之具有快速增长能力和扩散能力。

(3) 梯度推移理论

梯度推移理论是在工业生产生命循环阶段理论的基础上产生的。工业生产生命循环阶段论的首创者为美国哈佛大学的弗农等人。他们认为，各工业部门都经历创新、发展、成熟、衰老四个不同的生命循环阶段(朱舜等，2007)。梯度转移主要是通过多层次城市系统扩展开来的。创新在空间上的扩展主要有局部范围扩展和大范围的扩展两种形式。局部范围的扩展指创新活动由发源地大致按距离远近，向经济联系比较密切的近邻城市转移。大范围的扩展则是指创新活动由发源地按全国或区域城市体系的等级顺序，蛙跳式向广大地区扩展。这时，决定转移去向的是各地接受新事物的能力的差距，而梯度正是这种差距的反映。这一理论有助于从产业转移的角度解释城市群的空间扩散过程。

(4) 核心—边缘理论

核心—边缘理论是解释经济空间结构演变模式的一种理论。1966 年，美国区域发展与区域规划专家约翰·弗里德曼(John Friedmann)在委内瑞拉的区域发展演变特征的研究以及根据缪尔达尔(G. Myrdal)、A. O. 赫希曼(Hischman)等人有关区域经济增长和相互传递的理论的基础上，比较系统、完整地提出这一理论。他的核心—边缘理论试图解释一个区域如何由互不关联、孤立发展演变成彼此联系、发展不平衡，又由极不平衡发展变为相互关联的平衡发展的区域系统。他将区域的中心城市称为“核心”，把其影响范围(包括市镇和广大农村)称为“边缘”，核心通过计划和扩散作用、前向和后向联系发展自己，也带动边缘发展(崔功豪等，2001)。虽然这一理论基本上是以极化效应和扩散效应来解释核心区域和边缘区域的演变机制，与增长极理论有许多相似之处，但其阐明了“核心”和“边缘”的联系，对城市群内部的城乡空间关系演化研究有积极意义。

(5) 点—轴渐进扩散理论

在区域规划中，据点与轴线相结合的模式最初是由波兰的区域与城市规划专家萨伦巴(Zaremba)提出来的。该理论认为：城市作为一定区域的中心，是发展的重点，但点是通过基础设施而串联起来的，基础设施通常呈线布局，如交通、动力、水源供应线等。因此，连接各发展重点的线状地带就成为发展的优先地带，称为“发展轴”。要成为发展轴必须具备两个条件：一是依托现有的或正在形成的重要基础设施干线，特别是铁路、河道、高速公路等交通干线；二是在这条线上的原有城市经济基础较好，发展潜力大，资源丰富，能满足快速增长的需要。

后来陆大道等将这一模式提升到新的高度，提出了点—轴渐进式扩散的理论模式，其理论核心是：社会经济客体大都在点上聚集，通过线状基础设施而连成一个有机的整体。点—轴开发模式有利于发挥集聚效应，充分发挥各城市的作用，协调组织经济开发活动和有利开放式的空间发展。陆大道还构设了中国沿海与长江流域相交的“T”空间发展战略（陆大道，2001）。从理论渊流看，点—轴系统理论以中心地学说等为基础，其核心是：社会经济客体大都在点上聚集，通过线状基础设施而联成一个有机的整体。另一方面，集聚于各级“点”上的产业及人口等，又要向周围区域辐射其影响力（产品、技术、管理、政策等），取得社会经济运行的动力（原料、劳动力等），这就是扩散（金凤君，2001）。扩散的基本特点是在各个方向上的强度并不均等，其中，沿着主要线状基础设施（主轴）方向的辐射强度最大，从而引起或加强在该方向上较大规模的集聚。

（6）系统理论

系统理论认为，任何区域都是其中的自然、社会、经济等诸多要素组成的系统，具有整体性、开放性、层次性、动态性特征。系统通过正反馈和负反馈，不断吸收外界的负熵流以降低系统熵值，驱动区域由低级向高级、由无序向有序发展（谢守红，2002）。系统理论强调，一定系统的结构实际上是结构要素之间相互关联、相互调节的耦合系统，结构处于演变过程中，当结构要素之间的相互关联以新的方式形成耦合时，结构也就在整体上发生了改变（徐昊，2004）。城市群的空间正是由构成城市群的各个城市之间的关联方式决定的，各城市之间的关联方式发生变化，城市群的整体空间势必会被迅速增长的城市人口规模、城市职能、社会生活、经济实力等所填满，直至被撑破，从而形成新的空间结构。

2）城市群空间演化的阶段划分

国内外学者们倾向于将城市群空间演化过程理解为城市与区域空间演化过程的有机组成部分，而与之相应的空间演化阶段划分主要有四种思路（表 2-1）。

**表 2-1 城市群空间演化阶段的主要观点比较**

| | 研究对象 | 理论基础 | 划分依据 | 代表人物 |
|---|---|---|---|---|
| 1 | 城市和区域 | 核心—边缘理论、梯度推移理论 | 城市形态和城市体系结构特征 | 格迪斯、弗里德曼、顾朝林等 |
| 2 | 城市群 | 集聚与扩散等 | 空间扩展方式 | 宁越敏、张京祥、邹军、薛东前等 |
| 3 | 以城市群为主 | 增长极理论、生物空间行为理论、点—轴渐进扩散理论、系统理论等 | 学界公认的和较成熟的空间概念 | 崔功豪、陈立人、王兴平、姚士谋、官卫华、朱英明、李红卫等 |
| 4 | 城市和区域 | 增长极理论、核心—边缘理论 | 空间规模和复杂化程度 | 联合国人居署、顾朝林等 |

第一种划分以城市形态和城市体系结构特征为依据，代表人物为格迪斯(Geddes)、弗里德曼(Friedmann)、顾朝林等。格迪斯(1915)在《进化中的城市》中运用区域综合规划的方法，提出城市演化的形态：城市地区(City Region)—集合城市(Conurbation)—世界城市(World City)，其中集合城市被看作是城市群结构体系。弗里德曼在"经济增长引起空间演化"的理论中，建立了城市群空间演化模型，认为城市群的形成发展大致可分为工业化前期—工业化初期—工业化—后工业化四个阶段(Friedmann，1964)(图 2-1)。顾朝林(1995)从区域空间的视角，将城市体系的空间演化划分为孤立体系—区域体系—区际体系—大区体系四个阶段(图 2-2)。

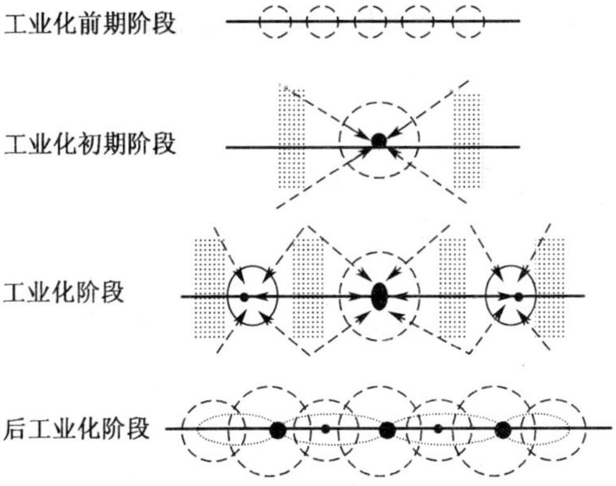


**图 2-1 城市群发展阶段演化阶段(弗里德曼)**

资料来源：根据刘荣增(2003)修改

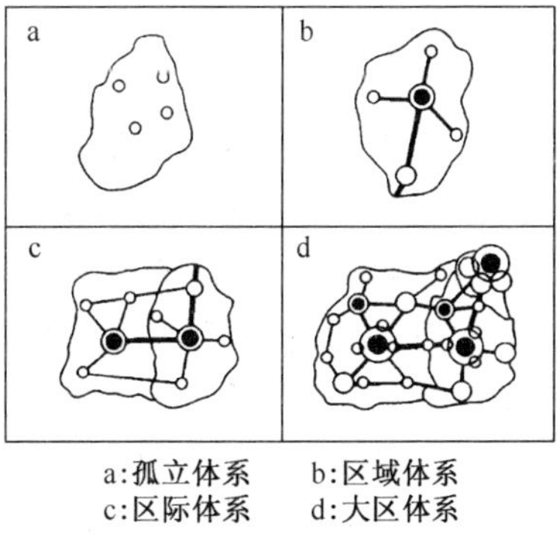


**图 2-2 城市体系空间演化阶段(顾朝林)**

资料来源：顾朝林(1995)

第二种划分以城市空间扩展方式为依据，代表人物为宁越敏、张京祥、邹军、薛东前等。宁越敏把城镇体系演化分为离散—极化—扩散—成熟四个阶段(图 2-3)。张京祥(2000)认为，城市群空间的形成和扩展经历了多中心孤立城镇膨胀—城市空间定向蔓生—城市间的向心与离心扩展—城市连绵区内的复合式扩展等四个阶段(图 2-4)；邹军等(2001)将之概括为独立城镇膨胀—城镇空间定向蔓生—城镇间相向发展—城镇边绵带(区)形成四个阶段。薛东前(2003)将城市群的演化发展阶段划分为集聚—集聚扩散—扩散集聚—扩散四个阶段。

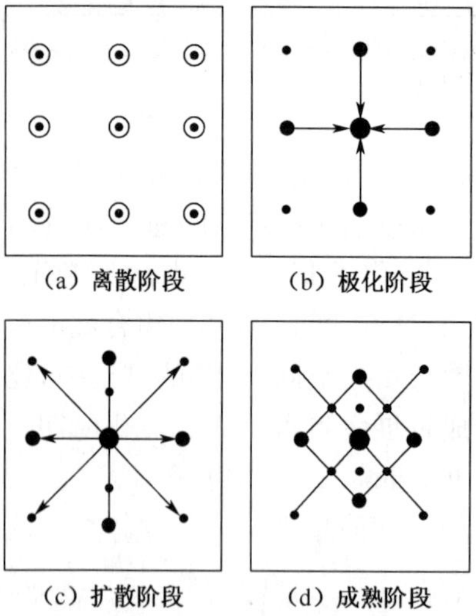


**图 2-3　城镇体系的演化阶段(宁越敏)**

资料来源:转引自谢永琴(2006)

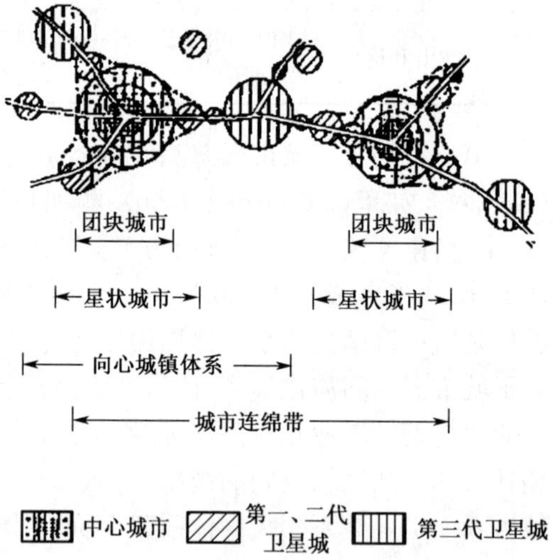


**图 2-4　城镇群体空间演化阶段(张京祥)**

资料来源:张京祥(2000)

第三种是大多数国内学者(崔功豪,1992;陈立人等,1997;王兴平,2002;官卫华等,2003;徐昊,2004;李红卫等,2006)认同的观点。他们从城市群历史演化的视角，勾勒出城市群发展的脉络：一般始于孤立城市，最后发展至大都市带(或世界都市带)，且大都市带可以看作城市群发展的高级空间模式。崔功豪(1992)结合长江三角洲城市群研究，指出根据城市群发展的不同阶级与水平，可划分为三个阶段：城市区域(City Region)—城市组群(Metropolitan Complex)—巨大都市带(Metropolis)。陈立人等(1997)在讨论长江三角洲地区的空间发展时，将城市群空间发展描述为孤散城市—城市聚集区—城市密集带—大都市连绵区四个阶段(图 2-5)。王兴平将城市群的演化发展过程概括为：一般城市—都市区—城市密集区—城市群—大都市区—都市连绵区—都市带(王兴平,2002)。官卫华和姚士谋将之概括为四个阶段:城市区域—城市群—城市群组—大都市带(官卫华等,2003)。徐昊(2004)认为城市群发展经历了分散发展的单核心城市阶段—城市组团阶段—城市组群扩展阶段—城市群形成等四个阶段。李红卫等将人类聚落的演进划分为城市—城市密集区—全球区域(Global-Region)三个阶段(李红卫等,2006)。

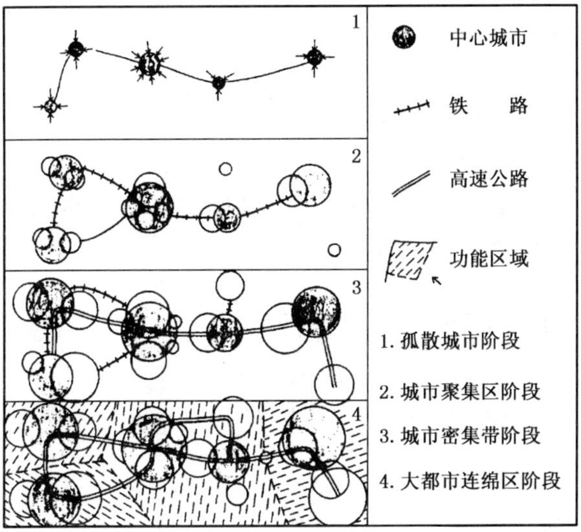


**图 2-5 城市群演化阶段(陈立人)**

资料来源:陈立人(1997)

第四种思路源于联合国人居署和顾朝林等学者对城市和区域发展一般过程的研究。其划分以城市空间不断巨型化和复杂化为标准(图 2-6)。联合

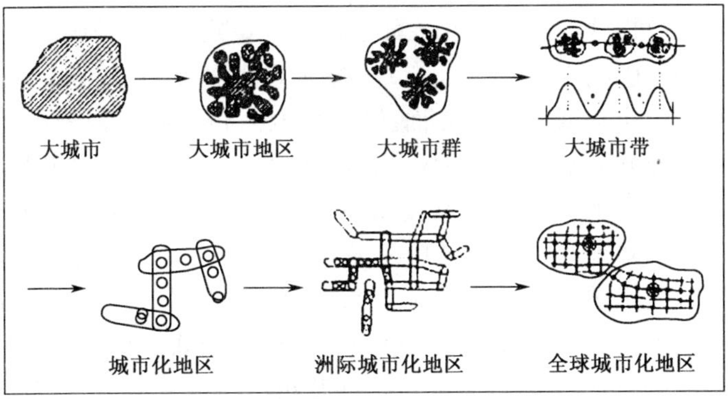


**图 2-6 城市发展演化阶段(ELS)**

资料来源:顾朝林等(2003)

国人居署的 ELS(Ekistic Logarithmic Scale)从城市规模和城市形态角度的研究显示，城市规模与发展形态存在着互相对应的关系：根据城市人口规模的大小，对应了 7 种不同的城市发展形态(顾朝林等，2003)。2006 年，顾朝林在“中国城市新趋势”的论述中，从城市规模巨型化的角度，指出城市发展一般经历了传统向心城市—边缘城市—多核心城市—巨型城市—无边界城市的演化过程(顾朝林，2006)。

此外，在区域发展的终极状态的预言中，戈特曼于 1957 年提出大都市带概念的同时，认为“大都市带”作为城镇群体发展、人类社会居住形式的最高阶段，必然成为 21 世纪人类文明的标志(Gottmann, 1957)。1970 年，希腊杜克西亚斯(C. A. Doxiadis)预测世界城市发展将形成连片巨型大都市区(Doxiadis, 1970)。后来，又有学者进一步预测大都市带将发展为世界都市带(Ecumenopolis)(Leman, 1976)。

## 2.3 城市群空间运行机理

学术界关于城市群空间运行机理的研究可分为三方面：理论基础、驱动力和运行机理。

### 2.3.1 理论基础

城市群的形成和发展是复杂的经济、社会、文化、自然以及各种内在规律相互作用的结果，也是一种城市核心体系在一定区域集聚的城市化现象。德国地理学家克里斯泰勒的中心地理论更是城市群研究的基础理论之一(W. Christaller, 1933)。1942 年，哲夫(G. K. Zipf)首次将万有引力定律引入城市群的空间分析(刘荣增，2003)。

集聚和扩散是城市群空间发展最重要的理论之一，也是城市群地域结构演化的重要动力机制(朱英明，2001)。根据刘荣增(2003)的观点，这种集聚和扩散体现在产业和城市两个方面。集聚的经济性与不经济性是导致城市化过程中集中与分散的主要原因(邢怀滨等，2001)。在一定的时空条件下，区域中心(城市)以其集聚经济优势和比较利益，促使区域内物质、能量、人口、资金的集聚，并且通过乘数效应不断增强内聚力。而向外扩散的辐射力也随内聚力增强而增强。在这种集聚和扩散的共同作用下，一方面，中心城市规模得以扩大；另一方面，中心城市与周围城镇的联系得以加强，导致宏观城市区域向城市群阶段过渡，中心城市向都市区过渡。最后，以资金投资流、信息交换、来自城市企业和研究机构的技术和管理知识、城乡市场的商品交流及城市的技术设备与农村土地和劳力的交换为内容的动态城乡联系,通过以区域为基础的农村城镇化与以城市为中心的自上而下的城镇化相结合的地区发展战略,形成相当规模、实质的城乡一体化区域(吴启焰,1999;姚士谋,2005;郑吉春等,2003)。我国正处于工业化、城市化加速发展的阶段,城市正处于中心集聚的阶段,城市群地域结构的演化具有普遍的规律性。工业化、城市化过程所产生的集散效应以及由此所引起的农村剩余劳动力向城市的转移和农村非农产业的迅速发展,将是我国城市群地域结构演化的重要动力源。人口与企业的扩散、新城市的产生、卫星城镇的出现、区域交通走廊的建设以及城乡融合发展等,将是城市群地域结构变化的"风景线"。随着我国市场经济的进一步完善,城市群地域结构的演变将进入全新的发展阶段(徐昊,2004)。

一些学者的研究表明,劳动分工、区位选择和工业生产组织理论是城市群空间运行的另一个重要基本原理(许学强,1994;徐永健等,2000;邢怀滨等,2001)。分工协作是技术进步和经济发展的强大推动力,而生产分工在空间上表现为由比较优势支配的地域分工。一方面,从企业获得最大效益看,企业纵向联合、空间分散的生产组织方式,比纵向联合、空间集聚的生产组织方式要优越;而纵向分离、空间分散的生产组织方式最为优越。另一方面,从企业的联系费用来看,企业在一定空间范围内不可能分离得太远,还需要一定的集聚。合理的生产布局,如城市群内大城市的工厂、企业从市区迁向郊区是经济活动降低成本、提高效益的基本要求。原有城市的空间扩展导致城市群地域结构发生变化。斯科特(A. Scott)在微观经济学产业组织理论,特别是其中的交易与分工学说基础上,创立了工业—城市区位论。他认为纵向一体化是企业出现的原因,而企业的纵向分解及由此产生的联系网络是城市出现的原因。某一地点的区位优势不是一成不变的,而是随着企业内部的生产和组织机构的动态变化而变化的。工厂区位扩散到城市边缘区后,因集聚经济的原因在当地产生新的生产综合体。因为城市是生产活动和人口高度聚集的地方,城市化与工业化息息相关,新的生产综合体必然会形成新的城市。新城市的产生使城市群地域结构发生重大变化。

### 2.3.2 驱动力

根据近年来国内学者的观点,我国城市群空间形成和发展的宏观背景为经济技术人口聚集、交通走廊的形成、农村人口的充分转化和大量流动形成的劳力结构等(吴启焰,1999);而重要支撑条件包括有利的国际环境和区位,发达的交通、运输和信息网络(阎小培等,1997;官卫华等,2003)。

从城市群空间发展的驱动主体看,主要是自然生长力、市场驱动力和政府调控力三方(叶玉瑶,2006),这也是目前学术界较为一致的观点。自然生长力是城市群空间发展的基础力量,它决定了城市群可能的扩展方式和格局。市场力主要通过企业或企业集团组织的行为来逐渐影响城市群地域结构的变化。市场机制是城市群城市间空间流得以顺畅运行的充分条件:在市场经济条件下,空间流的有序合理要遵循"熵"减规律,依赖于市场机制,以实现城市群市场化(徐昊,2004)。政府通过财政、税收、利率、法律等支撑市场体系的空间要素进行引导。只有在遵循和利用自然条件的基础上,将市场力和政府力充分结合起来,城市群地域结构才能沿着有序合理、可持续发展的方向演化。

从城市群空间发展的驱动力量看,城市居住空间结构演变将成为影响城市群地域结构的重要因素,信息化、全球化、科技发展、生态环境与体制创新等将成为影响我国区域发展的新因素,知识经济将赋予城市群地域结构全新的内涵(顾朝林等,1999;朱英明,2001;陆大道,2003)。城市居住空间演变通过人的空间行为(如居住行为、迁居行为)和生活方式在很大程度上影响着城市景观生态格局的变化,从而不断改变城市的人流、物流、信息流的空间态势,进而影响城市群地域结构(徐昊,2004)。信息化的到来使城市具有两个显著的特征:其一是全球化,即城镇走向区域协作和联合发展的方向,城镇间的联系越来越紧密,分工越来越明确,城镇连绵发展及更多的区域性城市群或城镇联合体出现,导致全球城市网络的形成;其二是专业化,不同类型、不同功能的城镇专业分工越来越细(汤铭潭,2005;陆大道,2003)。全球化进程扩大了区域与外部的交流和合作,扩大了区域创新网络的连接范围,提高了创新能力(李培祥等,2003)。知识经济最根本的特性是创新性,在知识经济时代,技术创新对区域经济发展具有重要的作用,它可以促进区域经济增长方式和生产方式的转变,促进区域经济增长极的形成(王学真等,2001)。在区域投资环境、地缘、人缘等因素的影响下,传统的核心和边缘的关系也在发生变化(陆大道,2003)。

另外,官卫华等(2003)认为,主要动力源是作为地区经济核心城市的特大或大城市。还有其他学者认为驱动力可以分为自然原动力、效益推动力、历史继承力、政策制动力(胡宁,2004)。在国内学者的论断中,较少认同欧美主流学派关于城市群空间发展的推动力是科技革命和产业革命的观点。

### 2.3.3 运行机理

城市群空间运行机理的特点在于强化了宏观因素与微观因素的结合;综合反应了区域空间各个城镇从单要素到多层面复杂因素的相互作用;日

益显示出城市群体之间从线性联系到网络联系的巨系统特征(姚士谋等,1998b)。

张京祥研究城市群体空间演化机理及空间运行系统,把区域空间演化机制概括为三个相互作用、关联密切的过程,即"空间自组织过程"、"社会、经济演化过程"和"空间被构组织过程",提出以过程研究为主线,将经济发展与社会人文发展相结合,把群体空间发展作为一个自构与被构相复合的过程,从区域与圈层两个层面对空间的演化机制进行探讨(张京祥,2000)。宁越敏等(1998)国内学者在对长三角和珠三角地区进行分析后,提出了政策机制、投资机制、市场机制、辐射机制。顾朝林以经济全球化为背景研究中国城市化与城镇体系、城市群的发展过程与动力机制(顾朝林等,1999; 2000)。

其他的机理研究主要通过探讨发展驱动力因素与作用机制之间的关系来展开。阎小培等(1997)通过图示解释穗港澳都市连绵区的空间演化机制。其基本要点为:有利的国际环境、良好的地区条件及政策制度促进基础设施升级、资金集聚和技术和人才集中;随着行政联系的减弱,加之城市空间地域的扩展、非农化速度的加快、城乡一体化的显现和综合交通网络的轴向促进作用,带来都市区和都市连绵区的形成发展(图 2-7)。

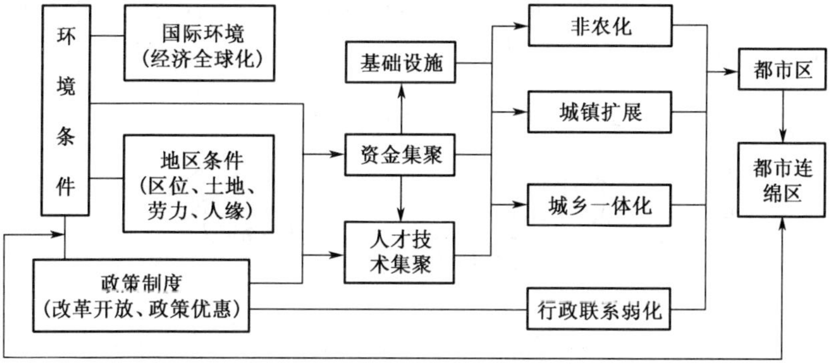


**图 2-7 穗港澳都市连绵区的空间演化机理**

资料来源:阎小培等(1997)

徐永健等(2000)认为,中国典型大都市区形成机制大致可以归纳为:宏观政策机制(包括跨区域基础设施的组织、产业政策、权力下放、户籍政策和行政区划),投资机制,技术创新、吸收机制,市场机制和辐射机制(图 2-8)。此外,全球环境有利是当然的前提条件之一。其中对辐射机制的探讨尤其引人深思。

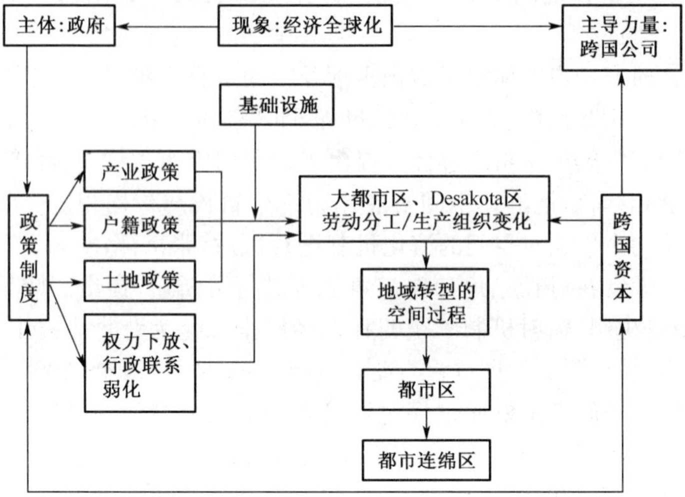


**图 2-8　中国典型都市连绵区形成机制**

资料来源:徐永健等(2000)

刘耀彬等(2003)将城市体系演变和发展看作自然条件、经济发展、社会人文和技术交通四大因素共同推进的结果(图 2-9)。知识经济、信息化和全球经济一体化作为外部影响条件起作用。

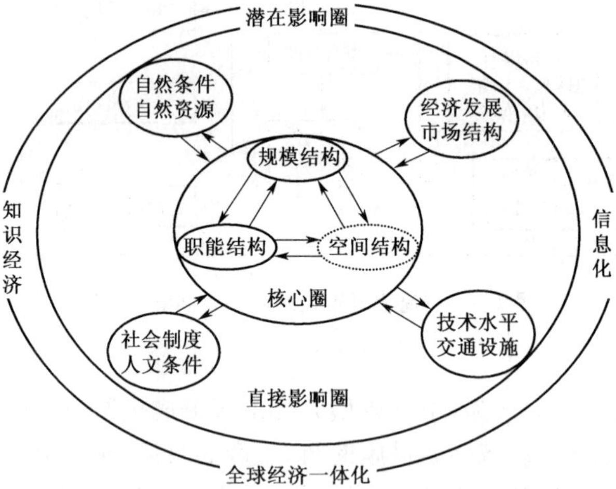


**图 2-9　城市体系空间发展动力结构图**

资料来源:刘耀彬(2003)

叶玉瑶(2006)关于城市群空间演化机制的作用模型通过自然生长力、市场驱动力和政府调控力三者的行为及其交互关系来构建，并指出不同演化阶段主导动力的差异(图 2-10，图 2-11)。

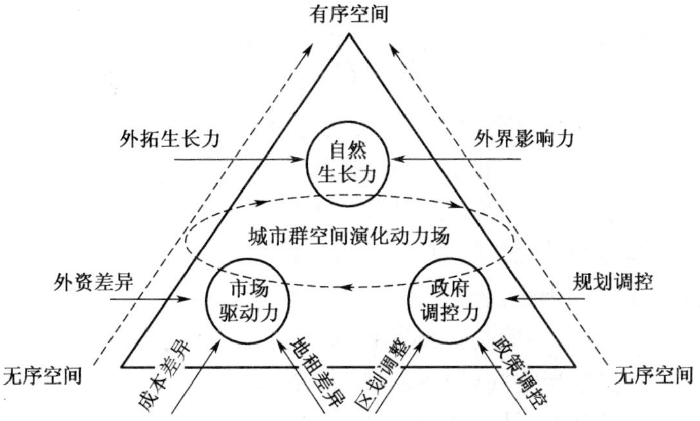


**图 2-10　城市群空间演化动力及其作用机制**

资料来源：叶玉瑶(2006)

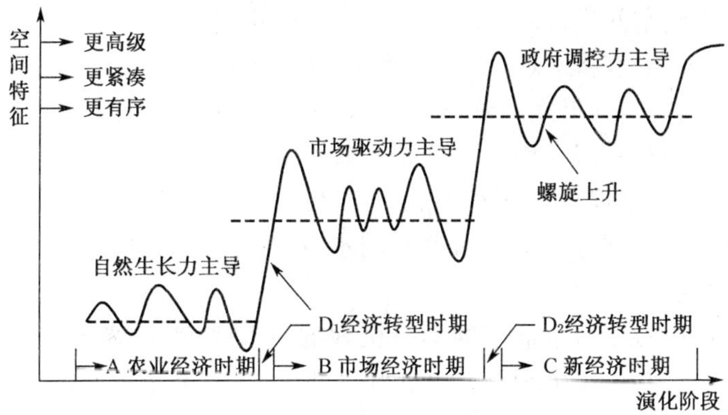


**图 2-11　不同演化阶段主导动力**

资料来源：叶玉瑶(2006)

另外，还有学者针对特定的时代背景，探讨区域空间发展的机制。如刘晓霞等(2005)提出信息时代区域空间的成长机制，为城市群在全球化、信息化等新的宏观背景下的空间发展机制研究提供了思路。

## 2.4 研究述评

从国内外对城市群空间相关研究的一般文献综述看，城市群空间运行及其机理日益成为国内外学术界关注的热点问题，并且在空间格局、空间演化、空间发展驱动力、空间演化机理等方面取得较为丰富的研究成果。

(1) 在空间格局研究中，形成了一些公认的空间格局概念，如大都市带、都市连绵区、网络城市、边缘城市等，并以国内外城市群作为实例进行了实证分析；对于空间格局的形态，提出了如极核、多中心等典型的模式。

(2) 在空间演化的研究中，关于发展过程和阶段的理论已经十分丰富，很多学者以不同标准对城市群相关空间进行阶段划分，并指出各阶段的特征。

(3) 对于空间发展的驱动力和作用机理，已有研究主要针对驱动主体、影响因素、发生作用的过程和原理三方面，比较一致的观点是：驱动主体包括自然、市场和政府力；影响因素为国际环境和区位、交通和运输网络、信息化、全球化、科技发展、生态环境与体制创新等。对作用机理的研究一般通过构建驱动主体、影响要素与空间运行要素之间的关系图来表达，但由于研究视角的差异，不同学者对作用机理的理解也存在较大差别。

但已有研究中同时存在一些不足。第一，对空间格局和演化的研究常常是独立进行，很少将二者进行时空耦合分析，而事实上，二者间存在时空关联，并可纳入到空间运行研究的框架之下。此外，在细节方面，在城市群空间格局的研究中，少有将宏观、中观和微观三种空间格局进行系统分析的研究。由于国家和城市空间尺度的差异，欧洲国家对多核心城市区等中观层次研究较多，包括美国和我国在内的一些领土较广的国家关注于大都市带、都市连绵区等宏观层次格局研究而对中观空间和微观空间研究不足。在城市群空间演化的研究中，鲜有针对城市群空间本身，按照其空间发育的综合特征进行演化阶段划分的研究。

第二，国内对于城市群空间运行机理的研究文献较多，但主要在空间驱动力、背景条件和作用机理等方面进行分别论述，不够系统和深入，特别是在作用机理中，侧重发展演化的机理分析而往往忽视了空间格局存在的原理及规律；此外，这些研究一般未将空间中的宏观因素（如背景条件）和微观因素（如主体的空间行为）进行区分，而事实上它们发生作用的层面和方式并不相同。

# 3 城市群空间运行

“运行”一词在《现代汉语词典》中的释义为“(星球、车船等)周而复始地运转”,可见其原意主要指天体的规律性转动和交通工具有计划的活动,现在运行一词的适用范围已经广为扩大,其基本含义为机构、组织等进行工作和开展活动,描绘一种进行中的工作状态。由此,使用“运行”一词应体现“状态”(空间特征)和“过程”(时间特征)两个方面;对于空间运行,则表现在空间运行的静态呈现(空间格局)和空间运行的动态过程(空间演化)之中。如图 3-1 所示,以“圆柱体”代表空间运行,本研究认为,研究空间运行的“体”可以通过研究空间格局的“面”(圆柱体的若干水平截面)、空间演化的“线”(沿圆柱体的高方向的螺旋线)及二者的耦合关系来实现。具体地,本章首先分析空间运行在既定时间点(空间发展阶段)上相对静止的空间格局,包含形态格局、层次格局和关联格局等;然后分析空间运行在时间序列上的演化历程,包含空间

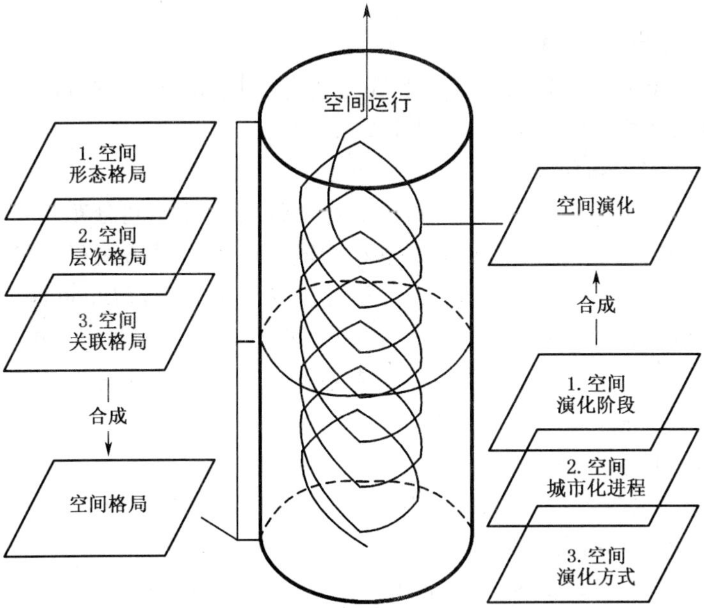


图 3-1 城市群空间运行的构成

演化阶段、空间城市化进程和空间演化方式等；最后从空间格局和空间演化在其各层面上的对应关系探讨空间运行的时空耦合。

## 3.1 城市群空间运行的静态空间格局

"格局"一词在《辞海》中被解释为"规格和式样"；《现代汉语词典》将其解释为"结构和格式"；《高级汉语词典》则给出两种释义：一是艺术或机械的图案或形状、格式、布局，二是局势、态势。因而综合来看，可将"格局"理解为格式与布局，包括规格式样以及局势安排等方面。"格局"与"结构"的含义有所不同。"结构"一词被《辞海》解释为"同'功能'相对，物质系统内各组成要素之间的相互联系、相互作用的方式"；《现代汉语词典》则将其解释为"各个组成部分的搭配和排列"。可见格局重在描述事物呈现出的总体状态与层次，而结构则强调事物内部各组成部分之间的相互关系。

本书对城市群空间格局的研究，重在从格式与布局方面进行，具体内容包括展现城市群空间结构形态的空间形态格局，城市群宏观、中观与微观空间各层面发展状态的层次格局以及城市群城市空间之间和城乡空间之间的关联格局。

### 3.1.1 城市群空间形态格局

基于文献综述中国内学者对于空间结构形态的观点，城市群的空间形态格局包含不同模式。本研究将城市群空间形态格局概括为极核型、走廊型、多极型和复合型四种空间模式(图 3-2)。

1) 极核型空间模式

在相似的背景条件下，吸引和排斥作用使城镇的空间分布趋于均匀；然而，由于各城镇节点生长机会和能力不均衡，相互作用场强存在较大差别，导致城市规模和分布存在梯度差异，并且在理想状态下，城市群倾向于以极核城市为圆心依此向外推移，城镇的规模、密度、城镇及城镇组群的等级依次降低，这便形成了极核型城市（如世界城市纽约、东京、伦敦等，国际城市巴黎、上海、香港等，区域中心城市沈阳、武汉等）及其周边城市和广大腹地组成的极核型空间模式(图 3-2(a))。

极核型空间模式可划分为核心层、中间层和外围层三个层次。核心层位于城市群中心，发展历史悠久，规模最大，由极核城市及其卫星城和其他中小城镇组成，二、三产业发达，非农业用地所占比重较大，交通通达性好，具有极强的集聚和扩散功能。中间层是围绕核心层形成的规模不等的次级城市聚集区，分布着城市群的副中心和大多数大中城市，城市发育程度高，具有一定的系统性，是核心扩散的主要承接地区。外围层处于城市群外围，城市分布相对均匀，核心扩散未能在此形成要素集聚，农业用地比重大，二、三产业不发达，是城市群的腹地构成，也是未来发展的潜力区域。

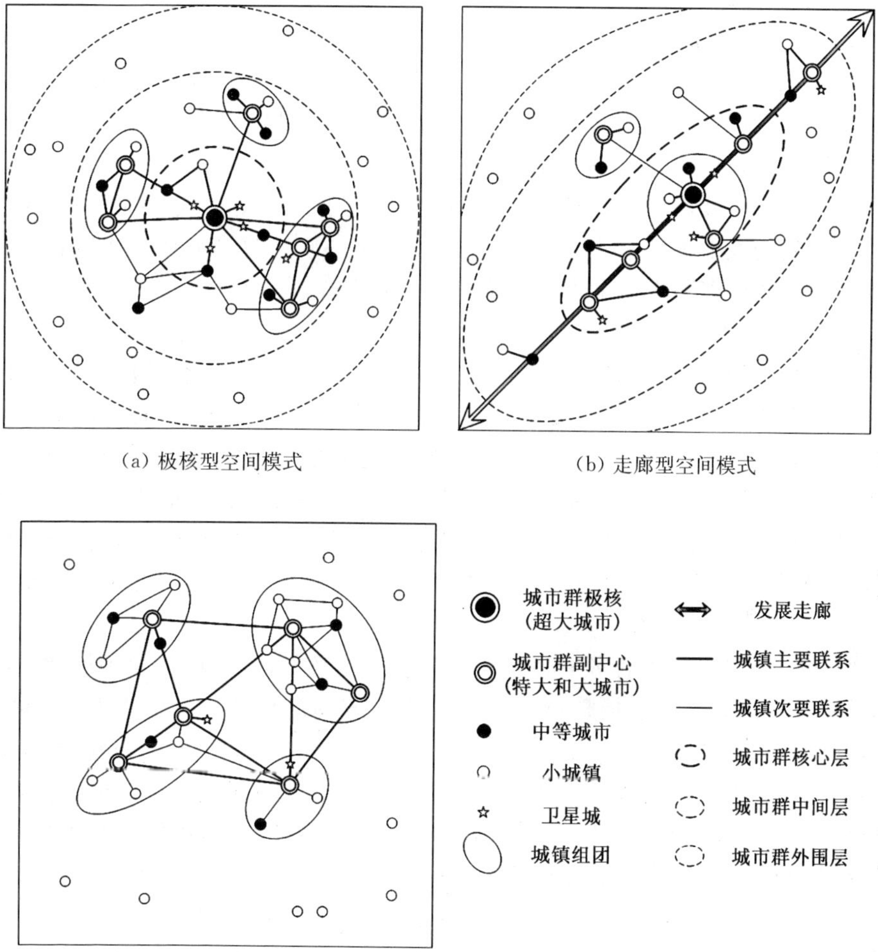


(a) 极核型空间模式　(b) 走廊型空间模式　(c) 多极型空间模式

**图 3-2　城市群空间形态格局**

2）走廊型空间模式

由于空间自然和交通等因素有带状优势，极核型城市群形态呈现很大程度的变形，从而形成以核心城市为发展极，以铁路、公路、水路和航空等为轴线的高层次、整体性廊道空间，这便构成了走廊型空间模式(图 3-2(b))。通过优越的交通轴线引导城镇群的发展，有利于区域经济联系和城市区域之间的协作，客观上为城市拓宽了自己的经济腹地范围，增强了城市的辐射力与吸引力。特别是我国，由于许多城镇密集区的范围比较广阔，而区域性的基础设施水平较差，城市发展与区域经济总体布局沿着交通条件比较优越或用水、用地条件好的发展轴线展开，形成了走廊型城市发展地带。在这种模式中，城镇发展和城市化推进以走廊为轴，呈“椭圆圈层式”或“波浪式”向外围推移，在空间上形成核心、中间和外围三层影响区(Buffer Zone)。其中，交通走廊形式又可划分为三类：(1) 单一型走廊(可以是铁路、江河、海岸线等)。城市节点分布于走廊上，呈串珠式轴向扩展。(2) 交叉型走廊。两条发展走廊在空间上交叉伸展，城市群极核城市通常处于走廊交叉处，沿两条轴线展开一系列的大中小城市，布局形式比较均称。(3) 放射状走廊。从核心城市放射出去的以多条发展走廊为骨架形成的城市群。

3) 多极型空间模式

在城市群空间内，如果各主要城市的发展条件和发展水平相当，空间内也不存在明显的发展轴线，城市群则倾向向多中心化发展，形成多极型空间模式(图 3-2(c))。这些多中心城市发展程度呈现类似性，规模和影响力一般不如单中心城市群的极核城市大，但城市之间往往存在强大的吸引力和制衡关系，因而具有很强的互补性。例如湖南省的长株潭城市群的形成以长沙、株洲、湘潭三城市为主，与周围区域的湘乡、郴州、韶山、醴陵等几个小城市相连，共同组成多中心城市群。

多极型空间模式的多中心在空间上水平关联与合作较强，而等级性空间联系较弱，因此相对于极核型模式更易于形成网络化结构。事实上，不少学者已经从网络的角度理解城市群的空间模式。1996 年，J. G. Papaioannou 开展了全球城市群结构体系网络化发展模式的研究。该研究认为，网络化空间格局对应于中心地空间格局，是多极型空间模式发展的高级阶段(表 3-1)。网络化的多极型城市群的杰出代表为荷兰兰斯塔德(Randstad)地区。

**表 3-1　中心地模式与网络城市模式异同点对比**

| 中心地模式 | 网络城市模式 | 中心地模式 | 网络城市模式 |
|---|---|---|---|
| 中心性 | 节点性 | 垂直可达性 | 水平可达性 |
| 规模相关性 | 规模中心性 | 单向流动 | 双向流动 |
| 主从服务性 | 弹性与互补倾向 | 交通价格 | 信息价格 |
| 均质商品和服务 | 异质商品和服务 | 空间竞争 | 对价格竞争的歧视 |

资料来源：顾朝林等，1997

当今世界，网络城市的增长率明显大于中心地城市，欧洲的网络城市和中心地城市的发展就显示出这样一种景象(图 3-3)。

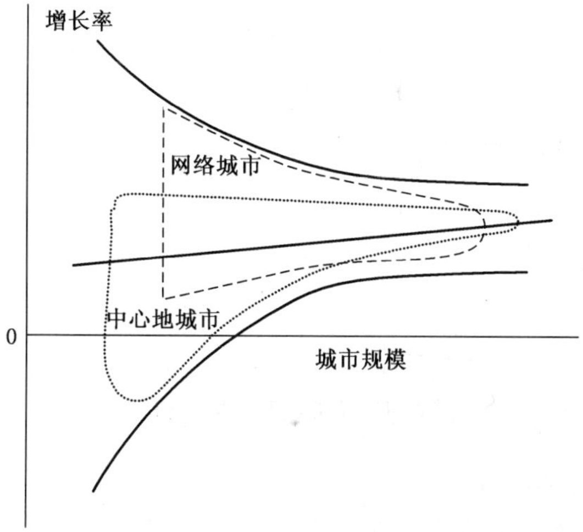


**图 3-3 欧洲网络城市与中心地城市的增长率比较**

资料来源：谢永琴(2006)

4) 复合型空间模式

在城市群空间复杂的历史演进过程和自然经济条件下，城市群的空间往往不能简单冠以某种空间模式，而常常是以一种空间模式为主的复合型格局。较常见的复合形式为"极核走廊复合式"和"多极走廊复合式"。前者如长江三角洲城市群，以上海为极核，沪宁和沪杭作为其两条最重要的发展轴形成"Z"型空间形态；辽宁中部城市群，形成了以沈阳为中心，以五条铁路为轴线的空间格局，每条轴线上在有利的交通位置或矿产资源丰富的地区形成节点，逐步发展为中小城市，这些城市都与沈阳有着密切的协作与交流。后者如珠江三角洲城市群和成渝城市群。

### 3.1.2 城市群空间层次格局

从地域空间范围上看，城市群的空间包括宏观、中观和微观三个层次。宏观指覆盖城市群整个区域的全局性、整体性空间；中观为城市群的局部空间，往往跨越几个行政市，由一个或多个在空间上非常接近的特大、大城市和一系列中小城镇及其腹地构成；微观空间为行政市内部空间，指单个特大或大城市和周边小城镇共同构成的空间区域(图 3-4)。

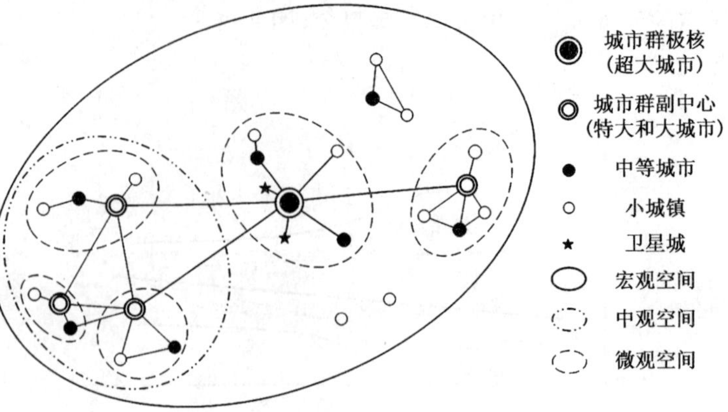


图 3-4 城市群空间层次格局

1）空间层次格局划分

城市群的宏观空间在其不同发展阶段呈现的形态各异，具体可分为低级、高级和超级三种格局形态。低级形态主要包括“集合城市”(Conurbation)、城市密集区等；高级形态主要有大都市带、大都会带、都市连绵区和大都市伸展区等，近 10 年来，在全球化和信息化的发展背景下，又出现一些新的高级空间格局形式，如巨型城市区、全球城市区和全球区域等；超级形态包括巨型大都市区(Doxiadis, 1970)、世界都市带(Ecumenopolis)(Leman, 1976；顾朝林，1995)、全球城市化地区、无边界城市(顾朝林，2006)等。中观空间格局主要为多核心城市区(Polynuclear Urban Region)、走廊城市(Corridor City)、网络城市(Network City)、组合城市和都市区等。此外，国内学者在实证研究中使用“城镇群”、“组合都市区”来形象地描述空间距离上相对接近而发展水平相当的几个城市的“集合体”，也应属于中观城市空间格局的范畴。城市群微观空间格局基于圈层结构理论，其格局形式主要有都市区、卫星城和新城、边缘城市和无边缘城市等。

2）空间层次格局模型

基于以上对空间层次的划分和文献综述中有关空间层次格局形式的概念和特征，构建城市群空间层次格局模型①如图 3-5 所示。模型构建的基石是戈特曼的大都市带理论，并以此为发端，从时间和空间的二维空间角度展

① 模型中的格局形式仅包括对应年代新出现或新提出的，以往延续的格局形式不在模型讨论的范围内。

现城市群空间层次格局形式之间的关系。

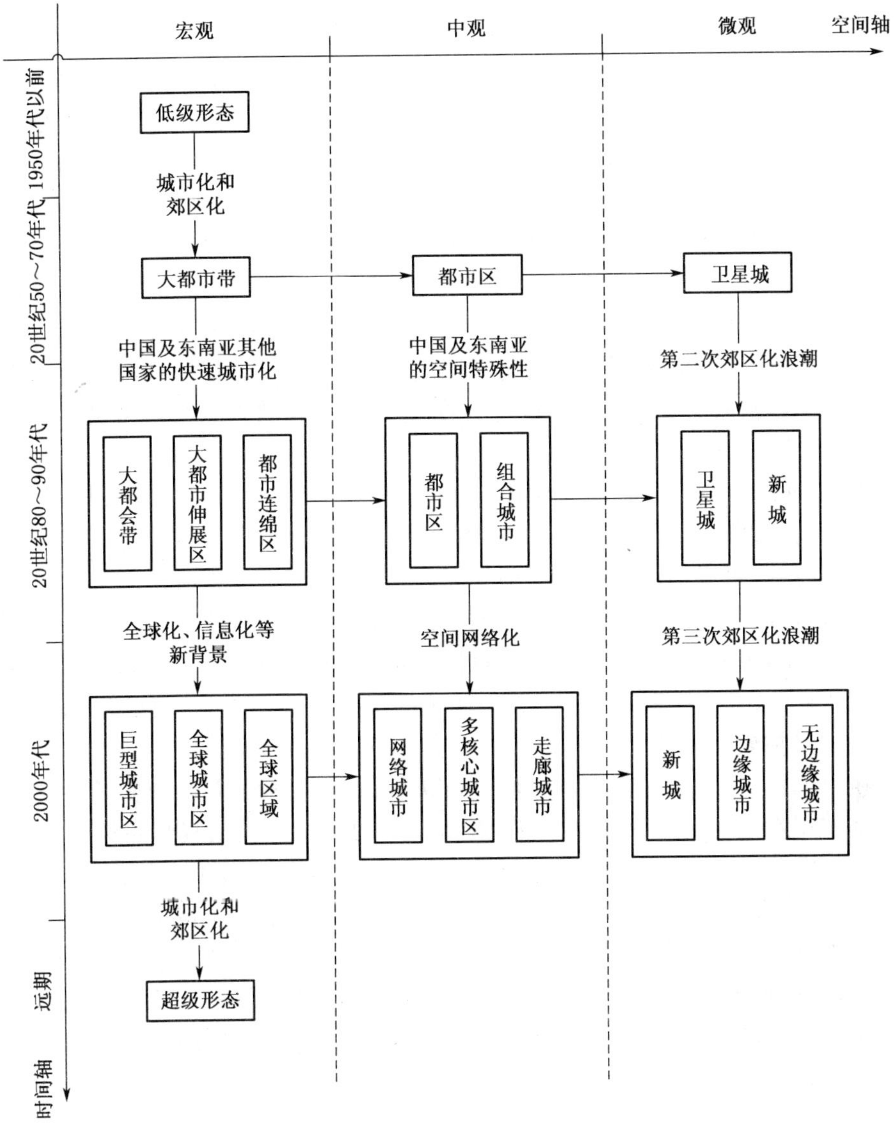


**图 3-5 城市群空间层次格局模型**

从空间轴上看，中观和微观空间格局与相对应的宏观格局构成一脉相承的格局体系。空间从宏观到微观的对应一方面由宏观空间在中观和微观空间尺度上的特征决定，另一方面源于城市群的空间发展环境和条件。如与大都市带(Megalopolis)、大都会带(Mega-urban Region)、都市连绵区(Metropolitan Interlocking Region, MIR)、大都市伸展区(Extended Metropolitan Region, EMR)等宏观格局对应的中观格局形式主要为都市区和组合城市，微观格局形式为卫星城和新城；在巨型城市区(Mega-city Region)、全球城市区(Global Urban Region)和全球区域(Global Region)等宏观格局形式之下的中观格局形式主要为多核心城市区(Polynuclear Urban Region)、走廊城市(Corridor City)和网络城市(Network City)，微观格局形式则体现为新城、边缘城市(Edge City)和无边缘城市(Edgeless City)。

从时间轴上看，重要的发展过程为三个阶段：20 世纪 50～70 年代，20 世纪 80～90 年代，2000 年代。其中第一阶段到第二阶段的转变反映了西方城市群格局理论"亚洲化"和"中国化"的过程——西方理论移植到中国实际中产生了更丰富的格局形态。从本质上看，这些格局形式与大都市带是一脉相承的，均从城市群的空间(人口、城镇、地域)规模和密度、城乡联系度、区域联系度、交通通达性四方面进行界定和分析，体现了城市化与郊区化条件下，城市群空间的集聚与扩散特征。第二阶段到第三阶段的演化则主要体现了全球化、信息化浪潮对城市群空间格局的新影响，这种影响同时作用于发达的西方国家和包括中国在内的发展中国家的城市群地区，且以后者更甚。进入 21 世纪，随着全球化和信息化对世界城市群地区空间发展影响的不断深入，巨型城市区、全球城市区和全球区域的概念应运而生，这时的格局研究已经跳出物质空间的范畴，从城市间的功能联系、生产型服务业的扩散、城市联盟合作、区域文化特质四方面进行扩展研究，揭示了新的历史条件下城市群宏观空间格局的新内涵。然而，新时期的绝大多数格局理论来自西方发达国家，且主要针对发达国家城市群"高度城市化＋引领全球化信息化"的特征；而我国城市群由于目前处于"快速城市化＋承接全球化和信息化辐射"的发展阶段，即使可以应用某些格局理论，其特征和内涵也不尽相同。因此，可以预见，随着城市群格局理论和实践的发展，第三阶段到第四阶段的转变很可能以适合我国和东南亚发展中国家国情的新格局理论的提出为标志，这些新的理论可以是西方思想的"亚洲化"和"中国化"，亦或是全新的理念。

### 3.1.3 城市群空间关联格局

城市群空间关联是城市群空间格局的一系列组织关系和相互作用关系的总和，是城市群空间格局的本质属性，体现为区域空间关联格局和城乡空间关联格局两方面。

1) 区域空间关联

区域空间关联格局可分为两个层次：一是城市与城市群整体空间的关联，二是城市之间的空间关联。前者主要指城市空间发展的方向、规模与城市群的整体发展布局的关联；后者包括城市空间的联系与对接、重点城市空间发展的竞争与合作，如姜洪庆(2003)提出未来粤、港、澳的合作要进一步加强，广东省内实现“无地界合作”与门户城市“跨区域竞争”。

顾朝林等(2000)将城市群空间理解为一组相对独立的城市共同组成的城市系统(Settlement Grouping)，各城市($C_1$, $C_2$, …, $C_8$)间存在相互作用关系(图3-6)。

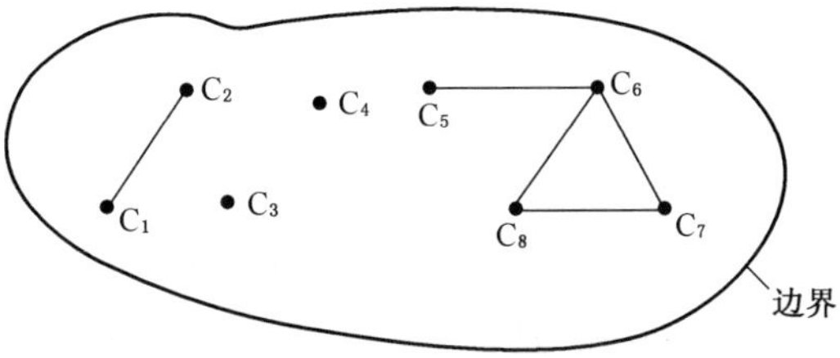


**图3-6 城市群空间结构**

资料来源：顾朝林等(2000)

城市群空间关联的方式很多，内容复杂。朗迪勒里(Rondinelli)将一个区域系统内的空间联系划分为七种具体的类型并对每一种类型都给定作用范围。根据他的理论，城市群空间包括政治、经济、社会、人口、技术、服务和物质等诸多联系方式(表3-2)。

**表3-2 城市群区域空间关联方式**

| 关联类型 | 主要内容 |
| --- | --- |
| 物质关联 | 公路、河道和水运、铁路、生态相互联系 |
| 经济关联 | 市场形式、原料和中间产品流、资本流、生产联系(前向、后向和双向)、消费和购物形式、收入流、行业结构和区际商品流 |
| 人口迁徙 | 人口迁移(临时和永久)、通勤 |
| 信息、技术、服务关联 | 网络、信息系统、技术相互依赖、能量流、信用和金融网络、教育和培训联系、健康服务传递系统、职业、商业和技术服务形式、交通服务形式 |
| 社会关联 | 访问形式、亲戚关系、习俗、仪式、社会团体和相互作用 |
| 政治、行政组织关联 | 机构联系、政府预算流、组织相互依赖、权力—批准—监察形式、司法内部执行形式、非正式政治决策链 |

资料来源：根据马昂主.区域经济发展和城乡联系.城市问题，1993，(5)改动

2) 城乡空间关联

在城市群内部，由于城市与乡村之间在政治、经济、文化等多方面的差异，客观上形成了城市与农村的空间二元结构。城市作为城市群空间的中

心，以其辐射范围内的广大农村地区为依托，二者无时无刻不在进行着物质、人员、技术的交流，使得城乡之间建立了密不可分的联系。在城市群空间格局中，城乡空间由于具有共生共荣的特点，因而应当统筹考虑。正如美国著名城市地理学家芒福德指出的："城与乡，不能截然分开；城与乡，同等重要；城与乡，应该有机地结合起来。如果问城与乡哪一个更重要的话，应当说自然环境比人工环境更重要。"芒福德的城乡发展观主张通过分散来建造"新的城市中心"，形成一个更大的区域统一体，以现有的城市为主体，重建城乡之间的平衡(芒福德，1989)。

西方经典的城乡空间模型包括空想社会主义者的"乌托邦"、霍华德的"田园城市"、沙里宁的"有机疏散理论"、赖特的"广亩城"和麦吉的 Desakota 等。"乌托邦"的空想社会主义者把城市发展看作社会经济的发展范畴，努力使城市的发展与周边农村地区的发展相协调，成为后来田园城市和卫星城市等城乡发展理论的基础。霍华德的"田园城市"理论把城市与外围农村地域看成一个整体来考虑，并对人口密度、城市经济、城市绿化带等许多问题都提出新的见解。沙里宁著作《城市：它的发展、衰败和未来》中的主要思想是有机疏散，即将密集的城市地区分割成几个地域相关的小面积镇区，使各个镇区之间既有联系，又有隔离，区域上成为一个城乡差距较小的城乡区域均质体(沙里宁，1986)。赖特的"广亩城"实质上是反城市的思想，每一户居民周围都有足够土地来生产供自己消费的食物和蔬菜，居住区之间以高速公路相连，美国大都市的郊区化趋势成为"广亩城"思想的最好体现。这些模型虽然并不是针对城市群空间提出，然而却为之奠定了坚实的理论基础。

一般的，城乡空间关联格局可概括为城乡对立、城乡联系和城乡融合三种模式(图 3-7)。城乡对立在空间上体现为城乡剥削与被剥削、控制与被控

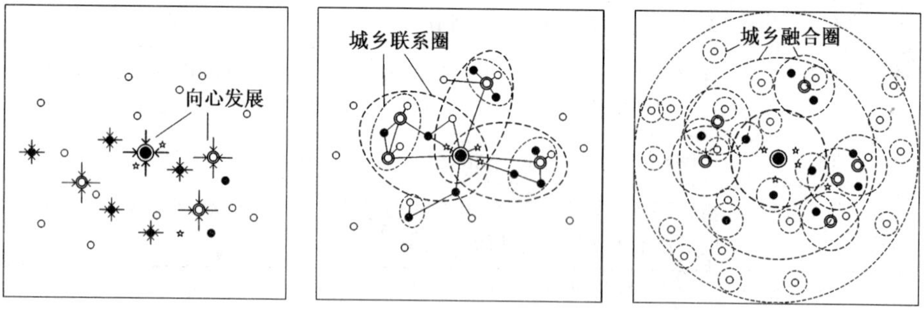


(a) 城乡对立模式　　(b) 城乡联系模式　　(c) 城乡融合模式

**图 3-7　城乡空间关联模式**

制;城乡联系可以是带动、互补等;城乡融合是指城乡空间差距缩小,趋于一体化发展。这三种模式在城市群空间中体现为宏观和微观两个层次:宏观层次指的是城市群中心城市与外围县(市)或次级中心之间的空间联系,主要包括外围中小城镇如何与中心城市在观念、产业、基础设施和市场等方面进行对接以及中心城市如何利用腹地的支撑实现空间的协调发展;微观层次指城镇与周围乡村地区连结构成的空间或城镇与中间农业过渡带对接形成的城乡整体空间。

昂温通过对发展中国家城乡关系的分析,把处于城乡流转中的各种要素进行了分层归类,建立起"城乡关联"、"城乡流"及"城乡相互作用"的对应关系(表 3-3)。

**表 3-3 城乡联系相互作用**

| 城乡关联 | 城 乡 流 | 城 乡 相 互 作 用 |
|---|---|---|
| 经 济 | 劳动力、资金、食物、车辆、商品、能源、信用、原材料 | 劳动力、资本、销售、采购、交通 |
| 社 会 | 人、通信、长途通信、医疗 | 社会团体、家庭、朋友、阶层 |
| 政 治 | 权力、威信、预算分配、法律 | 政治行为、游说、执法、权利和义务 |
| 观 念 | 意见、书籍、收音机、电视 | 宗教活动、教育、宣传 |

资料来源:根据马昂主(1993)改动

## 3.2 城市群空间运行动态演化过程

城市群的空间运行是一个不断发展演化的空间动态过程。本研究对于空间演化探讨三个基本问题。首先,城市群空间演化的轨迹如何,包括哪些发展阶段,具有怎样的规律;其次,城市群的空间演化过程同时也是空间城市化过程,城市群在空间演化中如何推进城市化进程;第三,城市群通过怎样的空间演化方式实现空间的演化升级和空间城市化。

### 3.2.1 城市群空间演化过程

1) 空间演化阶段

综合前文对城市群空间演化基础理论和国内外学者对城市群空间演化的阶段划分观点,本研究针对城市群空间本身,以空间巨型化和复杂化为主要依据，并结合空间形态和关联特征，将演化过程（Evolution）划分为雏形期、形成期、发育期和成熟期四个阶段，既包括城市群的形成过程（Formation），又包括成长发育过程（Growth）（图 3-8），各阶段比较见表 3-4。

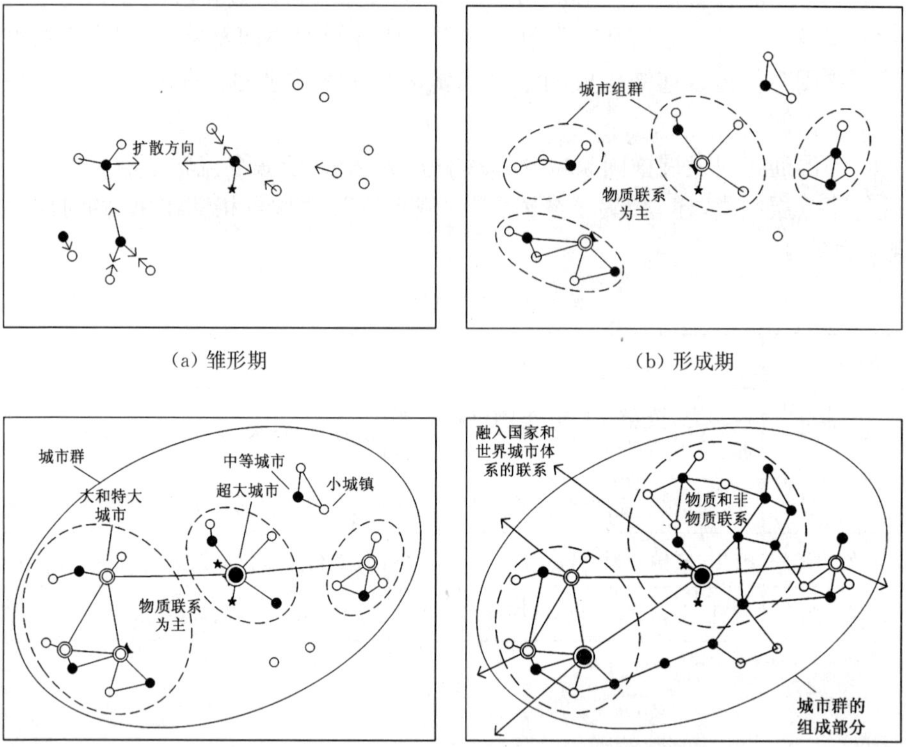


(a) 雏形期　　(b) 形成期

(c) 发育期　　(d) 成熟期

**图 3-8　城市群空间演化阶段(本研究)**

**表 3-4　城市群空间演化各阶段特征比较**

| 演化阶段 | 空间构成 | 城市等级体系构成 | 集中与分散特征 | 中心与网络性特征 | 空间系统联系特征 | 空间共生关系 | 空间主要格局形式 |
|---|---|---|---|---|---|---|---|
| 雏形期 | 城市（点轴） | 中小城镇 | 完全集中到开始出现分散 | 中心地 | 联系微弱 | 相互影响很小 | 卫星城和新城 |
| 形成期 | 城市组群（团、带） | （特大城市），大中小城市 | 微观、中观集聚，宏观分散 | 中心地主导 | 政治性、交通性 | 寄生（绞杀） | 城市组群；城镇密集区；卫星城和新城 |

续表 3-4

| 演化阶段 | 空间构成 | 城市等级体系构成 | 集中与分散特征 | 中心与网络性特征 | 空间系统联系特征 | 空间共生关系 | 空间主要格局形式 |
|---|---|---|---|---|---|---|---|
| 发育期 | 城市群(群) | (超大城市),两个以上特大城市,大中小城市 | 宏观集中,中观和微观集中、分散并存 | 中心地与网络状并存 | 政治、经济、交通、社会、通信等联系 | 内向为主的竞争与合作 | 大都市带、大都会带、大都市伸展区、都市连绵区;都市区,组合城市;卫星城、新城 |
| 成熟期 | 城市群组(网) | 超大城市,若干特大城市,大中小城市 | 集中与扩散复杂共存 | 网络状 | 信息、金融、产业等非物质联系为主 | 外向为主的竞争与合作 | 巨型城市区、全球城市区、全球区域;网络城市、多核心城市区、走廊城市;新城、边缘和无边缘城市 |

(1) 雏形期

如图 3-8(a),在城市群雏形期,空间由多个散点及潜在的联系轴线构成;城市群的空间单元虽然还是单个分散城市,然而与城市早期的向心发展模式不同,此时孤立的城市由完全集中式(向心)发展开始出现向外蔓延和膨胀发展的分散化(离心)趋势,向城市群空间方向发展,在城市外围可能已经有卫星城和新城出现。城市间规模等级差别较小,均为中小城镇,城镇体系的层级关系构成中心地格局的初期模式。主要城市中心的吸引范围非常有限,城乡间基本处于分离状态,城市间的空间联系微弱,相互影响作用很小,城市的专业化生产联系差,各城市周围被不同的农业地带所环绕。

(2) 形成期

如图 3-8(b),城市群空间演化的成长期是形成城市群的预备阶段,此时空间的群体化趋势已经很明显,空间构成体现为团、带状格局,“城市组群”成为空间中的重要空间形式,但是从整体上看,有的可以称为“城镇密集区”,但还未达到城市群的空间规模、聚集及联系程度。因而,区域空间在宏观上呈现分散局面,中观和微观上则集中与分散并存。由于不同“城市组群”空间形态和发展程度存在差异,因此可以是以中心地为主的中心地和网络状相结合模式。城市等级规模已经包括大中小各级城镇,特大城市可能已经出现,城市之间的联系以传统的政治性、交通性联系为主,中心城市与腹地城市的关系主要为寄生(绞杀),城乡空间关系得到发展,呈现城乡联系格局。

(3) 发育期

如图 3-8(c),城市群空间发育期是指城市群从形成开始往后的发展初期阶段,空间构成突出群体特征。根据姚士谋(1992)对中国城市群的系统研究,城市群的界定指标一般为:总人口 1 500 万～3 000 万人,特大城市多于 2 个,城市人口≥35%,城镇人口≥40%。发育期的城市群在城镇等级规模结构上已经比较完善,包括从特大城市到小城市的所有等级形式,并且特大城市不少于 2 个,还可能出现超大城市,空间结构中中心地与网络状模式并存。宏观空间从分散走向集中,主要的格局形式为大都市带、大都会带、大都市伸展区、都市连绵区;中观和微观空间集中与分散并存,主要的格局形式包括都市区、组合城市、卫星城、新城等。在全球化和信息化的背景下,一些城市群在空间上同时体现出巨型城市区、网络城市和边缘城市等格局形式的雏形。城市之间的空间联系为以内向为主的竞争与合作,体现在城市群内部宏观、中观和微观各层面,涉及政治、经济、交通、社会、通信等各方面;城乡关系仍以城乡联系为主。

(4) 成熟期

如图 3-8(d),城市群空间成熟期是城市群空间发展的高级阶段,这个时期的城市群空间体现了典型的网络化特征。与前一阶段相比,此时的空间构成更体现网状特点,即城市之间的联系进一步加强,城市等级体系趋于合理完善,空间的集中与扩散复杂共存;城市群与国家(国际)相邻城市群一起形成"城市组群"。城市之间产生了相互吸引与反馈作用,同级城市和不同级城市之间形成了复杂的联系网络,城市之间的经济、文化、科技联系广泛而深远,信息、金融和产业垂直分工影响下的非物质性联系增强;除此之外,城市群中的重要城市逐渐融入世界城市体系,在世界和国家城市分工中承担重要功能。这时,城市群空间在宏观上体现为典型的巨型城市区、全球城市区、全球区域格局;中观和微观上则包括网络城市、多核心城市区、网络城市、走廊城市、新城、边缘和无边缘城市等形式。城市之间的边缘地区发展很快,城乡关系趋于融合,整个区域成为一个高度发达的城市化区域。

2) 空间演化规律

从城市群空间演化阶段的分析中可知,城市群的空间演化总体上经历了从低级到高级、从简单到复杂的过程,然而这种过程较单一的直线运动复杂得多。具体而言,具有如下规律:

(1) 从低级向高级的螺旋上升过程

城市群空间发展经历了从简单到复杂、由低级到高级的上升过程,体现为城市空间结构和功能由简单到复杂,城市间联系由松散到密切,城市群空间结构由不稳定到稳定的空间特征。城镇空间发展演变与经济、社会发展密切相关,具有明显的阶段性,不同的经济发展阶段对应不同的城市群空间布局。

这种过程为螺旋式而并非直线式，即在高级的空间格局中可能保留低级格局中的某些特征，在特殊情况下，还可能发生空间演化的短暂停滞或倒退，但是从长期看，呈现上升的趋势。

(2) 集聚与扩散推进的循环往复过程

城市群空间体现出集聚与扩散共同推进的循环往复过程。首先是单个城镇区域不断扩展、区域城镇个数不断增多并向着核心城镇集中，在空间上表现为城镇的集聚，城市群开始出现。随着城市群区域内城镇的质量优化和数量攀升，城市群的内涵式和外延式扩展持续进行，在空间上表现为城镇的扩散，整个区域城市化水平达到均衡状态；与此同时，在一个较高的起点上，区域开始了新一轮的发展。集聚与扩散在新一轮的空间发展中不是简单的重复，而是由于内涵的深化体现为更高层次的循环。

(3) 不断复杂化和网络化的演化过程

从空间地域上看，城市群空间不断复杂化，在较大范围的区域内可能同时存在多种层次的空间格局模式：边缘城市、网络城市、走廊城市和巨型城市区。从空间联系上看，城市群内部城市之间的交通逐步达到有机统一，经济联系、城市群内部城镇之间的分工合作及城市群的结构和功能趋于复杂化。不断网络化的规律体现为城市空间体系由纵向的中心地模式向对等结网的网络化模式转化。城市之间的联系逐渐摆脱传统地域分工的纵向等级化，形成横向化对等结网的中心、节点、结合区及投递、传输功能(唐茂华，2005)。

### 3.2.2 城市群的城市化进程

城市群的空间演化过程伴随着区域空间的城市化进程。马克思、恩格斯的城乡阶段发展理论将城乡关系分为三个阶段(乡育城市—城乡分离与对立—城乡依存与融合)。结合目前学术界的观点，可以将城市群的空间城市化过程概括为乡育城市—城乡联系—城乡融合三阶段，这既反映了城乡演变的趋势，也反映出城市化进程的阶段性规律。这一过程是渐进的、双向的，绝不是把所有乡村都变为城市，更不是城市乡村化，而是彻底消除城乡差别，使高度发达的物质与精神文明达到双向共享。以上三阶段的划分反映了区域空间演化过程中城乡空间关系的变化，并且在城市群空间中存在的主要城乡关系为城乡关联。特别是对我国城市群而言，其空间城市化进程还具有如下规律：

1) 城市化由政府主导型向市场主导型转变

在新中国成立后的30年里，计划经济体制决定了城市和区域的经济和空间发展，使20世纪80年代以来的城市化过程中仍不同程度地留有人员行政化进城、按计划就业和国家主导工业化的痕迹。在特定时期，这种政府主导型的城市化行为促进了地区社会经济发展，引领了工业化进程，提升了城市化水平，但由于对政府和工业发展的过度依赖而受到市场经济的挑战。近年来，我国城市群的区域和地方政府正在按照市场化的发展要求转变传统的发展观念，提高人口素质，不断增强中心城市和整体区域的竞争力，努力推进以市场为主导的城市化。

2）城市化与工业化发展日趋协调

从城市化与工业化发展水平关系来看，世界城市化可分为同步城市化(Synchronal Urbanization)、过度城市化(Over Urbanization)、滞后城市化(Under Urbanization)三种模式。过度和滞后都是城市化与工业化发展不协调的表现。改革开放前，我国城市群地区传统工业非常发达，但第三产业发展却相对滞后，工业单边拉动城市化导致城市化水平超前，并成为经济体制转轨后城镇经济疲软、低靡和城镇职工下岗失业的最大隐患。改革开放后，在市场的作用下，城市群地区，特别是沿海地区的工业和服务业的发展加速。进入21世纪，在新的历史机遇下，各城市群充分利用并发挥自身的区位优势、资源环境优势、产业和行业优势、技术优势和人才优势，在振兴产业的同时稳步推进城市化，使城市化和工业化发展日益协调。

3）城市化发展方式从注重量的增长转向质的提高

我国大多数城市群地区的城市化处于快速发展期，凭借自身在区位资源禀赋、经济发展基础和人才技术资源等方面的优势，人口城市化率高于全国其他区域。然而与高速的城市化发展相伴的是较低的城市化质量，这严重制约了城市群的健康和可持续发展。从社会发展上看，城市基础设施水平和城市软环境的建设滞后于经济发展；城市群各城市已进入工业转型、结构调整的重要时期，生态环境问题突出，城市化进程面临挑战。从城镇空间格局上看，城镇体系不尽合理，部分地区不同程度存在城镇功能趋同的现象；地区间发展水平差别很大，城镇空间分布不均。从城乡统筹发展上看，城乡和区域协调不足，各城市之间缺乏合理的分工引导。因此，近年来，我国城市群地区的城市化发展开始转向更注重城市化质量的提高，以科学发展观为理论指导，着力协调好城乡之间、三次产业间以及各产业内部、各行业间的发展关系，以高新技术产业的发展为先导，大力改造传统产业，提高城市建设质量和水平，走内涵式的工业化和城市化发展道路。

### 3.2.3　城市群空间演化方式

城市群的空间演化升级和城市化推进在其实质上是通过空间的内涵式和外延式扩展演化来实现。内涵式扩展指在城市群的空间范围内，由于城市的空间扩展，使城市群获得“填充式”空间发展效果；外延式扩展指城市群空间由于自身发展和对外联系的驱动，呈现出向外“膨胀式”的空间发展态势。从空间扩散的角度看，城市群内部形成等级和水平两种扩散模式。其中，前者以圈层和轴向扩展为其空间扩散方式，后者以网络扩散为主导演化方式。据此，城市群空间扩展演化可划分为圈层扩展、轴向扩展、网络扩展和复合扩展几种方式。

1）圈层扩展

圈层扩展是指城市群的中心城市在外向扩展过程中圈层式推进，呈现出显著的“年轮”现象——以建成区为核心逐渐过渡的圈层状空间分布结构。在城市群中，中心城市的圈层扩展伴随着城市发展规模的扩大、功能的增强而不断进行。在圈层的基础上，出现了许多次级中心城市；以此类推，在城市群空间范围内，各城镇依托与中心城市的区位邻接程度以及经济联系程度，呈现同心圆圈层分布形态，并且由于“距离衰减率”法则，中心城市对外部圈层区域的作用弱于内部圈层。由于在城市群演化的雏形期，城市受来自某些特定方向其他城市的空间作用还不太强，因此，圈层扩展在时间上多见于这一时期；又因为地形地貌的限制和交通走廊的导向都易于引导城市的外向扩展沿某些特定方向进行，所以，圈层扩展出现在空间上以均质区域居多。

圈层扩展可以是单中心或多中心，前者以中心城市市区功能向外转移、市区空间结构重组、郊区卫星城镇培育为主要方式；后者以多个中心城市或次级中心城市的要素与产业集聚、城镇建设空间规模扩展、城市功能地域结构发育为主要方式。圈层扩展以各中心城市的腹地“断裂点”为界。

2）轴向扩展

在城市群的成长发育期，增长极通常采取点轴演化方式。随着经济的发展，城市群内部城市之间由于生产要素交换的需要，增加了交通线、动力供应线、水源供应线等，奠定了轴向扩展的基础；轴线一旦形成，对人口、产业具有强大的吸引力，吸引人口、产业向轴线两侧集聚，并产生新的增长点，推进了城市群的持续轴向扩展。还有一种情况，城市群在发展初期已经具备明显的发展轴线（或雏形）——包括自然走廊（海岸线、河流等）和交通干线（铁路、高速公路、国道等），城市群在空间发展中，易于通过沿线重点城镇轴带的伸展和围绕重点城镇极核的圈层扩展形成轴带发展空间，实现轴向扩展。

3）网络扩展

随着区域开放性的不断增强，城市群内部城市逐渐成为城市群网络体系中的平行主体成员，各自拥有独立的发展空间，水平联系取代垂直联系起到主导作用，此时城市群的演化方式以网络式为主。网络扩展基于网络城市模式，是城市群已有点轴系统的延伸和强化，可增加城市群各城市（镇）、各地域之间，特别是城市（镇）与地域之间生产要素交流的深度与广度，促进城市群的一体化发展。

4）复合扩展

以上三种空间演化方式（图 3-9）在空间模式、扩展特征、前提条件、发生阶段、优点等方面的比较见表 3-5。大多数情况下，城市群空间并不仅仅体现为一种演化方式，而是由多种扩展叠加形成的复合扩展。一般来讲，在城市群空间发展的前期以圈层和轴向扩展的复合为主，到了后期，逐渐实现由轴向到网络扩展的转化，在空间上体现为轴向和网络扩展复合的特征。

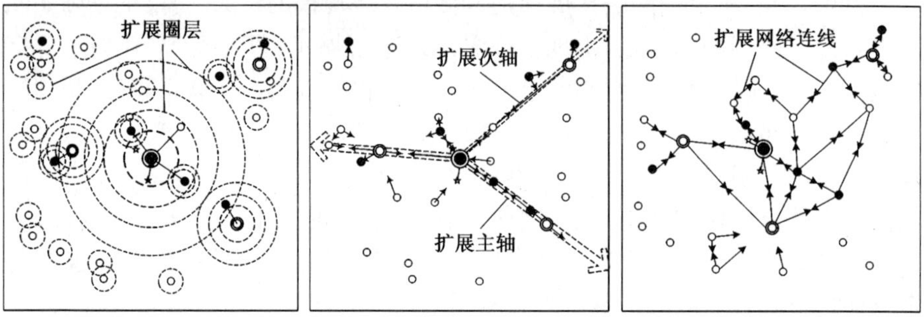


（a）圈层扩展　（b）轴向扩展　（c）网络扩展

**图 3-9　城市群空间演化方式**

**表 3-5　城市群不同空间演化方式比较**

| | 圈层扩展 | 轴向扩展 | 网络扩展 |
|---|---|---|---|
| 空间模式 | 中心地 | 中心地 | 网络城市 |
| 扩展特征 | 圈层推进，距离衰减 | 轴向辐射，带状发展 | 节点联系，双向互动 |
| 前提条件 | 中心强大，外围空间均质性 | 存在自然、交通或经济发展优势轴 | 多中心，经济一体化、信息化发展程度高 |
| 发生阶段 | 城市群空间雏形和形成期 | 城市群空间形成和发育期 | 城市群空间发育和成熟期 |
| 优　点 | 利于壮大增长极和发展近域腹地空间 | 利用自然和交通资源重点开发，以线带面 | 顺应经济全球化、一体化、信息化新环境，空间开放性、互补性强 |

## 3.3　城市群空间运行的时空耦合

作为空间运行的两方面，城市群空间格局和演化之间存在耦合关系。从总体上看，城市群空间格局是空间演化的阶段性状态，空间演化是空间格局连续变化的整体效果。二者之间的耦合关系可以用城市群空间运行的时空耦合模型描述(图 3-10)。模型由三重耦合关系合成：城市群空间演化方式与空间形态格局的耦合，城市群空间演化阶段与空间层次格局的耦合，城市群空间城市化与空间城乡关联格局的耦合。

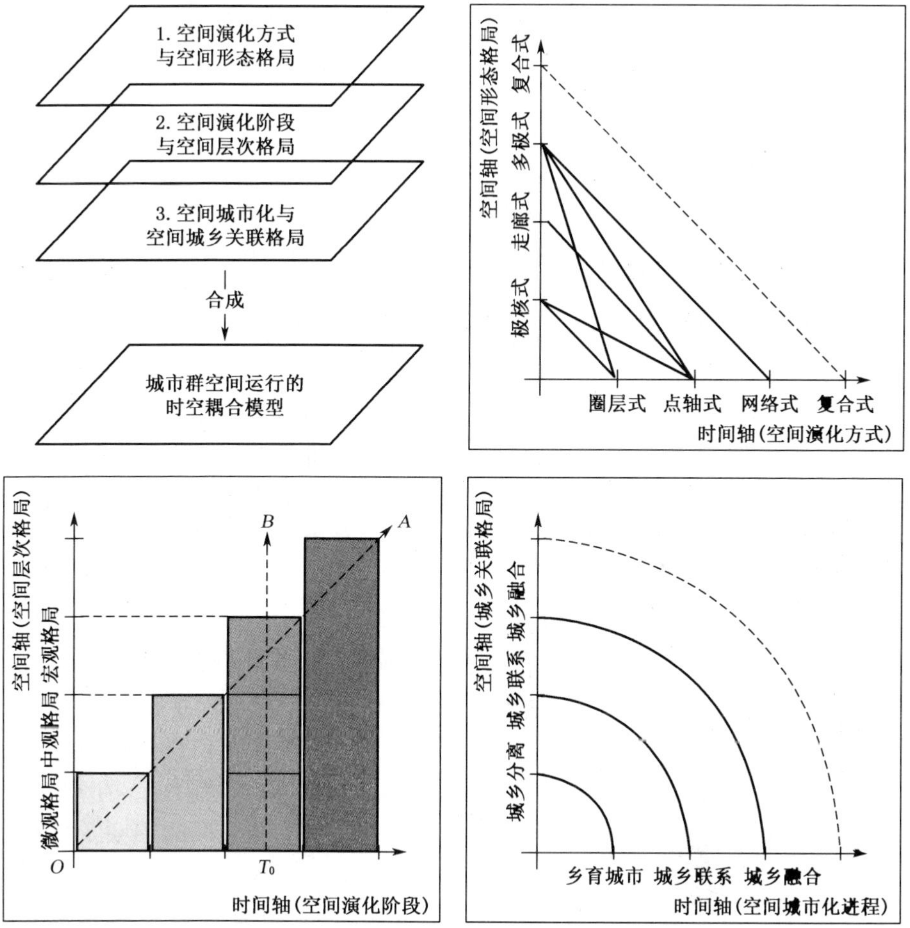


**图 3-10 城市群空间运行的时空耦合模型**

对于第一种时空耦合，圈层式空间扩展可能发生在极核式和多极式空间格局中；点轴式空间扩展可能对应极核式、走廊式或多极式空间格局；网络式空间扩展主要对应多极式空间格局；复合式空间扩展常常发生在复合式空间格局中，且双方都可以是复合方式，这时的情况比较复杂。在第二重耦合中，如图所示，时间轴显示空间演化的阶段，空间轴表示空间格局的从微观到宏观的层次。图中 $OA$ 代表随时间推移，城市群空间格局演化的总体过程。一般来说，空间演化经历了空间规模由小到大的过程，反映在格局上，即是从微观到宏观。出现宏观格局时，说明城市群空间已经形成，此时空间格局出现宏观、中观和微观并存的局面。$T_0B$ 表示在 $T_0$ 时刻，城市群空间的层次格局从宏观到微观的状态；在此以后，城市群各层次的空间向不断高级和复杂化方向发展。在第三重耦合中，空间城市化进程的三阶段分别与空间城乡关联格局的三种城乡关系相对应。

## 3.4 本章小结

本章从时空层面对城市群的空间运行进行耦合研究，包括城市群空间运行的静态呈现（空间格局）、动态过程（空间演化）和时空耦合（空间格局与演化）三部分。空间格局的研究从城市群的空间形态格局、空间层次格局和空间关联格局三方面展开。在空间形态格局上，归纳出极核型、走廊型和多极型三种主要的格局模式，并认为多极型空间模式易于网络化空间格局的形成。在空间层次格局的研究中，建立了城市群空间层次格局模型，理顺了各类空间格局形式在时空二轴上的序列和关系。从空间上看，中观和微观空间格局与相对应的宏观格局构成一脉相承的格局体系。从时间上看，重要的发展过程为三个阶段：20 世纪 50～70 年代，20 世纪 80～90 年代，2000 年代。其中第一阶段到第二阶段的转变反映了西方城市群格局理论“亚洲化”和“中国化”的过程；第二阶段到第三阶段的演化则主要体现了全球化、信息化浪潮对城市群空间格局的新影响。进入 21 世纪，城市群空间层次格局的理论背景为西方发达国家和地区城市群“高度城市化＋引领全球化信息化”和东方发展中国家“快速城市化＋承接全球化和信息化辐射” 的发展特征。在空间关联格局上，简要讨论了城市群城市空间之间和城乡空间之间的关联及特征，归纳出联系空间的内容和模式。

在空间演化的研究中探讨了三个基本问题：城市群空间演化的阶段和规律、城市群的空间城市化过程、城市群实现空间的演化升级和空间城市化的空间演化方式。在空间演化的进程研究中，将城市群的空间演化划分为雏形期、形成期、发育期和成熟期四个阶段，每个阶段在空间构成、城市等级体系构成、集中与分散、中心与网络性、空间共生关系、和空间主要格局形式等方面体现出不同的特征。本书将城市群空间演化规律归纳为从低级向高级的螺旋上升过程、聚集与扩散推进的循环往复过程、不断复杂化和网络化的发展过程；将城市化进程描述为乡育城市—城乡联系—城乡融合三阶段，并指出我国城市群的城市化发展规律为由政府主导向市场主导转变、城市化与工业化发展日趋协调、城市化发展方式从注重量的增长到质的提高。本研究将城市群空间演化方式主要概括为圈层扩展、点轴扩展和网络扩展三种。一般地，在城市群空间发展的前期以圈层和轴向扩展的复合为主，到了后期，逐渐实现由轴向到网络扩展的转化，在空间上体现为轴向和网络扩展的复合特征。

城市群空间运行的时空耦合分析通过空间格局和演化的三重耦合对应模型进行解释，包括空间演化方式与空间形态格局的耦合、空间演化阶段与空间层次格局的耦合、空间城市化过程与空间城乡关联格局的耦合。

# 4 城市群空间运行宏观机理

“机理”一词的字面意思为动机与道理,《现代汉语词典》将其解释为同“机制”一词,三个释义分别是:(1) 机器的构造和工作原理;(2) 机体的构造、功能和相互关系;(3) 某些自然现象的物理、化学规律。可见机理这一概念应理解为事物变化的道理,包含两个层面的含义:一是事物发展变化的本质和规律,二是事物发生变化的驱动力或影响因素。

由此,本章对于城市群空间运行的宏观机理研究分为两个部分。一是主体部分,包括城市群空间运行的格局机理和演化机理,分别表征空间运行在空间和时间上的规律,是城市群空间运行的本质所在;二是相关部分,包括影响空间运行的背景环境、驱动因素等,是推动城市群空间运行的重要影响因素。

## 4.1 空间运行宏观机理的概念模型

城市群空间运行的宏观机理可以用如图 4-1 所示的概念模型来表达。模型包括三个层次。首先是核心层,由空间演化机理和空间格局机理组成,其中演化机理通过城市群空间的集聚与扩散体现,格局机理从空间系统与共生的角度进行分析。其次,由于城市群空间运行存在于特定的空间环境中,这种背景与条件对城市群空间运行起到驱动作用,在模型中体现为两个层次:一是中间层,即传统驱动要素层,包括

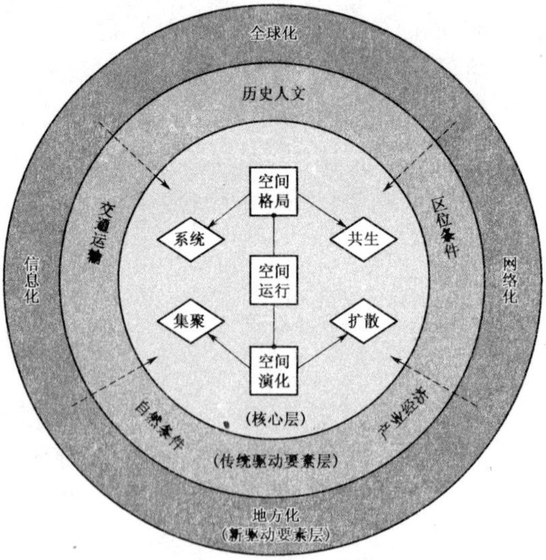


图 4-1 城市群空间运行宏观机理的概念模型

自然条件、历史人文、区位条件、交通运输和产业经济等要素；二是外围层，即新驱动要素层，包括全球化和地方化、信息化和网络化等要素。核心层体现了城市群空间运行的本质规律，中间层和外围层对城市群的空间运行产生间接促进作用。

## 4.2 城市群空间格局机理

城市群的空间格局机理可以从不同侧面和不同层次理解，但主要的理论有两种：基于系统理论的城市群空间系统分析和基于共生理论的城市群空间共生分析。前者用来解析城市群空间整体和组成部分的层次和结构现象；后者用来解析城市群内部要素之间的关系和相互作用。

### 4.2.1 系统与共生的理论视角

1）空间系统

系统是由相互制约的各部分组成的具有一定功能的整体（钱学森，1988）。虽然人类早就有关于系统的思想，但近代比较完整地提出系统理论的则是奥地利的贝塔朗菲。他在 1952 年发表“抗体系统论”，提出了系统论的思想。1973 年，一般系统论原理的提出粗奠定了这门科学的理论基础。它为人们认识各种系统的组成、结构、性能、行为和发展规律提供了一般方法论的指导。系统是由若干相互联系的基本要素构成的，它是具有确定的特性和功能的有机整体。

与系统论相关的理论是协同论。“协同论”是 20 世纪 70 年代德国著名物理学家赫希曼·哈肯在从事激光理论研究中提出来的。他认为大自然是由许多系统组织起来的统一体，在某个系统中的许多子系统既相互作用，又相互制约，它们不断地在依存和协调的状态中发展变化。协同论在社会科学研究中同样适用。它是在远离平衡态的开放系统条件下提出来的，强调在复杂的大系统内各子系统的协同行为将产生超越各要素单独作用的总和，概括即为“1＋1＞2”（颜华，2005）。城市群区域空间内部各中心城市、次中心城市和城市腹地之间的竞争是永存的，子系统之间的差异是永恒的，区域空间可通过其所属城市之间的资源共享、市场共享、分工协作、规模经济取得协同效应。此外，文化制度辐射、知识技术的外溢、产业的转移也是取得协同效应的重要源泉（吴传清，2005）

2）空间共生

生态学中的共生是指不同种属以某种物质联系而生活在一起。从一般意义上讲,共生是指共生单元之间在一定的共生环境中按某种共生模式形成的关系。其中,共生单元是构成共生体或共生关系的基本能量生产和交换单位,是形成共生体的基本物质条件;共生环境是共生单元以外所有因素的总和;共生模式的定义为共生单元相互作用的方式或相互结合的形式(刘荣增,2003)。对城市群空间而言,共生单元为单个城镇和地区,共生环境可以是全球性的、全国性的或城市群之外高一级区域的地域范围,空间模式主要为三种形式:寄生(绞杀)共生、竞争(袭夺)共生、合作(互惠)共生。

在"寄生共生"中,寄生空间的发展一般滞后于宿主空间的发展,一般是在宿主空间发展潜力消耗殆尽时才有快速发展的机会;另外,也存在寄生空间后来居上发展为强势空间进而束缚宿主空间发展的可能,这就是"绞杀"发生的情况。"竞争共生"是指具有自主意识的行为主体为了自身利益与其他行为主体争夺某种资源与空间的行为;袭夺行为是指强势行为主体或者外部行为主体对原有"遗传"空间发展资源的争夺,这种行为通常会使袭夺对象的发展受到压制,或者改变整个空间发展格局(胡伟平,2003)。空间"合作共生"是空间主体为了各自的需要产生共同行为,空间上往往体现为"双赢"的效应。源于国际贸易理论的区域分工与协作理论认为:不同地区基于各自的条件和外部环境,在发挥自身优势的前提下进行分工和协作,可以使社会经济活动在地域空间上有机结合(吴传清,2005)。主体的竞争与合作往往相伴而行,有时又互相转化、交替出现。共生与竞争是区域空间协调发展的内在要求,也是外部环境决定的必然结果(吴传清,2005)。

除此以外,共生关系的发生还需要四个必备条件:(1) 共生基质,即共生发生的空间载体;(2) 共生起因,指共生发生的缘由;(3) 共生目标,指共生发生的期望结果;(4) 共生界面,指共生发生所依赖的媒介。城市群的共生基质为城市群整体地域空间;共生起因可以由环境、共生单元间相互作用或共生单元间差异引起;共生目标可以为区域可持续发展、城市间的互补性合作或城乡互助性合作等;共生界面可以是企业之间的联合,也可以是基础设施上的合作,亦或是文化、政治上的联系等。这四个条件和共生单元、共生环境、共生模式一起构成了共生关系七要素。

### 4.2.2 空间格局的系统与共生解析

1) 城市群空间系统

系统理论包括三大原理(苗东升,1998;刘荣增,2003):(1) 整体实现原理。若干事物按某种方式相互联系而形成一个系统时,会产生它的组成部分和组成部分的总和所没有的新性质,叫系统质或整体质。这种性质只能在系统整体中表现出来。(2) 等级层次原理。系统结构是由诸多子系统按照一定的关联方式组合而成,不同子系统可按各自的系统质区分开来,从一个子系统向另一个子系统过渡不存在系统质的提升,但复杂系统中常可看到较低级的系统质与较高级的系统质的差别,这与层次概念有关。(3) 系统与环境共塑共生原理。系统与环境相互作用、相互联系是通过交换物质、能量、信息实现的。

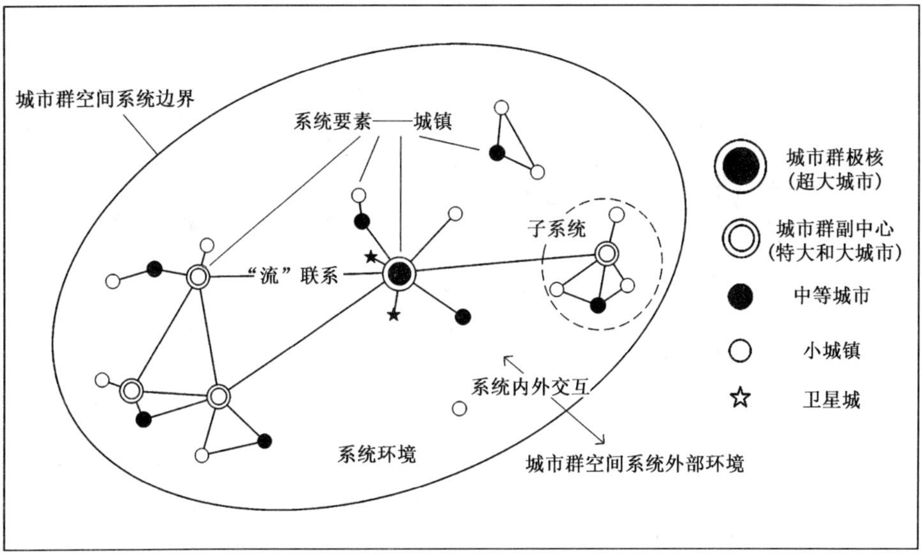


**图 4-2 城市群空间系统模型**

如图 4-2 所示,城市群空间系统的要素为城镇,城镇之间通过各种"流"产生复杂联系。系统理论中的三大原理在城市群空间系统中都有对应体现。首先,对于整体实现原理,从宏观上看,在世界上很多城市密集地区都倾向于形成城市群的空间形式,城市群中城市之间、城乡之间的竞争、合作等行为对自身发展和区域的带动作用远远超过了单个城市。对于等级层次原理,在空间层次格局中体现突出。在空间宏观、中观、微观各级层次格局中都存在不同系统质的子系统;即使在同一时间的系统中,不同系统质的空间格局也可能并存。如在中观层次中,城市群的大部分地区体现都市区的特征,而局部地区可能已经发展成为网络城市格局,还有些地区也许正经历从都市区向网络城市的转化;与此相似,在微观层次中,卫星城、新城和边缘城市格局可能同时存在。系统与环境共塑共生原理的表现在:城市群空间具有开放性和动态性,它存在于特定的空间背景和环境之中,城市群空间与外界环境之间的要素交流持续进行,内外的双向作用都可以是积极的或消极的。

2) 城市群空间共生

一般来说,城市群从形成之时就建立了空间的共生关系,可以用图 4-3 表示。

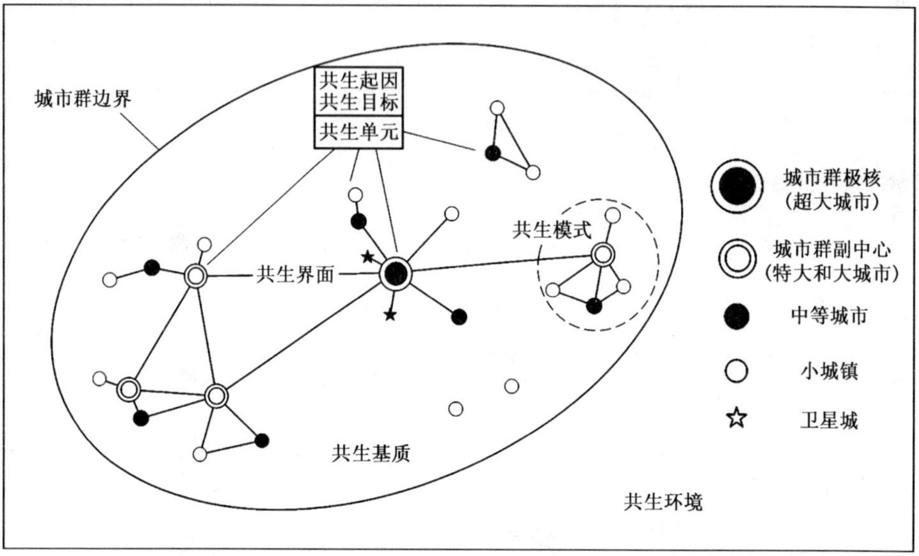


**图 4-3　城市群空间共生模型**

共生关系的差异用共生模式来表征。寄生(绞杀)主要体现在核心与外围地区的关系,外围地区依附于中心,通过中心的辐射效应获得发展动力,其发展一般滞后于中心地区;这种核心与边缘可以是中心城市与一般城镇,也可能是城市与外围地带。资源和发展空间的有限性,使得空间竞争成为城市群空间共生的一个重要方面。在外部空间中,城市群与其他城市地区争夺空间资源和腹地;在内部空间中,城镇之间争夺资源性空间或通过干扰和压制竞争对手的空间发展减缓竞争对自身的负面影响,这两种分别被称为资源利用性竞争(exploitation competition)和相互干涉性竞争(interference competition)(顾朝林等,2000)。城市群的空间竞争存在两个特点:(1) 空间竞争的动态性。竞争对各方产生的影响大小和后果不同,在不同时期的表现各异,这成为驱使竞争持续进行的重要力量。(2) 空间竞争效果的连锁性。对一种空间资源(如土地)的竞争将影响空间其他资源(如区位)的变化。空间袭夺是空间竞争的一个极端化特例,指中心城市利用小城镇的自然资源和人力资源,并将其作为产品和服务扩散的腹地。从这个意义上看,袭夺是与寄生相对的一种行为。合作(互惠)是城市群内部各城镇之间实现“双赢”空间目标的主要途径,可以发生在城镇平等主体之间,也可以发生在城乡之间。

在城市群空间格局的共生机理中,共生模式是最为活跃的因素,Camagni R. 等(2004)在对城市群空间网络组织逻辑的探讨中即显现出这一思想。他们认为,城市群的空间格局类型从逻辑上可以分为领地型、竞争型、网络型三种,对城市群和城市运行各方面的比较见表 4-1。实际上,这几种类型体现了不同的共生机理。具体地,从共生理论中七个要素的角度对空间组织逻辑形式进行比较可以得到如表 4-2 所示的结果。

**表 4-1 城市群空间逻辑组织**

| 层面和方面 | 空间逻辑组织 | | |
|---|---|---|---|
| | 领地型 | 竞争型 | 网络型 |
| **城市群** | | | |
| 原则 | 上级支配 | 城市竞争 | 城市合作 |
| 结构 | 城市等级体系 | 专业化城市职能 | 城市网络 |
| 行业 | 农业、工业、传统第三产业 | 工业:专业化的产业区和产业链 | 高级第三产业活动 |
| 效率 | 聚集经济 | 垂直/水平整合 | 网络外部性 |
| 政策战略 | 规模决定职能 | 每个中心的竞争优势 | 城际合作 |
| 城际合作内容 | 军事和外交 | 城际劳动分工 | 经济、技术和基础设施 |
| 城市网络 | 垂直等级式 | 垂直等级/水平互补 | 水平协作 |
| **内部城市** | | | |
| 本质 | 传统城市 | 福特制城市 | 信息化城市 |
| 形态 | 内部相对均质 | 单一功能区块 | 多中心城市 |
| 政策目标 | 权力和形象 | 内部效率 | 外部效率和吸引力 |
| 象征 | 宫殿、大教堂、市场 | 烟囱、摩天大楼 | 航空港、贸展会 |

资料来源:根据 Camagni R. 等(2004)修改

表 4-2　城市群空间格局的共生机理

| 共生机理 | 空间逻辑组织 | | |
| --- | --- | --- | --- |
| | 领地型 | 竞争型 | 网络型 |
| 共生单元 | 不同层级城市 | 平等城市主体 | 平等城市主体 |
| 共生环境 | 全国或区域性 | 全球、全国或区域性 | 全球性 |
| 共生模式 | 寄生(绞杀) | 竞争(袭夺) | 合作(互惠) |
| 共生基质 | 城市群整体地域空间 | 城市群整体地域空间 | 城市群整体地域空间 |
| 共生起因 | 环境(体制和政策) | 空间单元差异性 | 空间相互作用 |
| 共生目标 | 等级体系格局的维持 | 竞争优势发挥与空间矛盾协调 | 空间互补与双赢合作 |
| 共生界面 | 文化政治联系,交通等基础设施联结 | 企业之间的竞争与联合,人流联系,物流的排斥与交流 | 企业之间联合,人流、物流、信息流的联系,区域经济、文化、政治等领域合作 |

对应本书第 2 章关于城市群空间格局的分析,城市群空间形态格局、空间层次格局和空间关联格局的各种类型和组成部分反映了不同的共生机理。如图 4-4 所示,对空间形态格局而言,极核式模式主要是中心城市和外围城

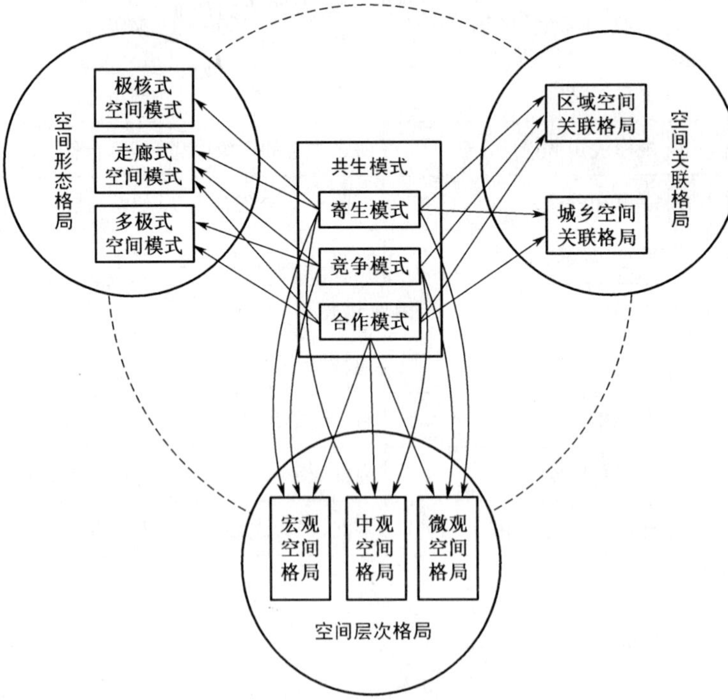


图 4-4　城市群空间格局的共生解析

市、一般城镇和外围地区之间的寄生关系，当然，这种寄生也可以演化为绞杀，即极核地位的更替；多极式模式是一种在空间上相对均衡的状态，不同核心城市之间可以是竞争共生或者合作共生，也可以是竞合并存；走廊式空间模式的情况最复杂，发展走廊上的各城市之间可以是寄生、竞争或合作等各种共生模式。对于空间层次格局，在宏观、中观和微观各层次都可能出现各种共生模式，空间格局形式与共生模式的具体对应见表 4-3。对于空间关联格局，区域空间的关联（特别是城市之间）体现了寄生、竞争、合作等各种共生机理；城乡空间之间，一方面由于农村对城市的依赖产生寄生关系，另一方面由于城乡的优势差异引发城乡空间的互助合作。

**表 4-3 空间层次格局形式的共生模式**

| | 寄　生 | 竞　争 | 合　作 |
|---|---|---|---|
| 宏观格局 | 中国传统城市密集区 | 大都市带，大都会带，大都市伸展区，都市连绵区， | 巨型城市区，全球城市区，全球区域 |
| 中观格局 | 都市区 | 多核心城市区，走廊城市 | 组合城市，多核心城市区，网络城市，走廊城市 |
| 微观格局 | 卫星城 | 新城 | 边缘城市，无边缘城市 |

## 4.3 城市群空间演化机理

作为贯穿于城市发展始终的两种显著机制，集聚与扩散这一对既矛盾又统一的空间运动同样也是城市群形态与空间结构演化的主导性作用方式。集聚与扩散既是对空间运动过程的描述，又反映了空间形态的趋势特征。事实上，集聚与扩散是区域空间发展演化所经历的过程和源动力。

### 4.3.1 集聚与扩散的理论视角

在城市群产生和发展的过程中，集聚效应与扩散效应是相伴而生的，只是在不同的阶段，集聚与扩散交替发生或共存，占据主导地位的一方也因时而变。比如在城市群发展的初期，扩散效应并不明显，随着城市群规模和实力的扩大，扩散效应逐渐加强，这种扩散效应使得资源和要素得到了更充分的配置。其空间作用的动态曲线如图 4-5 所示，可以是集聚主导，也可以是扩散主导。城市群空间演化相关理论中即显现了这一现象。

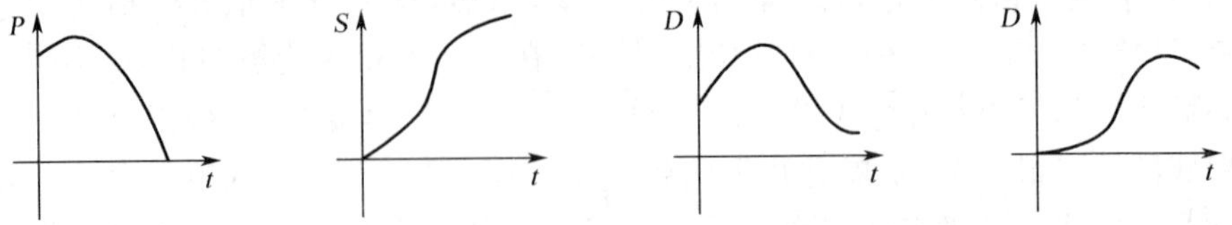


(a) 集聚效应　(b) 扩散效应　(c) 集聚主导型　(d) 扩散主导型

**图 4-5　集聚扩散效应的动态曲线**

资料来源：李金铠(2006)

首先，根据增长极理论，在城市群的形成初期，空间增长以不同强度出现在一个或几个增长点和增长极上，表现为极化效应，这是集聚的过程；在城市群形成中后期，增长极通过不同的渠道向外扩散，并带动整个区域的空间增长，这是扩散的过程。核心—边缘理论体现了类似观点，并将集聚与扩散描述为“控制”与“传播”过程。其次，在空间扩散的方式上，梯度推移理论认为空间扩散主要通过多层次城市系统的梯度推移实现，可以是局部范围的扩展和大范围的扩展两种。局部范围的扩展指创新活动由发源地大致按距离远近，向经济联系比较密切的近邻城市转移。大范围的扩展则是指创新活动由发源地按全国或区域城市体系的等级顺序，蛙跳式地向广大地区扩展。点—轴渐进扩散理论提出沿着主要线状基础设施（主轴）方向进行“辐射”，从而引起或加强在该方向上较大规模的集聚。

### 4.3.2　空间演化的集聚与扩散解析

集聚与扩散机理可以结合城市及城市群空间演化的具体过程进行解析。城市群的空间演化可概括为集聚、集聚扩散、扩散集聚、再集聚这样的循环往复过程，扩散的最终目的还是为了进一步集聚，用图 4-6 表示。

1) 集聚阶段

城市空间的前期增长体现了集聚特征。城市空间以向心增长为主，可以理解为集聚的双重乘数效应循环累积作用的结果（图 4-6(a)）。第一重乘数效应是指城市第二产业的经济增长推动城市第三产业的相应发展，吸引人口集聚和城市地域扩张，即产业集聚作用于空间增长。其作用机理在于：主导工业和城市的发展必然促成其他经济部门的发展，进而吸引周围地区的资源、经济、人文要素，甚至是企业等向城市集中并产生乘数效应。于是，城市在不断扩大的经济规模的基础上深度发展，城市发展的本身也需要扩大原有经济部门的规模，规模扩大了的城市为发展门槛更高的经济部门或企业提供了机会，区域内外的经济体对这些发展机会的充分利用又相应促进城市集聚的进一步发展。

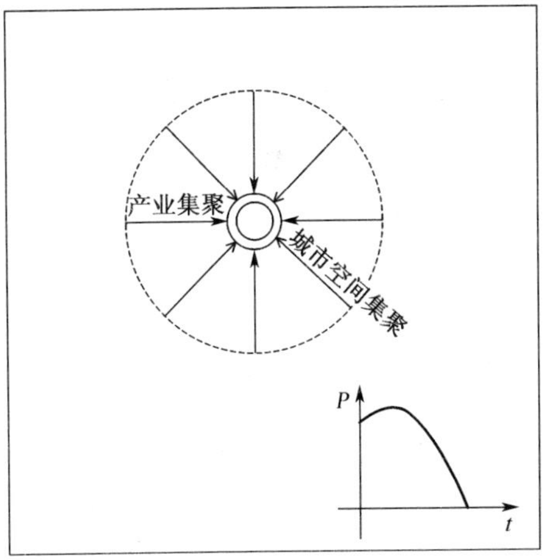


(a) 城市空间演化前期(集聚阶段)

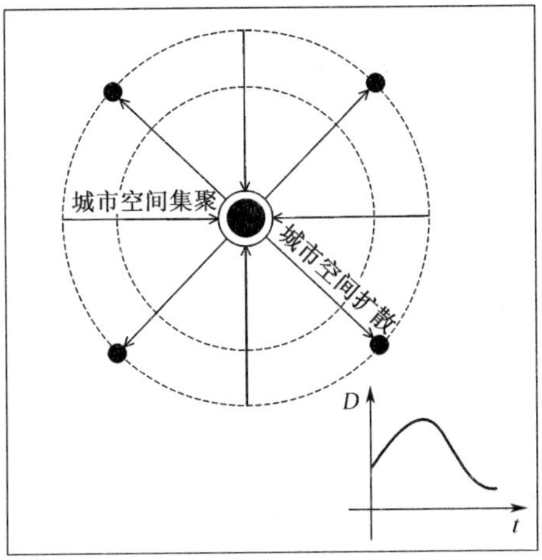


(b) 城市空间演化中后期(集聚扩散阶段)

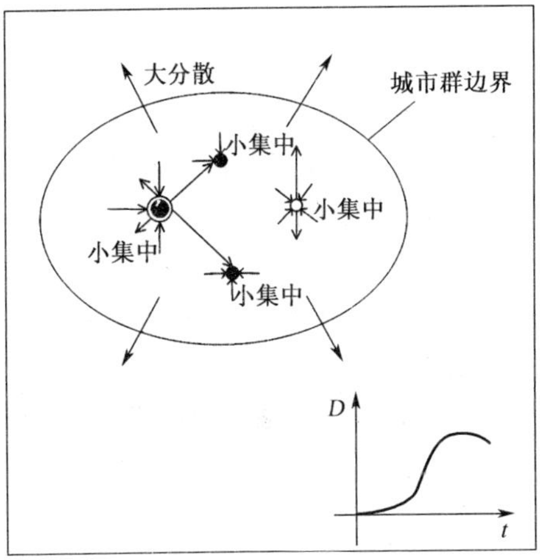


(c) 城市群空间演化前期(扩散集聚阶段)

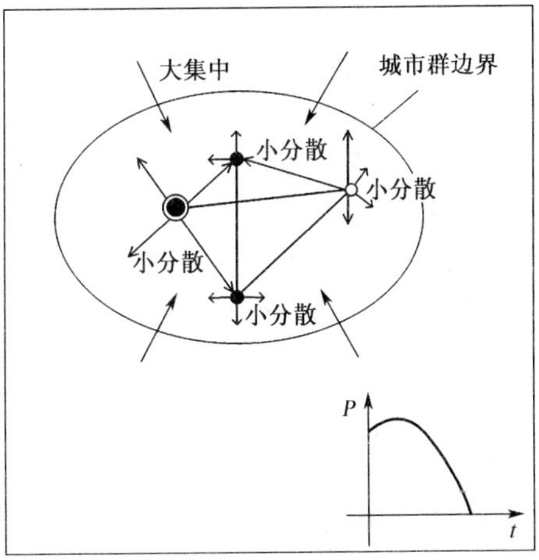


(d) 城市群空间演化中后期(再集聚阶段)

**图 4-6 城市群空间演化的集聚与扩散机理**

第二重乘数效应是指城市第三产业经济增长和城市发展提升了投资环境,扩大了消费需求,从而带来新一轮工业项目投入,即空间增长作用于产业集聚。其作用机理为:当城市形成后其集聚作用就会进一步加强,城市空间增长使得城市投资环境和内部经济与社会发展的分工得以进一步深化,深化和精细的分工使得区域内产业和部门之间的联系进一步加强,进而为新技术的研究与应用、新思想的产生以及创新人才的培养等提供了环境,使得创新活动在城市域内有更加广阔的空间，创新活动深化和逐渐扩展到相关产业链条的过程又进一步推动了城市自身的发展。

2）集聚扩散阶段

城市空间增长的中后期，空间集聚与扩散两种机制并存，体现了集聚主导的特征，可以用空间集聚经济与集聚不经济来解释（图4-7）。如果说集聚经济为城市规模的扩大提供了吸引力，集聚不经济则为城市群体系的建立提供了推力。集聚经济是指区域经济因素向某一特定地区集中而产生的效益，是从分工的角度、产业的角度所获得的外部性。集聚经济吸引了人口的集聚，经济主体的雇员为了避免通勤成本而在其附近定居，这样引起了人口的集中；在需求的指向下，一些相关的经济活动及其人员也就近选址（克服运输成本和通勤成本），集聚在一起的人口和经济活动又会产生积极的外部性。在人口不断集中、市场逐渐开拓的基础上，以城市市场需要为目标形成的服务业，甚至一些与集聚经济无关的产业随之集聚于城市，城市集聚经济逐步形成。随着城市的增长，中心城市的企业享受着递增的城市化经济，但如果把在经济上关联性很强的企业或产业过度密集地配置在同一城区或地区，超过了一定时期内城市或地区优势最大利用限度、最优发展规模等方面的限制，必然造成拥挤、劳动力价格提高；且随城市规模扩大，通勤成本变得越来越昂贵，城市集聚经济的负面效应逐步增强，从而造成城市集聚的不经济性。一般来说，在城市集聚的最初阶段，集聚经济效果明显，集聚不经济影响微弱；但城市空间达到一定规模后，集聚不经济影响逐步增强并逐渐抵消集聚经济的正效应，直到最后完全抵消。因此，集聚经济利益在开始阶段随着城市空间规模的扩大不断增强，达到一定规模后又呈递减趋势，到最后可能降为零，从而使城市吸引力基本消失，城市的空间规模不再增长（谢永琴，2006）。

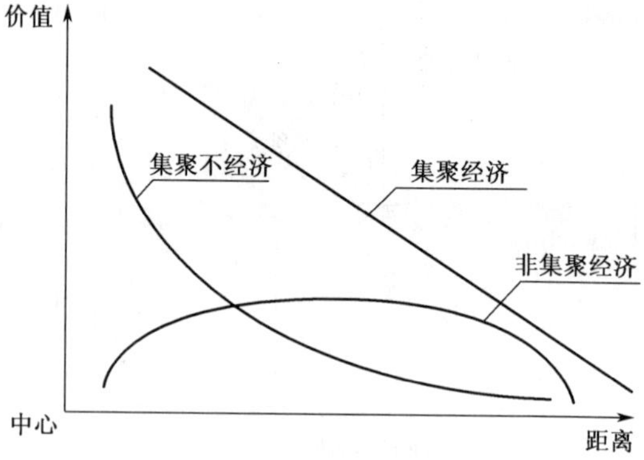


**图4-7　城市集聚的经济性**

资料来源：顾朝林等（2000）

在集聚经济与集聚不经济的共同作用下，城市空间呈现出向心与离心并存的增长（图4-6(b)）。其中，向心的过程与前一阶段类似，离心增长主要表现为轴向扩展、外向扩展、块状飞地（开发区）发展、新城（卫星城）建设和城市郊区化等几种形式(顾朝林等,2000),这为城市群的形成奠定了基础。

3) 扩散集聚阶段

城市内部建筑高度密集和空间有限性之间的矛盾促使城市向外扩散到对自己更有利的区位。在城市空间的持续扩散作用下,形成了城市群。城市群空间形态的前期体现扩散集聚的特征,存在三个显著特征:(1) 从扩散强度上看,扩散已经超过集聚成为主导机制;(2) 从扩散范围上看,由于城市群空间已经基本形成,城市对外扩散的方向和范围比较确定;(3) 从集中和分散的特点看,城市群整体空间仍处于分散状态,但主要城镇空间呈现集中态势,即大分散、小集中(图 4-6(c))。

这时的扩散体现了城镇在区域的中心作用。瑞典学者哈格斯特朗(T. Hagerstrand)于 20 世纪 50 年代初提出了传染扩散、等级扩散和重新区位扩散三种基本的空间扩散形式;他创新地以"波"的概念概括描述扩散。莫里尔(Morrill)等人在 60 年代进一步将这种分析由先前集聚均值空间的扩展发展到有障碍条件下的扩散过程,他们指出,障碍的存在使得扩散过程并不是随距离增加均匀减弱的,而是在空间上表现为不均衡。

这一时期的扩散集聚特征符合产业转移和城市功能升级规律。随着城市规模的扩大和经济发展水平的提高,产业的边际产出被拥挤的成本所消耗,生产要素成本和报酬发生了变化,那些耗用能源及原材料多、对环境有污染、产品附加值低的资源高耗能和劳动密集型产业,就会因土地价格、劳动力成本的上升和新增费用的增加,失去城市区位的集聚效益,进而在产业竞争中受到排挤,从而不得不向城市外围地区转移或集聚。产业转移及社会分工的深化使城市之间的相互联系程度增强,通过产业间的前后向联系,在大城市周围会形成新的集聚中心(原有的中小城市),成为大城市中丧失优势的经济活动的承接者。这种转移不断形成和完善,推动着城市产业功能的空间集聚与扩散,成为城市群形成的主要力量(苏雪串,2004;乔彬等,2006)。随着经济活动的转移,大城市特别是其中心区的功能会逐步变化,大规模的专业化生产功能逐步退出大城市而向外围转移,大城市的功能得到升级,一般来说将具有更多的商务活动中心功能。

4) 再集聚阶段

城市群空间形态的中后期体现再集聚的特征,与城市空间形态前期集聚的差别在于,这是"城市群体"的集聚而不是"城市内部要素"的集聚;而与城市群空间前期相比,城市群整体空间已经呈现集中局面,而各城市则相对分散,即大集、中小分散(图 4-6(d))。城市空间以扩散为主要倾向,也并不排斥某些有强大活力的特大城市继续集聚。此时,集聚力通过不同城市间协同发展产生的外部集聚经济效益发生作用。外部集聚经济是一种由外部规模经济和外部范围经济共同作用构成的复合经济。将集聚经济视为规模经济的是德国经济学家韦伯(1909),他认为外部规模经济是来自企业外部的成本节约优势。由于集聚在一个特定地区,通过产业功能所获得的外部经济使整个系统的总体功能大于其各个部分功能之和,每个企业都能获益,超出部分来源于集聚造成的有利环境。集聚经济还是一种外部范围经济。美国经济学家斯科特(1986)在这个领域进行了开创性的研究,弥补了韦伯关于集聚经济概念的局限。范围经济是一个与多样化相连的概念,是指企业同时经营多种经济事业所产生的效果。在新经济地理论的框架下,由于运输成本和规模报酬递增,形成了与专业化相联系的规模经济和与多样化相关的范围经济。

集聚经济的两种形式都促进了城市群中城市在外部空间的持续集聚:外部规模经济要求具有类似产业功能的城镇通过空间集聚来节约成本和创造地区的产业优势;外部范围经济需要具有多样化产业功能(可以是不同产业或上下游产业)的城镇通过空间集聚以形成互补的效果。需要指出的是,在这一阶段,集聚和扩散仍是同步进行,城市群通过这种不停的双向作用进行着物质、能量、技术、文化和信息的空间传递,推动着区域发展演化(张京祥,2000)。

## 4.4 城市群空间运行的驱动要素

城市群空间运行驱动要素的探讨是十分复杂的,绝大多数研究城市体系的地理学家、社会学家与历史学家认为,很多背景和条件来自体系之外的事件与政策对城市的地点、规模、经济和发展速度都有着重要影响(Simmons,1978)。本研究认为,理论上世界任何地方的几个空间相邻的城市都能发展成为城市群,而实际上只有其中一部分能够做到——显然城市群空间的发生发展与其自身所固有的基础条件是密不可分的。而当前世界上城市群的数量、分布正在不断发生变化,这意味着在固有基础条件不变的情况下,由时代发展与技术进步等引起的生产方式的不断演进以及生活方式的变更在一定程度上促发了城市群空间的形成。本研究将影响城市群空间形成发展的固有基础条件视为传统驱动要素,主要包括自然、历史、区位、交通及产业经济等;将具有时代特征、因时演进的社会经济环境视为新型驱动要素,如信息化、全球化等,这些新要素赋予城市群空间发展不同以往的内涵特征与更多的可能性。

### 4.4.1 传统驱动要素

1）自然条件要素

综合来看，影响城市群空间发展的主要自然条件要素包括自然地理条件以及自然资源等。

自然地理条件对于城市群空间的形成与发展必不可少，地质、地貌、气候、水文、资源等自然地理要素相互交织组合在一起，构成了城市群存在和发展的物质基础，形成了城市群的区域自然地理环境。而区域自然地理环境特征直接影响了城市群空间扩展的潜力、方向、速度、模式以及空间结构，有的城市群发展受自然地理环境导向较为突出，比如地堑式的陷落盆地、环型的河谷平原、低丘盆地地区集中了大多数的城镇，就可能直接构架了城市群空间形态与结构的演化。自然地理条件中，地形和水文条件尤为重要，良好的地形条件有利于城市群内部城市基础设施的共建共享，这是保证城市群地域空间完整性、统一性和连续性的必要条件。世界上许多大城市群都形成于开阔平坦的平原地区，而在地势起伏较大的丘陵、山区则较为少见；而传统上良好的水文条件对于城市群的生活、生产以及低成本的水路运输都具有关键意义。

自然资源既是决定城市群空间形成的基础条件，也是城市群空间发展的制约因素。对很多尚未形成城市群但具有潜力的地区来说，由于自然资源的开发往往是区域内城市产生和发展的主要因素，矿产资源、水资源、生物资源、气候资源等在很大程度上决定了城市的空间区位，因而自然资源成为一种约束城市群空间产生和形成的重要条件。对于已然形成的城市群来说，自然资源的分布对其工业布局和体系也具有重大影响，比如矿产资源丰富的地区往往会吸引以矿产资源为原材料的资源性工业；而在具有良好自然资源禀赋的地区，城市群的经济增长主要是通过其相当数量的不同职能和规模等级的城市的相互竞争、相互合作来实现的。不过，尽管自然资源因素对城市群产业空间结构的发展曾起过重要的推动作用，特别是对其工业的布局和工业体系的形成发挥了重要作用，但随着传统工业在城市群经济发展中地位的相对下降、交通运输条件的改善、经济全球化趋势的加强和全球范围贸易的兴起，城市产业对地方自然资源的依赖性逐渐降低，自然资源对城市群产业空间结构发展演化的影响度正在逐步减弱，在城市群空间形成中所发挥的作用有不断下降的趋势。

需要指出的是，从当今城市群的空间发展情况来看，自然条件与自然资源是城市群产业空间结构形成与演化的必要条件，但已不是城市群空间结构发展的根本动力和演变方向的决定性因素。

2）历史人文要素

城市群是社会历史因素的产物，一国或地区的进步主要得益于经济的快速发展，但同时也会留下历史人文的烙印。历史人文要素影响着城市本身及城市间的相互作用，区域内经济社会发展要素的空间差异，导致了城市间的联系，成为城市群演化的动力之一。影响城市群空间发展的主要历史人文要素包括历史、文化、人口、科技等。

历史要素虽不是经济发展的主要动力，但是在特定的时期这种因素会对一个地区的发展起到很重要的作用，并且随着时间的积累，这种历史因素的作用会越来越明显。历史因素可能会促进当地经济的发展或者为该地区以后的经济发展打下良好的基础，也可能给一个地区带来灾难性的破坏。

文化要素是一种内在的粘合剂，能够拉近文化相近的城市个体的空间功能联系，大大弱化其交流的壁垒。当今时代文化的产业特征日渐突出，显示出强大的经济作用，文化类产业的发展进一步强化了人员、资本与技术更广泛的流通蔓延。同时，在发达国家，后工业化时期展现出文化精神消费需求远高于传统物质消费需求的特点，城市和区域的发展越来越需要文化与精神的支撑，文化特征类似地域的融合与对外经济扩张成为重大趋势。比如长江三角洲地区，共同的吴越文化与其经济的竞合、空间的发展交织在一起，是催生城市群发展的重要动力。

在城市群的形成过程中，人口要素扮演着重要的角色。这是因为人口是城市形成和发展必不可少的条件，新的城市通常形成于人口密集的地区，继而城市在该地区逐渐密集，为城市群形成奠定基础。由于人口是发展产业的基础之一，没有人口就无法为产业的发展提供劳动力，更无法为工业和服务业的发展提供消费市场，所以人口往往决定了城市的规模，并对城市空间大小具有举足轻重的影响。由此可见，人口可被视为城市群空间形成与发展的基础力量，世界上已经形成的城市群的地理区位即能反映出这一点：各国主要城市群几乎都处于人口最集中的地区。例如英国伦敦城市群集中了英国 4 个主要大城市——伦敦、伯明翰、利物浦、曼彻斯特和十多个中小城市，面积仅占全国总面积的 18.4%，人口却占全国总人口的 64.2%；我国目前正在形成的城市群主要位于中部偏东地区，这恰恰也是我国人口数量最多、密度最大的地区。总之，人口向城市群集中的趋势增强，形成巨大的城市基础设施建设投资需求和消费需求，促进了城市群空间的发展（王一鸣，2006）。

如果说人口要素是“遗传”的或先天的条件，那么科技要素则需要长期投资，是人造的、后天开发的，包括技术人才及其创造力、科教机构和领先学科、新技术等。在当前全球经济竞争日益激烈的情况下，科技要素的重要性不断上升，国家和区域竞争的优势主要建立在这一类要素的基础之上。改革开放以来，上海、北京等地依靠其良好的政策环境，形成了科技高地、人才高地，进而吸引了大量的外国先进技术和投资，经营管理经验也随之而来，不仅使其经济得到快速发展，也带动了周边城市的发展，为城市群的形成打下了基础（高汝熹，罗守贵，2006）。因此，重视科技要素的投入将使区域产出增加，吸引更多的人口进入这一地区，尤其是到城市中去。这样，现代城市群的空间形成也就具备了人文基础。

3）区位条件要素

简单来讲，区位是指人类行为活动的空间，而区位条件是区位（场所）所持有的属性或资质。城市群空间的形成和发展，需要良好的区位条件，因为城市群（特别是大城市群）对区位条件有特殊要求。区位条件要素包括自然地理区位和经济地理区位，通常认为综合二者能够带来效率和效能最大化的经济主体运行空间即是有利于城市群形成的合适区位。

区位条件要素对城市群空间的重要意义在于其对城市群自发形成与演进的主要模式——点—轴模式发展所具有的起始性影响。在地理区位方面，那些处于江河交界、平原广阔的地区，城市群形成的潜力较大；而在经济区位方面，处于沿海、沿江、具有很强的政策优势的地区，有很大的潜力。纵观国内外的城市群，绝大部分位于江海交汇的三角洲地区就是一个明证。这是由于从城市群发展过程看，经济中心总是首先集中在少数条件较好的区位，呈斑点状分布。这种经济中心既是区域的增长极，也是点—轴开发模式的点。随着经济的发展，经济中心逐渐增加，点与点之间由于生产要素交换的需要，需要交通线以及动力供应线、水源供应线等形成轴线，进而对人口、产业产生强大的吸引力，吸引人口、产业向轴线两侧集聚，并产生新的增长点，最终以点—轴模式形成城市群（陈华，刘永新，2006）。而且，随着城市群点—轴系统的延伸和强化，城市群各城市（镇）、各地域之间，特别是城市（镇）与地域之间生产要素交流的深度与广度不断提高，促进了城市群的一体化发展。

需要注意的是，区位条件是会变化的，表现为随时间发展区位要求的变化和随空间发展区位状态的变化两方面。一方面，就某一区位主体而言，其对局部场所（区位）的要求随时间而变，相应的对区位条件的要求也随之变化；另一方面，空间设施的兴建使相关城市的交通、就业、人口等情况发生了改变，相应的其区位状态的优劣势也随之改变。例如，工业的区位选择就能体现这种变化：由于交通运输技术的发展、工业活动本身制造工艺技术的进步以及生产中的物耗水平和投入比例的变化，在区位选择中原料、能源、运输等区位条件的地位相对下降，相反，劳动力尤其是高技能劳动力、地区智力密集程度、市场等区位条件的地位大大提高，这样，城市群内以前区位条件接近的城市就因为科技、市场等因素而产生较大差别，进而影响到城市群空间格局的调整变化；而交通设施、通信网络等的建设使那些原本处于边缘化状态的城市对外联系的能力与水平得以迅猛提升，其地理区位与信息区位条件可能后来居上，并随之体现在城市群空间方面。

4）交通运输要素

区域内各城市之间人流、物流、资金流、信息流和技术流等城市流密集频繁的空间流动是城市群的一个显著特征，这既反映出城市群的空间功能联系，又折射出城市个体之间密切的多维联系。交通运输网络作为区域基础设施的骨架，既是城市流得以实现的支撑和载体，亦是构成城市群空间格局与演化的一个要素。

交通运输要素对城市群空间格局的重要意义在于其对城市个体空间区位的决定性影响。城市是货物与人员的集散地，需要有方便的交通条件，交通运输线路的变化对城市的分布产生巨大影响。在新中国成立之前，特别是在封建社会时期，我国众多的中小城镇都是依水而建、依水而兴，比如早期我国南方城市多沿江河发展，随着船型的增大、航道的迁移，经历了由沿河、沿江向沿海发展的过程；而北方城市早期多在大道汇合处，随运输方式由驿道到公路、铁路的变化，又开始分布在公路沿线及铁路枢纽地区。可见交通网络的状况在很大程度上影响城市产生的场所，因而也就基本决定了城市之间的空间关系，为随后形成的城市群奠定了空间格局的基础。对处于交通网络枢纽位置的城市而言，因其同时能够与周边多个城市进行便捷的空间功能联系，往往会发展成为区域的中心城市。

交通运输要素对城市群空间运行的推动作用非常显著，首先表现在其对城市群空间的形成具有极大的促进力，如美国大西洋沿岸及五大湖区重要的港口城市波士顿、费城、纽约、巴尔的摩等凭借方便的交通运输条件形成，并最终借助这一方便的交通运输网络而形成了波士顿—华盛顿大都市连绵带。虽然早期天然的水路交通条件对城市群的形成相当重要，但随着交通技术的发展和完善，交通网络早已不受这方面的限制，特别是陆路交通的发展对城市群的空间演化可谓带来革命性的影响。不同交通方式下城市空间扩展范围的显著差异(图 4-8)意味着以陆路交通运输为主的网络足以成为区域内各个城市之间相互联系的主要纽带。从表 4-4 可发现，城市群空间内部及对外均需要多元化的交通方式与完善的交通网络。目前国内外主要城市群均充分印证了这一特点，它们大多拥有由高速公路、高速铁路、航道等构成的区域性交通基础设施网络，其中发达的铁路、公路设施构成了城市群空间结构的骨架和连结枢纽；东京、纽约、伦敦等世界著名的大城市群都拥有重要的国际海港和空港，发挥着国际交通枢纽的作用。

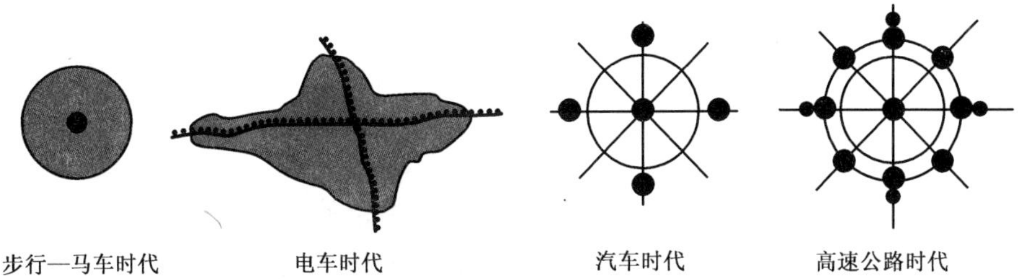


**图 4-8　交通工具改善与中心城市空间发展演变**

资料来源：转引自崔功豪(1992)

**表 4-4　城市群空间的交通方式**

| 范　围 | | 交通种类 | 运输工具 |
|---|---|---|---|
| 城市群区域内部 | 中心城市内部 | 地铁、城市街道、铁路干线、地方铁路、人行道 | 地铁、火车、公共汽车、私人汽车、自行车 |
| | 中心城市核心与市郊间 | 有轨电车、地方铁路、铁路干线、干线及一般公路、航道 | 地铁及有轨电车、公共汽车及私人汽车、水运 |
| | 中心城市之间 | 地方铁路、干线铁路、高速公路、国家公路、航道 | 普通快车、特别快车、公共及私人汽车、水运 |
| 城市群区域外部 | | 干线铁路、地方铁路、航道、高速公路、国家公路 | 特别快车及郊区普快、汽车及私人汽车、飞机 |

资料来源：陆大道(1998)

其次，交通运输要素对城市群空间演化的推动作用还体现在交通网络的优化导致城市群空间的发展与完善。图 4-9 反映了交通网络的发展与城市群空间形成和演化的密切关系(谢永琴，2006)。

交通运输要素对城市群空间演化的推动作用还表现在交通网络的发展对城市群产业空间演化具有重大的影响。交通网络的发展促进城市群空间扩展并改变着城市外部形态，对城市空间扩展具有指向性作用，直接改变着城市群的区域条件和作用范围，产生新的交通优势区位、新城市或城市功能区，进而改变原有的城市群产业空间结构。

*5）产业经济要素*

产业经济要素对城市群空间的影响首先表现为从根本上推动了城市群

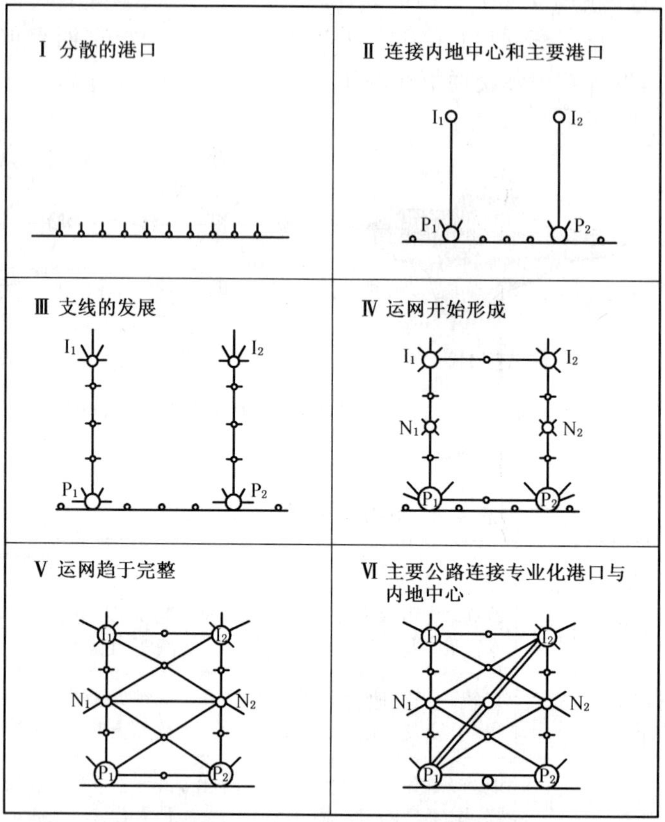


**图 4-9　交通网络发展与城市群空间演化**

资料来源:转引自谢永琴(2006)

的形成,并奠定了城市群空间格局的基础。在工业化的初、中期,一些铁、煤炭、石油等资源蕴藏量丰富的区域依托其发展重化工业和能源工业,伴随着区域资源开发、基础设施建设、生产设施及其配套设施建设,同时发展了其上、下游产业及相应的服务性产业。在集聚效应的作用下,不同等级规模的、生产相同或类似产品的企业在某一区域大量集聚,受产业集聚的推动,该区域逐渐形成城镇密集区,区内城镇之间在区域经济发展的过程中通过产业关联或其他方式逐渐建立了密切的联系并形成了合理的劳动地域分工体系,最终形成城市群(刘静玉等,2004)。

其次,产业经济要素对城市群空间发展的影响还表现在产业空间组织对城市群空间运行的巨大作用。一般而言,区域产业呈“劳动密集型加工业—技术密集型工业”的演替规律,然而,在工业化、信息化、市场化相互叠置的时期，作为后发国家、后发地区来说，拥有了更多的产业创新与转移机会，从而出现了产业不断继起、承接的现象（浙中城市群论坛，2005），由此，不同发展阶段属性的产业会在同一时空出现。同时，在经济水平快速提高、产业迅速集聚的过程中，一般都会出现人口大量集中、城市规模不断膨胀的现象，并引发许多城市问题和社会问题，城市产业扩散与转移是解决这些问题的一个重要措施。城市群与外部以及成员城市之间的这种产业演替、承接与转移使城市群空间不可避免地处于不断演进与变化之中，其内部会有若干不同阶段的产业同时产生和存在，空间特征和空间扩展呈现多重化。城市群空间演化由适应、配合上述多重化的产业需求所主导，在空间上、功能上相互错位发展，并具体表现为空间上的错位和时间上的错位两个方面。前者是指不同产业需要不同的用地条件，不同的城市由于各自不同的自然资源、环境、人力、基础等条件适宜布置不同类型和不同产业阶段的产业，以此构筑有序合理的城市群空间结构。后者则反映出城市群中不同城市适宜承载不同发展阶段的产业发展重心，各种资源只有在时机成熟时才能发挥最大的作用力，成为城市群重要的经济增长点。此外，随着工业化的加速推进，产业园区规模大型化成为较为普遍的趋势，也对城市群空间演化与城镇空间布局的整体格局产生重要影响（浙中城市群论坛，2005）。

### 4.4.2 新型驱动要素

虽然传统驱动要素在城市群空间的形成与发展过程中一直发挥着无可替代的作用，但时至今日，其影响力与作用方式受到一些新型驱动要素的影响，而且这种影响的广度与深度都在逐渐加强。这些新型驱动要素主要产生于新经济环境，所谓新经济主要是在以美国经济为代表的发达国家经济基础上所产生的概念，即持续高增长、低通胀、科技进步快、经济效率高、全球配置资源的一种经济状态，一般认为新经济就是以高科技、信息、网络、知识为其重要构成部分和主要增长动力的经济。

新经济环境对城市群空间发展的作用表现在由于新的经济增长动力形成新区位因子与新经济组织，进而引起产业空间的重新布局与分工等新的空间现象（图4-10）。新经济环境改变了个体城市传统的空间区位条件。传统的区位理论非常重视城镇分布的实体位置，但在新经济环境下，自然地理区位、几何中心区位、行政中心区位等传统区位因子对城镇地位和发展前景的决定性作用日趋减弱，而对外联系的门户区位、信息区位、新经济网络的节点区位对城镇发展和城市群的演化发挥着日益重要的作用（刘荣增，2002）。在这一过程中，总体上空间距离的约束力越来越小，其重要影响将只保持在城市群内部小尺度的区域中。对城市群来说，要持续发展，产业从倚重制造向信息、科技、服务等方向升级是必由之路，城市群空间将随产业调整而发生变化，这意味着新经济环境必然促使城市群产生新的空间现象。而 S. B. 谢泼德（S. B. Shepard）提出"新经济"主要是指两大趋势：一是经济全球化，二是信息革命（谢泼德，1997）。

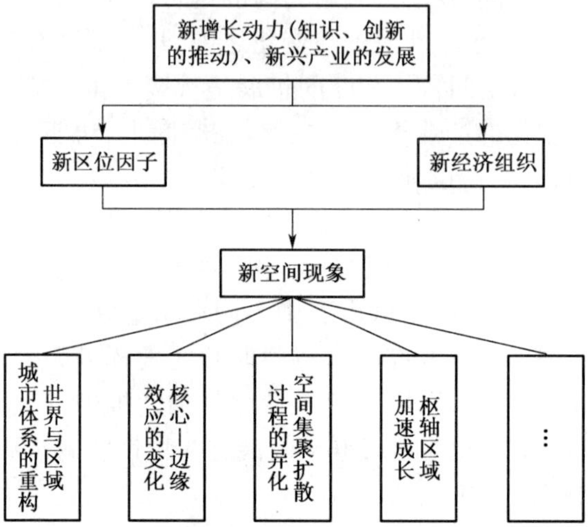


**图 4-10　新经济环境下城市群的新空间现象**

资料来源：刘荣增（2002）

1）全球化与地方化

1962 年，"全球化" 第一次出现在我们的词汇中，现在这个词语已经从一个那时的专门术语变成了今天的一个口头禅，成为在世界范围内日益凸现的新现象和当今时代的基本特征。经济全球化的最突出特征是非本土化（delocalization），一个对经济、社会、区位及文化本质性联系的颠覆。逐渐增强的"时空距离压缩"或"时空距离缩短"意味着任何活动都可以纳入全球生产联系网络中。所以美国社会学家卡斯特认为，全球化力量，尤其是被新信息技术推动的那股力量，正在用"流空间"（space of flow）取代"地点空间"（space of place）；一些学者认为，在经济全球化下，区域经济空间结构将发生本质性变化，由原来非均衡的核心—边缘式格局向均衡的网络—节点式格局转变。但全球化同时也强化了地方的差异性和区内的差异性，因此，斯科特等认为，区域经济空间结构的核心—边缘式格局并没有被打破，而是更加强化。总之，全球化对当前人类社会发展的影响极为深远，而城市群作为区域城市化与城市区域化的重要表现和区域城市化发展到高级阶段的产物，所受到的影响尤为突出。

首先,全球化对城市群空间发展的驱动作用反映在产业的国际地域分工为新的城市群空间形成打下基础。全球化导致发达的生产服务业与生产相分离,同时跨国公司的全球投资行为使技术、知识、人才、资金、物质等生产要素在世界范围内流通,提高了地区的发展能力并为地区提供了更多的发展机会,不断深化着全球产业体系的垂直分工与水平分工(顾朝林,2006)。在这种背景下,各级城镇进入一个开放的、互动的多级城市网络体系,每个城市在这一体系中加入争夺国际资本投资与承接国际产业转移、再分布的过程,并逐渐形成各自的产业定位与优势。当一个区域内众多城市得以空前发展,使得不仅谋求共同的持续发展成为客观需要,而且避免恶性竞争、协调产业分工合作和资源配置逐渐成为紧迫问题时,城市群的空间形成即具备了坚实基础。

其次,全球化对城市群空间发展的驱动作用显著地体现在强力推动城市群的空间合作与发展。全球化进程一方面弱化了城市间的市场界限,让更多的社会财富和国际资本进一步向大城市和以此为核心的城市群集聚,另一方面使国家与国家之间的合作与竞争越来越体现在城市与城市之间的合作与竞争上。这对城市群而言,不仅促进其空间的形成和发展,而且促使城市群内部不得不大力强化空间合作与发展。城市群作为一个有机联系的城市地域空间实体,其内部城市间具有天然的发生学意义上的客观空间联系。其中的每一个城市都有各自的比较优势与相对劣势的客观事实,决定了城市群如果无视整体效应,各城市完全以"我"为主来确定空间发展战略和目标定位,孤立地打造各自空间的话,将是低效的和缺乏远见的。因为,缺乏空间协作的重复性、内耗性的"发展"不仅会使城市群整体效应难以发挥,还会导致"1+1<2"的无奈结局,最终必将导致对区域稀缺性资源的滥用和浪费,造成城市群个体城市"共输"而非"共赢" 的结局。

全球化对城市群空间发展的作用力凸显出时代的发展与变迁。同时值得注意的是全球化对城市群空间的影响存在差异,表现为经济相对发达地区所受的影响大于经济欠发达地区,边界地区大于中部地区(李小健,2000)。但无论如何,就影响的深度与广度而言,全球化都在城市群空间运行的新驱动要素里首当其冲。

地方化与全球化相生相伴,反映出20世纪后期的世界经济在一堆矛盾的支配下运行:一方面是以生产、贸易、投资越来越自由的全球性流动为代表的全球化(globalization),另一方面则是与地理边境和民族利益息息相关的本地化(localization)(王缉慈,2001)。前者表现为地理空间的扩大化、动态化和复杂化，后者则显示出对地方或区域特色的追求，也就是对地方认同(identity)和地方性(locality)的寻求与创造。全球化与地方化的相互关系非常复杂，这些关系被称为全球地方化(glocalisation)，昭示着全球化背景下日益复杂的区域联系(图4-11)。由于全球化和地方化同时发生，使得全球市场并非像世界体系理论设想的那样只是让世界形成了中心—半边陲—边陲的分工架构，而是全球化同时有“中心化”和“解中心化”两种作用，前者指资本、权力、信息集中的过程，后者指地方、社区分享原中心区域资源的能力越来越强(Beck，1999)。

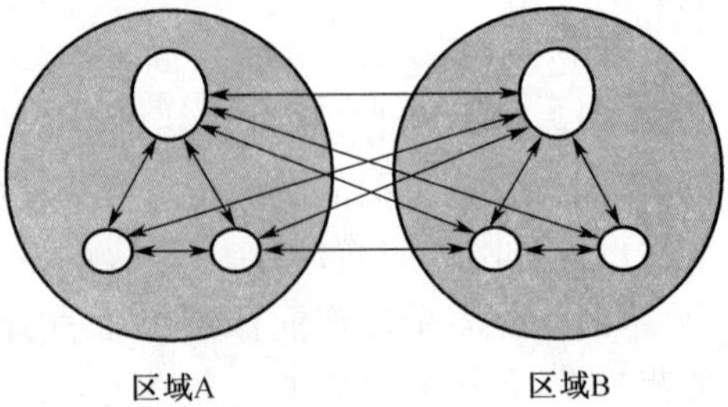


**图4-11　全球化背景下日益复杂的区域联系**

资料来源：甄峰(2001)

地方化对城市群空间发展的作用体现在对新的城市空间等级体系关系的影响。全球化过程对城市发展造成的可能影响是大公司及其管理机构倾向于集中在少数的城市，而处于等级体系较低层次的城市，其经济、社会和政治的功能将进一步削弱。可见在地方化进程中，各城市按照它们参与经济全球化的程度以及控制、协调和管理这个过程的程度，在城市群等级体系中将被重新分配自己的位置，形成新的空间等级体系关系。

2) 信息化与网络化

自20世纪六七十年代西方信息革命以来，信息技术的不断进步日益影响着区域与城市的发展，改变着原有的区域与城市空间结构。随着信息化时代的到来，人们的生活和就业不再简单地依赖于物质性交通环境，技术合作对空间、时间的依赖性降低，“家”或许会渐渐成为许多工作的中心位置，而人类生活、工作模式的重大变化将使传统的由可达性、区位条件决定的城市群内部空间结构面临重大变革和调整。可见信息化对城市群空间运行的影响是多方位、多层次的，它的实质在于信息的远距离快速传递，这在一定程度上将促进人口、产业和其他经济活动的分散(姚士谋，2001)。

首先，信息化与网络化对城市群空间发展的作用体现在对城市群传统的等级空间联系模式的改变。基于全球信息网络，城市或区域之间会形成新的二级体系，城市或区域的竞争将更加激烈。而随着节点网络体系的建立，中心地模式下的等级空间联系将逐渐被网络模式下的多维空间联系所取代，它为空间结构的成长提供了一种弹性的环境。在新的网络体系下，居于网络节点地位的信息富集区将支配和控制边缘的信息贫乏区，同时信息的可获取性及与之相配套的信息基础结构也是城市吸引投资者、居住者的重要资源(邓静,孟庆民,2001)。信息化水平是城市获取竞争优势的战略砝码,改变了传统的城市的竞争力模式。这种模式的变化在城市群空间演化上必然会有所投影,随着规模等级的变更,区域内城市流的空间分布将发生变化,不同城市之间的空间功能联系的强度、载体建设等都会相应改变。同时要指出的是信息化与网络化的这一作用是动态的,那些有着较好发展基础的城市与区域会率先走在信息化的前面,从而发展成为新的信息发展极,区域与城市由此将发生新的重组与分化。在这些新的信息发展极中,信息基础设施建设很快,信息产业也已初具雏形,而那些信息边缘城市与区域则可能面临进一步边缘化的威胁(刘晓霞等,2005)。

其次,信息化与网络化对城市群空间发展的作用体现在对城市群产业空间运行的巨大影响。在目前较高程度的信息化、网络化条件下,各种社会经济要素可以摆脱距离的约束,而按照其内在的需要在更广大的范围内进行合理的运动,成为工业化进程结构调整和技术改造的重要条件。工业化的进程存在跨越式发展的可能,这必然促发城市群产业空间的发展变化。同时互联网正在改变企业确定其竞争地域范围的方式,使不同市场的空间界限变得模糊,传统意义上企业利用地理的空间及距离来创造竞争优势的可能将大为降低(浙中城市群论坛,2005)。体现在城市群的产业空间格局上,传统经济那种围绕生产和消费中心比较严格地按照职能和规模等级体系组织地域活动的中心地空间格局将逐渐减弱,取而代之的是基于信息化的产业网络空间格局。国内和国际的交通和远程通信网络促进了更多的流动,尤其是资本和信息的瞬时流动,使传统的空间障碍(如国家间和区域间界限)以及距离和时间都发生了变化,直接改变传统上对于城市群产业空间发展的认识。

最后,信息化与网络化对城市群空间发展的作用还表现为在城市体系中推动确立新型的空间相互作用关系。一是城市群内部的空间合作竞争关系。按照生物学的共生原理,合作竞争是小企业的有效发展形式,也可以成为产业结构类似、增长势差不大的中小城市的有效发展模式(胡彬,2003)。但空间网络共享是合作竞争的基础,合作是竞争的手段,竞争则是为了更高效地合作。比如一般在城市群内,中小城市由于空间布局分散、主导产业不鲜明、交通与信息联系不足,导致在城市群中整体上处于弱势地位。它们未来的发展除了依赖辖区省份的发展战略以外,更主要取决于它们在城市群空间网络中的组织地位、与网络中其他节点的联系基础以及借助网络整合异质资源的能力大小。二是城市之间空间的多边交互关系。城市网络是由城市多边联系构成的空间组织,而不是由单向或极端不对称关系组成的松散结构(胡彬,

2003)。在完全意义的城市网络中，不仅每个城市都是活跃的网络组织单元，而且它们的对外空间网络联系机能本身就将随着经济实力和发展阶段而进行动态调整，从而保证城市群空间网络的稳定与高效运作。

## 4.5 本章小结

本章通过构建城市群空间运行的宏观机理概念模型来探讨城市群空间运行的宏观机理。模型由三个层次构成。空间格局和空间演化机理为其核心层次。空间格局机理分别从系统与共生两种理论视角理解城市群空间的内部格局。城市群内部空间系统由要素(城镇)、子系统(中观空间格局)、空间流(城市之间的相互联系)构成，外部空间系统即为城市群空间的外部环境。城市群空间共生机制由七要素(共生单元、共生环境、共生模式、共生基质、共生起因、共生目标、共生界面)组成，共生模式是最为活跃的因素。本研究在城市群空间格局的三方面和寄生、竞争与合作三种主要的共生模式之间建立了对应关系。城市群的空间演化机理体现为空间的集聚与扩散，在城市群空间演化中，具体分为集聚阶段、集聚扩散阶段、扩散集聚阶段和再集聚阶段，其作用机理分别为集聚的双重乘数效应循环累积作用、空间集聚经济与集聚不经济原理、产业转移和城市功能升级规律、外部集聚经济。由于城市群空间运行以特定的环境因素为背景和条件，这些因素对空间运行也起到宏观方面的影响。宏观机理模型在核心层之外，将影响分为传统驱动要素层和新型驱动要素层两个层次，前者包括自然条件、历史人文、区位条件、交通运输和产业经济等要素，后者包括全球化与地方化、信息化与网络化等要素。

# 5 城市群空间运行微观机理

在微观层面上，城市群的空间运行反映为众多空间事件发生与发展的结果。由于空间事件都是由相应的空间行为引起和推动的，即城市群空间运行的驱动力为空间主体，作用本质和规律为不同主体的行为及其交互在宏观空间上的反映。因而，从微观上看，城市群的空间运行机理的研究可以通过分析微观主体行为来进行。

基于上述认识，本章通过构建空间运行的多主体概念模型（multi-agent system for spatial circulation, MAS/SC），即通过微观主体行为对城市群宏观空间效应的模型来探求城市群空间运行的微观机理。选择这一概念模型是因为其主要用于研究为了共同的或各自不同的目标，自主的智能主体之间智能行为的协作、竞争等相互作用，非常适于研究推动城市群空间运行的微观空间行为。由于在不同历史时期和不同国家，空间主体的范畴和空间行为并不完全相同，本研究仅针对当前转型期背景下的中国城市群进行分析。

## 5.1 空间运行的多主体模型的构成

### 5.1.1 多主体模型的基本观点

在国内外多主体模型的研究中，对于主体的概念，学术界尚无明确定义，不过观点比较接近。其中马尔斯给出的定义是“一个主体是一个在复杂的动态环境中完成自身目标的一个系统，它能感知并同时作用于外界环境”（Maes, 1999）。富兰克林等认为“自治的主体就是存在于环境中的一个组成部分，它能感知和影响环境，以追求自身目标”（Franklin and Graesser, 1997）。主体可以是人、动物、机器人、人工生命体或者软件虚拟人物等等，主要特征列举如表 5-1 所示。基于以上理解，主体是更接近于现实世界的一种新的模型实体，在城市群空间中，主体是指与空间运行相关的个人和组织。

表 5-1　主体的特征

| 特　征 | 含　义 |
|---|---|
| 反应性 | 实时地对环境变化产生反应 |
| 自治性 | 通过自身行为实施控制 |
| 面向目标性 | 行为有目的性，不仅仅是对环境变化的反应 |
| 时间连续性 | 主体的运动在时间上是不间断的过程 |
| 交流性 | 能与其他主体或者人进行交流 |
| 学习性/适应性 | 根据以往经历改变后续行为 |
| 运动性 | 可以在环境中自由漫游 |
| 机动性 | 行为可能改变某些既定计划 |
| 特性 | 区别于其他个体的个性和特有的情感状态 |

资料来源：根据富兰克林等(1997)改动

尽管学者在描述和定义主体上的观点有所分歧，但是他们都一致地强调有必要解释主体之间的联系并对此建模。正是在这样的背景下，产生了多主体系统(多主体模型)的概念。主体是所有被模拟个体的集合；对象是那些不对环境产生行为反应的被动实体的集合(如环境中的土地和建筑物)；行为指主体在系统范围内的活动，这种活动可能针对其他主体或者对象；环境指主体和对象所存在和活动的物理空间；交流包含所有主体间可能的交流类型，如对话、信息流通等。其中最重要且富于变化的因素是行为，它通过主体间的相互作用或交流产生，也可以是主体对对象或者环境的作用。主体作为一个自组织体，其行为受到其他主体行为的制约并同时影响其他主体的行为。主体可以通过改变环境、对象对其他主体产生影响，或者直接限制其他主体的行为。在行为直接作用于其他主体时产生了主体间的交流。

在空间研究方面，近年来，将 MAS 应用到土地利用变化领域的研究越来越多，多主体模型也日益复杂化(Benenson, 1998; Pohill, 1998; Parker, 2000; Torrens, 2002; Peng Chong, 2007)。一些学者的理论和实例研究已经证明 MAS/LUCC 模型能较成功地应用到很多土地利用和土地覆被变化领域，如自然资源管理、农业经济学、考古学、城市模拟等等(Parker, et al, 2002)。这些研究所涉及的空间都是微观层面，即关注人类行为对土地的利用，特别是城市内部用地的作用效果，而较少涉及宏观的区域空间范围。然从理论上看，将多主体模型应用于区域空间研究也是适宜的。

### 5.1.2 城市群空间微观运行的 MAS/SC 模型的构成

应用多主体模型的理论，对城市群空间运行建立多主体模型，命名为“城市群空间运行的多主体模型”（MAS/SC）。该模型由城市群的空间运行（SC）和多主体的空间行为（MAS）两部分组成。如图 5-1 所示，虚线以上的部分为城市群的空间运行，虚线以下为多主体的空间行为，结合张庭伟（2001）的观点①，可以将城市群空间运行的相关主体界定为市场性主体、社会性主体和政府性主体三类，建模过程分为四个步骤：

① ——定义三类空间主体，说明各类主体包含的具体对象及其特征。

② ——对三类主体的空间行为分别建模。

③ ——对主体行为之间的关联和交互进行建模，摸索行为的相互促进和制约关系。

④ ——模型整合，探讨主体的空间行为对城市群的空间运行起到了何种作用。

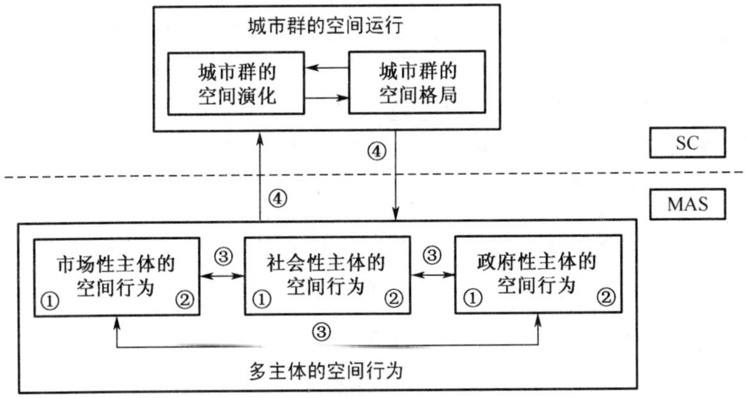


**图 5-1 城市群空间运行的 MAS/SC 模型框架**

## 5.2 主体的界定

微观经济学中对主体行为的分析主要集中在消费者和生产者上，在市场

① 张庭伟（2001）全面概括了城市空间演化的三种力，即“政府力”（主要指当时当地政府的组成成分及其采取的发展战略）、“市场力”（主要包括控制资源的各种经济部类及与国际资本的关系）和“社会力”（主要包括社区组织、非政府机构及全体市民），并提出了三种力相互作用下三种可能的模型（合力模型、覆盖模型和综合模型）。

失灵以后才引入政府这一角色进行分析。相比较而言，空间主体包含的范围更广些，政府的作用不仅仅囿于解决市场失灵，在区域空间演化和空间规划等方面也都体现了非常重要的作用(金丽国，2007)。在区域一体化和经济一体化的背景下，企业、居民和政府在一体化进程中还会衍生出新的区域主体——区域协调组织。区域协调组织既可能是以官方为基础形成的新组织机构(如欧盟委员会、流域管理委员会等)，也可能是行业、行会等各种非政府组织(NGOs)。

本研究认为，对城市群空间运行起主要作用的主体包括企业、居民、政府、非政府组织和官方的区域协调组织等，而对于纷繁复杂的行政、事业机构等其他主体暂不作考虑。这些空间主体又可以归纳为市场性主体、社会性主体和政府性主体三种类型，分别包括空间资源依赖型企业、空间场所依赖型企业和空间服务导向型企业；居民家庭(非政府组织在我国的行为影响并不突出，在本模型中略去)；中央政府、省政府、城市群官方协调组织、区域官方协调组织和城市政府(表 5-2)。

**表 5-2　城市群空间运行相关主体**

| 主体类型 | 主体名称 | 主体数量 | 主体特征 |
| --- | --- | --- | --- |
| 市场性主体 | 空间资源依赖型企业 | 众多，无限 | 空间性、逐利性 |
| | 空间场所依赖型企业 | 众多，无限 | |
| | 空间服务导向型企业 | 众多，无限 | |
| 社会性主体 | 居民家庭 | 众多，无限 | 空间性、社会性、经济性、心理属性 |
| 政府性主体 | 中央政府 | 唯一 | 福利人型，经济人型 |
| | 省政府 | 唯一 | |
| | 城市群官方协调组织 | 唯一 | |
| | 区域官方协调组织 | 众多，有限 | |
| | 城市政府 | 确定，有限 | |

### 5.2.1　市场性主体

市场性主体主要为企业，结合表 5-3 中三次产业的分类和企业的空间属性，可以将企业主体分为三类：第一类为空间资源依赖型企业，以采矿业为代表；第二类为空间场所依赖型企业，以制造业企业为代表；第三类为空间服务导向型企业，包括第二产业中的建筑、基础设施行业及第三产业(不包括文教卫行业和社会组织）中的绝大多数企业。

据此，企业主体（Enterprise）可以用包含离散个体的集合表示：

$$E = \{E_1, E_2, E_3\}$$

$$E_1 = \{e_{11}, e_{12}, e_{13}, \cdots\}, E_2 = \{e_{21}, e_{22}, e_{23}, \cdots\}, E_3 = \{e_{31}, e_{32}, e_{33}, \cdots\} \tag{5-1}$$

其中 $E$ 指所有相关企业的集合，包括 $E_1$，$E_2$，$E_3$ 三类企业，每类企业又由众多个体企业 $e$ 组成。

**表 5-3 三次产业分类**

| 三次产业分类 | 门类 | 名称 | 三次产业分类 | 门类 | 名称 |
|---|---|---|---|---|---|
| 第一产业 | A | 农、林、牧、渔业 | 第三产业 | K | 房地产业 |
| 第二产业 | B | 采矿业 | | L | 租赁和商业服务业 |
| | C | 制造业 | | M | 科学研究、技术服务和地质勘查业 |
| | D | 电力、燃气及水的生产和供应业 | | N | 水利、环境和公共设施管理业 |
| | E | 建筑业 | | O | 居民服务和其他服务业 |
| 第三产业 | F | 交通运输业 | | P | 教育 |
| | G | 信息传输、计算机服务和软件业 | | Q | 卫生、社会保障和社会福利业 |
| | H | 批发和零售业 | | R | 文化、体育和娱乐业 |
| | I | 住宿和餐饮业 | | S | 公共管理和社会组织 |
| | J | 金融业 | | T | 国际组织 |

资料来源：《国民经济行业分类》（GB/T 4754-2002）

### 5.2.2 社会性主体

居民家庭主体（Household）由数量众多、属性特征各异的离散个体组成。针对居住扩展过程，居民指所有可能选择城市新开发用地居住的居民家庭。这些家庭可以表示为：

$$H = \{h_1, h_2, h_3, \cdots\} \tag{5-2}$$

其中 $H$ 指所有可能的居民家庭 $h$ 的集合，他们的经济、社会和心理属性如表 5-4 所示。

**表 5-4　居民家庭属性**

<table>
<tr><td>经济属性</td><td colspan="2">居 民 收 入(I)</td></tr>
<tr><td rowspan="6">社会属性</td><td rowspan="2">居民家庭结构</td><td>每户人口数（Nh）</td></tr>
<tr><td>每户子女数(Nc)</td></tr>
<tr><td rowspan="3">工　作</td><td>每户工作人口数(Ni)</td></tr>
<tr><td>职业(O)</td></tr>
<tr><td>工作地点(W)</td></tr>
<tr><td colspan="2">交通方式（T）</td></tr>
<tr><td>心理属性</td><td colspan="2">居民对居住地点及其属性的偏好(P)</td></tr>
</table>

因此，一个居民家庭 $H_i$ 可以表示为：

$$H_i = (I_i,\ Nh_i,\ Nc_i,\ Ni_i,\ O_i,\ W_i,\ T_i,\ P_i)\ \forall i \in \{1,\ 2,\cdots\} \qquad (5\text{-}3)$$

其中每个属性值因家庭而异：如家庭收入属性分为高、中、低三类；心理属性按居住点选择倾向分为中心城市居住、郊区和新城居住、中小城镇居住等，按居住点的属性倾向分为交通倾向、环境倾向和房价倾向等。

### 5.2.3　政府性主体

在一国的管理体系中，政府性主体(Government)包括从中央到地方的多级政府及其组成部门和单位。本模型针对城市群空间，构建由五类主体组成的比较合理的政府层级体系：中央政府($G_n$)、省政府($G_p$)、城市群官方协调组织($G_a$)、城际区域性官方协调组织($G_r$)(城市群整体及其局部)、城市政府($G_c$)①(图 5-2)。政府性主体集合用 $G$ 表示，主体成员如下：

$$G = \{G_n,\ G_p,\ G_a,\ G_r,\ G_c\}$$

$$G_r = \{g_{r1},\ g_{r2},\ g_{r3},\cdots,\ g_{rn}\},\ G_c = \{g_{c1},\ g_{c2},\ g_{c3},\cdots,\ g_{cm}\} \qquad (5\text{-}4)$$

其中，$G_n$、$G_p$、$G_a$、$G_r$、$G_c$ 分别表示中央政府、省政府、城市群协调组织、城际区域性协调组织和城市政府；中央政府、省政府和城市群协调组织都看

① 在城市政府之下还有县(市、区)政府，但考虑到其空间行为在较宏观空间层面上作用较弱，且其行为与城市政府行为具有高度一致性，故在本研究中略去。

作单一主体①,城际区域性协调组织和城市政府由多个主体构成,不过与企业主体的不同点在于后者由于数量巨大可以理解为数量无限,前者理解为数量有限。

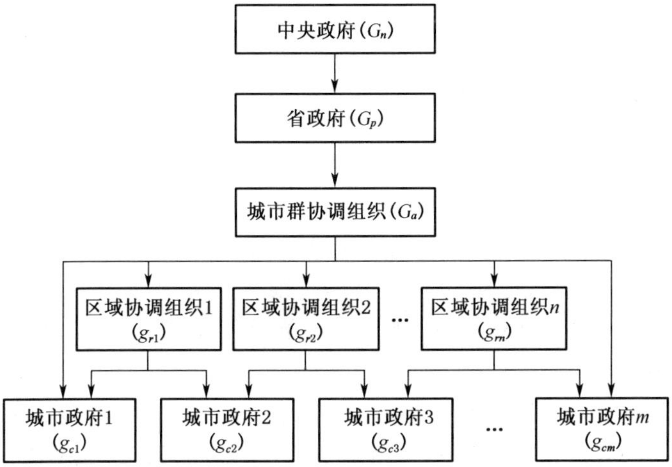


图 5-2 政府主体构成

与西方市场经济国家不同,中国政府对空间资源有着极强的控制力度和广度,而且中国地方政府主导型市场经济是世界上现有政府主导型经济的特殊形式。政府主导作为前提使政府官员具有更优越的垄断租金和特权地位,有更强的实现自我利益的手段。进入 21 世纪,中央和地方政府的各项政策都体现出中国城市群的发展要从追求经济增长转向注重经济、社会和环境的整体效益。据此可以认为,转型期的中国政府同时体现了经济人和社会福利人的双重特征②。此外,就中国实际来看,国家和地方都属于强势政府,而区域性组织机构的作用却不明显,多数是在上级政府的指导下,由城市政府联合发起成立的区域性管理组织,其职能主要是对各级政府政策和规划的贯彻实施起到组织和监督作用。

---

① 这里将省政府简化为单个主体,实际上,某些城市群涉及两个或以上省级政府,如长江三角洲城市群,这种情形不在本研究的考虑范畴。

② 新经济地理学和公共选择理论对政府特征的理解有差别。前者在研究区域主体时,主要集中对居民和企业这两个主体进行分析,对于地方政府这一角色没有进行单独研究,只是将其作为区域政策的制定和安排者;这样,政府的角色可以看作是追求所辖区域福利最大化的社会人。后者认为地方政府并不是一个抽象实体,也不是单纯以所辖地区福利最大化这一理想为目标,而是拥有强权的决策主体(金丽国,2007)。

# 5.3 主体行为分析

根据上文对城市群空间主体的界定并结合我国的实际，本模型在对主体行为的分析中将市场性主体、社会性主体和政府性主体简化为企业、居民家庭和政府。

## 5.3.1 企业行为

1）企业的选址行为

作为一个具体的生产单元，由于企业运营的多变性和投入—产出的多样性，不同类型生产单元在空间选址上具有很大的灵活性。如初加工企业，原料和运输是其重要的区位条件；加工总装单元，市场则是主要要考虑的因素；对于一般的生产单元，则选择廉价的土地、劳动力，便捷的交通或接近市场、原材料地等区位条件。完全理性的选址过程可以用离散选择（discrete choice）方法和效用最大化原理来解释。离散选择方法是模拟多个主体分别从互异选项组成的集合中选择，在宏观上得到选择结果的聚合效果。离散选择方法的选择过程一般运用效用最大化原理，即选择具有最大效用值的那个选项。Xu（1999）指出，在离散选择模型中，每个选项具有如下效益指标：

$$U_{ik}=U(Z_{ik},\ S_{ik})\ \ \forall i\in\{1,\ 2,\ \cdots,\ n\},\ k\in\{1,\ 2,\ \cdots,\ t\} \quad (5\text{-}5)$$

其中$U_{ik}$是决策者$i$（这里指企业）选择$k$的效用，在选址中，所有可供选址地构成选择集合；$Z_{ik}$是决策者$i$选择时考虑的选项的属性因子，如自然资源禀赋、距离市场的交通可达性、劳动力资源、地价、配套设施等；$S_{ik}$是决策者$i$自身的属性因子，其基础为企业主体的类型划分，这种划分决定了不同类企业对各种用地属性的偏好，在某个类型之内的不同个体企业其属性也存在差别。

在以程建权（2003）和Torrens（2000）为代表的一些学者对离散选择模型的应用中可以看出，最常见而有效的随机效用模型是多项式logit模型，用公式表示如下：

$$U_{ik}=b_{1i}x_{1k}+b_{2i}x_{2k}+\cdots+b_{mi}x_{mk}$$

$$U_{ij}=b_{1i}x_{1j}+b_{2i}x_{2j}+\cdots+b_{mi}x_{mj}\quad \forall k\neq j;\ k,\ j=1,\cdots,\ n \quad (5\text{-}6)$$

其中$x_1$，$x_2$，…，$x_m$指选项对决策起作用的属性因子；$x_{1k}$，$x_{2k}$，…，$x_{mk}$是具体的选项$k$的属性值；类似的，对于选项$j$，属性值为$x_{1j}$，$x_{2j}$，…，$x_{mj}$。

$b_{1i}$，$b_{2i}$，…，$b_{mi}$是属性因子的回归系数，反映决策者对各属性的重视程度。

对单个企业而言，在选址上需要考虑当地自然资源禀赋、交通运费、劳动力供给和空间集聚等因素的影响。据此，公式(5-6)可表达为：

$$U_{ik} = P_{ri}V_{rk} + P_{ti}V_{tk} + P_{si}V_{sk} + P_{pi}V_{pk} + P_{mi}V_{mk} \quad (5\text{-}7)$$

其中 $P_{ri}$，$P_{ti}$，$P_{si}$，$P_{pi}$，$P_{mi}$分别表示企业 $i$ 在选址时，对资源（自然资源和劳动力资源）、交通可达性、基础设施等支撑条件、地价、市场条件这五个因素的倾向程度，对不同属性赋予不同的倾向值；而 $V_{rk}$，$V_{tk}$，$V_{sk}$，$V_{pk}$，$V_{mk}$则表示任意地块 $k$ 在资源、交通可达性、基础设施建设等支撑条件、劳动力、市场需求这五个方面的评价值。一般的，空间资源依赖型企业的生产需要直接利用自然资源，因而对自然资源的倾向度较高，在选址上多数接近原材料产地；空间场所依赖型企业的生产由于需要较大的空间场所和充足的劳动力资源，并以交通、水电等基础设施环境作为支撑，因此对交通可达性和基础设施等支撑条件的倾向度高，在空间上一般接近市场地；空间服务导向型企业（特别是属于金融、信息和科研等高级服务功能行业的企业）对空间地点、市场需求的依赖程度高，一般位于城市群中各等级中心城市中，并通过跨国公司和商业贸易交流等形式与城市群外部中心城市和地区建立广泛联系与合作。

以上的区位选择建立在古典区位论的理论基础之上，体现了隔离分析的方法，即不考虑企业选址的空间竞争。而实际上，在多个企业同时进行选址时，空间竞争就会出现，即由于距离和空间成本的存在，必然限制了为一定市场份额进行有效竞争的企业数量。特别是空间演化的初级阶段，由于人口规模较小，强化了对厂商数量的限制，此时，企业就不能忽视彼此间的行为是相互依存和竞争的。对生产同质产品的企业而言，“伯川德竞争（Betrand competition）”认为企业的空间分布总是倾向分散，这是由于当企业集中于价格竞争时，区位的集中使得价格竞争更加激烈，而区位的分散则缓解了价格竞争，使竞争的企业维持利润（金丽国，2006）。而赋予集聚经济增长机制的“古诺空间竞争”认为同质企业将会导向集聚。经济集聚，从客体角度上看，是生产要素或资源向优势地理区位运动、集中的过程；从主体角度上看，则是行为者谋求对他们最有利地点来发展的过程，这些地点必然具有斯密所说的“自然性优势”和“获得性优势”（金丽国，2007）。自然性优势是指地区的自然禀赋，而获得性优势是内生的技术进步和知识积累。此外，根据 Anderson（1991）的研究可知，同质企业在空间选址上倾向于集聚，这是为了实现整体的外部经济，不同企业借助外部经济可以节约成本；其次区域要实现集聚经济，关键是保证企业间能够获得尽可能大的外部性经济，如产业链的通畅和研发基地的支持等等，相对于此，交通条件并非很重要。对异质产品而言，空间外部性的溢出效应随产品的差异程度和交通成本的增加而降低，而价格竞争的存在则对企业选址产生离心作用，在产品差异不太大时，由于溢出效应的优势超过价格竞争的不利影响，企业区位选择的结果仍是空间上的集聚。

此外，对于现代多厂企业而言，其多层级的组织结构（主要分为总部、管理、研发和生产四个层次）（谢永琴，2006）使其空间选址复杂化。（1）总部主要研究企业活动总体性的长远战略规划，其功能大多是研究非线性状况，包括与其他企业最高决策机构磋商以满足政府和公共机构的要求，它要求选择邻近资本市场、通信设施和政府所在的区位。由于对各种商业服务、交通运输与通信等多种服务需求日趋增加，导致在城市中心这类服务供给增加，从而增加了作为总部区位的城市中心的吸引力，这种循环过程形成的区位环境影响到企业的行为。因此，现代多厂企业总部在空间上表现为高度集中化，主要分布在区域核心集聚区位上。（2）管理单元具有日常管理功能，也日趋集中在信息丰富的区位上，但它对高层次城市需求及空间集中化要求不如总部明显。因此，面对资源、土地成本和劳动力成本上升，这种管理单元在空间上趋于分散化。（3）研发单元对空间区位的要求是高水平科技人员的可利用性、具有基础科学与技术革新来源以及合理的基础设施等。因此，研发单元倾向于邻近大学和研究机构所在的大城市地区。（4）生产单元承担着接受和加工原材料及发送产品的功能。由于人力、市场、原材料、运输等许多区位因素的共同吸引，加之各生产单元具有不同的区位指向，从而使这些生产功能单元的空间分布日趋分散。

2）企业的搬迁行为

企业的搬迁在宏观上是中心城市空间扩展和中小城镇迅速发展导致城市内部空间和外部空间扩散的结果；在微观上源于企业在原处所的生产成本升高或消费需求降低带来的获利降低的促动；本质上是企业的再次选址行为。企业搬迁主要表现形式有三类，如图 5-3 所示（图中三种大小圆圈分别代表中心城市、中小城镇、中心城市的边缘区新城）。

A 类企业搬迁。这种企业搬迁行为是企业在城市内部的空间转移。随城市空间增长和郊区化推进，原来位于城市中心城区的企业（主要为制造业企业）外迁至城市边缘地带或者城市外围新城。

B 类企业搬迁。这种企业搬迁行为是企业从上级城市向下级城市的转移。在城市群空间的扩散过程中，中心城市功能不断升级，服务性功能逐渐增强，而生产性功能趋于减弱，一些制造业产业被扩散到生产成本更低、专业性更强的中小城镇，相应的，这些企业就从中心城市搬迁到中小城镇。

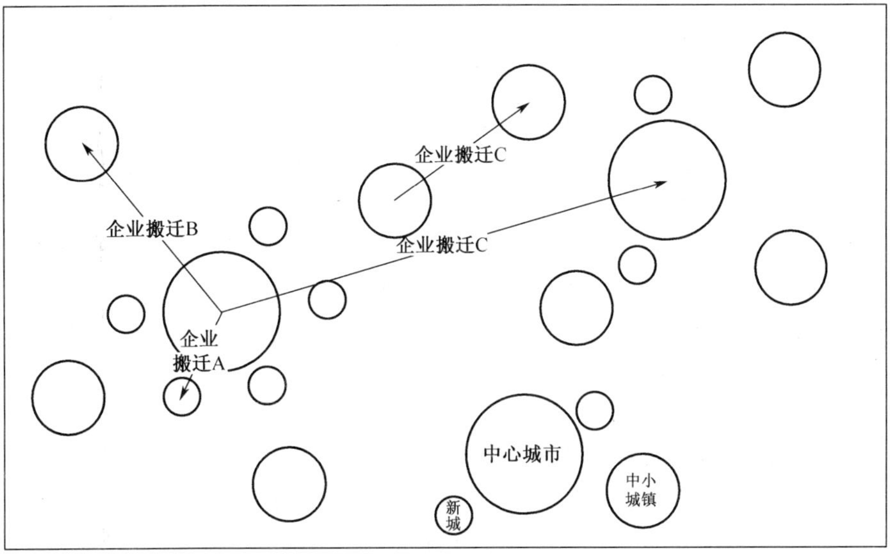


图 5-3 企业搬迁示意图

C类企业搬迁。这类企业搬迁行为是企业在同级别城市之间的空间移动。可能是从一个中心城市甲迁往另一个中心城市乙,或者从一个中小城镇甲迁往另一个中小城镇乙。产生这种搬迁的原因有如下几种:①甲城市中该企业面临强烈的竞争,而在乙城市及其腹地范围中竞争较少,市场前景较好;②甲城市的发展态势不乐观,经济运行情况不佳,市场萧条,或者甲城市的有利资源(特别是对于依赖资源的企业)趋于耗尽,影响企业的长足发展;③在城市乙有资源的重大发现或新的优惠政策,为企业发展带来新的比较优势。

3) 企业的生产联系行为

不同企业之间在选址和搬迁、生产和销售时存在复杂的水平和垂直的联系。水平关联包括两个方面,一是竞争企业(生产同质产品或异质性不强的产品的企业)竞争与合作、集聚与分散的空间关系;二是由于消费者对产品多样化的需求,促使生产不同消费品和提供不同服务的企业在城市群空间中选址时倾向于集聚,由于共用腹地,因而在用地、劳动力供给、基础设施等方面产生联系,它们在使用社会资源时既相互促进又相互竞争。如对于劳动力资源,一方面,众多企业的集聚吸引劳动力的集聚,为企业提供充足的人力资源;但另一方面,企业间在人才挑选和工资成本上形成竞争。

垂直关联主要发生在上游和下游企业的联系中。分解的生产组件和单位间对新的生产技术一体化联系产生了强烈的需求。因此,新的技术过程在大都市区的应用导致企业间形成密集的网络。许多小型专业化企业聚集在大的主导公司节点的周围,公司间的网络加深成大公司和小公司间快速扩展的转包关系。在地理上,最密集的企业间网络发生在城市群区域核心大都市,此处企业间联系变得非常多样化和多层次,大都市网络趋向垂直方向加深。垂直加深发生在两个方向:一个方向是公司间联系的向上分支,这产生于企业寻求与专业企业、跨国公司、大学或国有机构以及其他的企业集团等的战略上的联合,目标是获得对生产的创新投入,保持其在市场中的垄断地位;另一个方向是企业间联系的向下分支,沿公司间等级链向下到第二或第三层的转包小公司的转包工作,以便开发它们在适当位置的技能和生产优势。

### 5.3.2 居民行为

1) 居民(家庭)的居住选址行为

居民家庭的居住选址行为[①]同前文分析的单个企业选址行为类似,在公式(5-5)中,$U_{ik}$是决策者$i$(这里指居民家庭)选择$k$的效用,在选址中,所有可供选址地构成选择集合;$Z_{ik}$是决策者$i$选择时考虑选项的属性因子,如地价、交通可达性、环境等;$S_{ik}$是决策者$i$自身的属性因子,如年龄、收入、受教育程度等。

这里运用三个理论来解释城市居住用地效用的基本原理:投入—地租理论(bid-rent theory)、出行费用最小理论(travel cost minimization theory)、出行费用和住宅价格取舍理论(travel cost and housing cost trade-off theory)。

其中最基本的是投入—地租理论。但是由于居民对居住可达性的需求是很复杂的,因此不易分析清楚居民"投入"的考虑因素。总的来说,居民会考虑地址的效用和其特殊因素:出行时间和费用与距离相关(从住宅到工作点、商店、学校等娱乐文化设施的距离);非经济性的特殊因素,包括自然环境、社会环境、邻里关系等。

居民考虑的因素从根本上说是住宅的可达性与舒适度。这个可以用投入—地租曲线来分析。这个曲线表明:虽然与城市商务中心区(CBD)的可达性很重要,但是随着距离的增加,地租降低且居住环境质量上升也是居民考虑的重要方面。图5-4表现的是单中心城市中两类不同居民的选址行为的差异。

---

① 模型分析中的选址行为和后文的搬迁行为以我国改革开放后,特别是国家住房制度改革使居民自由选址之后的市场经济条件为背景,在此之前的时期不作考虑。

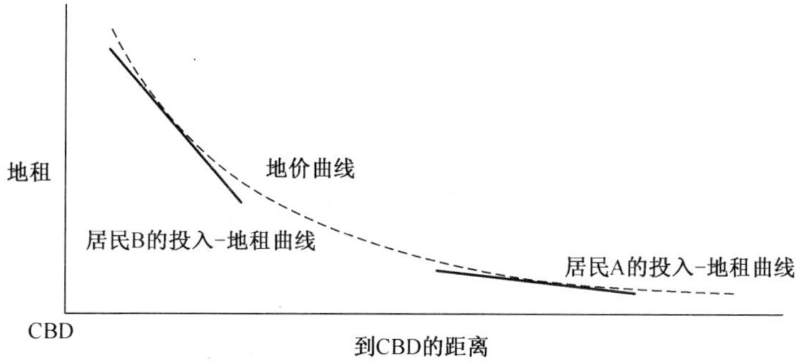


**图 5-4　单中心城市居民选址的投入—地租曲线**

从图中可以看出，地租随住宅与 CBD 距离的增加而减少，居住选址和居民的喜好及经济状况有关，居民选址是寻找投入—地租曲线与地价曲线最近的点。如一个年轻家庭或者富裕家庭(居民 A)，相对于交通条件而言，更重视住房的宽敞和环境的舒适，所以他们更倾向于住在靠近城郊的地方(图中表现为投入—地租曲线平缓)；而老年或者工薪阶层的家庭(居民 B)更重视交通和生活的便利，他们多数选择靠近城市中心的位置居住(图中表现为投入—地租曲线倾斜)。

出行费用最小理论的前提假设是居民在居住选址中只考虑如何将出行费用减至最少。根据这种假设，最理想的住址应当是靠近 CBD 的地方，而最不受欢迎的居住地是城市边缘区。因此，城市中心区周围聚集着富裕人群，而城市边缘区是穷人聚居点。这显然与事实是不相符合的：人们在居住选址时考虑的因素不只交通的问题；但是这种理论至少反映出居住选址中很重要的一个因素——可达性问题。

出行费用和住宅价格取舍理论认为，居民的居住选址受出行费用和住宅价格两个因素的影响。除了富裕居民能同时承担高出行费用和高住宅价格外，大多数居民会在这两者之间作出取舍。一般的，土地价格从 CBD 到城市边缘是递减的，另外一些特殊情形是由于环境等非经济原因造成的。所以不是凡是富裕家庭都愿意选择居住在城市中心地区，郊区交通的改善、良好的自然环境成为吸引居民的重要因素。

此外，结合一些学者对居民家庭居住选址行为的理论和实践研究，地价(表现为房价)、交通可达性和居住环境(包括自然和社会环境)被认为是居住选址最重要的一些因素(杜德斌，1997；李铁立，1997；武永祥，2001； K. A. Raju，et al，1998)。据此，公式可表达为：

$$U_{ik} = P_{pi} * V_{pk} + P_{ti} * V_{tk} + P_{ei} * V_{ek} \tag{5-8}$$

其中 $P_{pi}$, $P_{ti}$, $P_{ei}$ 分别表示家庭 $i$ 在居住选址时，对地价、交通和环境因素的倾向程度，对不同属性家庭赋予不同的倾向值；而 $V_{pk}$, $V_{tk}$, $V_{ek}$ 则表示任意地块 $k$ 的地价、交通和环境评估值。

2) 居民家庭的搬迁行为

除了居住选址，居住搬迁是另一个重要的居民行为。Kan (1999)的研究表明：居住异质性是导致居住搬迁的主要原因；另一方面，他认为居住搬迁还与工作点的变动有较大相关性，虽然工作变动一般不是由于居住变动引起的，但是工作点的变换通常会带来住址的变动。Jos Van Ommeren, et al. (1999)和 Pinto (2002)也得到类似结论。居住搬迁可能发生在城市内部，也可能在城市之间。

以上是关于居住搬迁现象特征的研究，而究其本质，Benenson 的研究指出：工作点的变换会改变居民家庭 $i$ 对交通的倾向度，从而改变 $U_{ik}$；而居民的居住选址行为一旦作出，则将影响被选用地及其周边用地的经济和社会属性，从而对其他居民的居住选址行为产生影响。不仅如此，居民家庭还有进化(evolution)的特质：当家庭所在地的效用值 $U_{ik}$ 与其他用地的效用值 $U_{ij}$ 之间的差距超过一定程度以及居住超过一定时间段时，家庭会选择具有更大效用值($U_i$)的住址。这可以用如下关系式表示：

$$Moving = f(U_{ik}, U_{ij}) \qquad \forall k \neq j;\ k, j \in \{1, 2, \cdots, n\} \tag{5-9}$$

$$(U_{ij} - U_{ik}) > Th_g \quad \& \quad T_{ik} > Th_t \quad \forall k \neq j;\ k, j \in \{1, 2, \cdots, n\} \tag{5-10}$$

其中 $Th_g$ 是家庭所能接受的效用差距的阈值(最大值)；$T_{ik}$ 是家庭在地块居住的时间长度；$Th_t$ 是家庭所能接受的居住时间段的阈值(最小值)。事实上，对于不同类型家庭，阈值也应该有所不同。

居民(家庭)主体在居住选址和搬迁中形成较为复杂的交互。选址行为从时间上看是一个个连续进行的，也即是先选址主体的行为结果会对后面的主体选址产生影响。这首先表现在同一个地址不能被选择两次；其次，当一些家庭选择某片地区之后，该地区的人文环境属性会发生变化，进而影响其他居民主体的选址；再次，居民(家庭)主体在在选址和搬迁时会受到其他类似居民主体的压力影响(peer pressure)，他们倾向于以对方的行为作为自己选址行为的参考。

3) 居民的消费和择业行为

居民首先作为城市的消费者存在。经济中典型的消费行为存在两个方面的效用：首先，消费者将收入分别在农产品和工业制造品之间配置，该过程符合柯布—道格拉斯形式；其次，消费者要在具有差异的工业品之间进行消费配置，这个过程符合 CES(constant elasticity of substitution)形式(金丽国，2007)。居民消费行为的目标为：在一定的收入水平下，实现效用最大化。

居民同时是城市的劳动者。居民的择业行为在主观上为自身的意愿所主导，客观上由居民自身具备的文化素质和技能所决定，另外在外部环境上还受到市场需求的影响。居民的择业行为和居住选址行为相互影响，一方面，居住地对居民择业的层次设定了某些限制，并由于交通原因对择业的地域范围也产生影响；另一方面，居民的择业行为可能决定居民的居住选址或者引起居住搬迁。

### 5.3.3 政府行为

在讨论政府行为时，可以将其简单归纳为中央政府和地方政府两类。从地方政府和中央政府的行为关系上看，对我国转型时期的城市群而言，地方政府首先是中央政府的代理，实行对本地区经济的宏观调控和管理；其次是一个追求可支配收入最大化的经济组织；最后还承担代理本地区的非政府主体(居民、企业和其他团体)的角色(金丽国，2007)。当第一特征得到满足时，地方政府的非政府主体的代理职能就会弱化。中央政府从宏观经济的控制出发，在财政上，不断强化集权力度，而由于我国处于城市化加速时期，地方政府对空间的配置需要大量的配套资金支持，其结果是地方政府不断走向经济人；在行政管理上，我国处于向市场经济的转型期，在城市群的区域管理中，中央政府的行政管理政策主要为政府权力层层下放，如长江三角洲各地政府都以权力下放为改革重点，发挥了地方政府的能动性，激发了地方经济活力，促进了城镇发展。

政府性主体的空间行为主要包括国家和地方政府制定的各项政策，国家、区域性和城市范围内的空间规划及大型项目的投资和建设等。其中，政策制定是最核心和最高层次的空间行为，政策是项目投资选址和规划行为的前提和依据，后两类行为须符合政策的规定；规划同时又是建设行为的前提和指导，建设行为须服从规划的统一安排。

1) 政府的政策行为

政策是各级政府思想的反映和行动的指南，同时也是政府最重要的空间行为。这里简要分析区域发展政策、城市发展政策、人口和用地政策。区域发展政策为中央和省级政府制定，后几类政策各级政府都参与制定。

(1) 区域发展政策

区域发展政策是中央政府从国家实际出发,综合考虑国际、国内环境而制定的。新中国成立后,为了备战和国防建设的需要进行了"三线"建设,大量工厂搬迁和西移,加上国家的大量投资,极大地改善了中西部内陆地区的交通、通信基础设施,促进了中西部地区工业化和城市化的进程,对内陆地区城市群的形成与培育发挥了积极的作用。1978 年改革开放以后,国家经济发展重心东移,实行对外开放政策,在东部地区设立经济特区、沿海开放城市和沿海经济开放区,组成了中国沿海开放地带。沿海地区凭借着区位优势、政策优势、特区优势、体制优势和文化优势,开展多元化投资,大力发展经济。特别是"七五"计划以来,随着沿海地区经济发展战略的形成,国家改变了向内陆地区投资倾斜的做法,投资重点、投资项目、投资资金明显向东南沿海转移。各种优惠政策的出台和实施,对内外资都产生了很大的吸引力,中央各部门、各省市和许多企业也纷纷向这一地区投资。大量内外资投向沿海地区,为沿海地区城市群的快速发展注入了新的活力。

此外,全国行政区划的调整促使一批新兴城市诞生。尤其是党的十一届三中全会以来,改革开放使城市群的政治、经济形势发生了深刻的变化。1985 年的城市经济体制改革,特别是 1992 年国家经济体制从计划经济向市场经济的转变,使资本、土地、劳动力和技术等生产要素发挥着越来越重要的作用,农村剩余劳动力大量转移到非农业生产领域,新设市标准扩大了非农业人口的范围并适当地降低了设市条件,设市模式从以镇设市改变为撤县设市,适应了农村城市化发展的需要,大大地推动了市建制的发展。党的十四大确立了我国社会主义市场经济体制之后,经济体制转轨、经济高速增长、产业结构调整等一系列社会经济变革,强有力地推动了我国城市和区域的发展。

(2) 城市发展政策

对中央政府而言,城市发展政策是指国家制定的有关影响城市发展的一系列方针措施。我国的城市发展政策 20 世纪 60 年代强调"控制大城市规模和发展小城镇",1978 年确立"控制大城市规模,多搞小城镇"的城市建设方针,1980 年又确定为"控制大城市规模,合理发展中等城市,积极发展小城镇",1989 年《城市规划法》立法为"严格控制大城市规模,合理发展中等城市和小城镇"。这种城市发展政策的长期贯彻执行,严格制约了大城市的发展和中心城市等级的提升,也在一定程度上阻滞了城市群的发展阶段演化。随着经济体制的转轨,城市发展的规模政策遇到了严峻的挑战。2001 年,"十五"计划明确提出"推进城镇化要遵循客观规律,与经济发展水平和市场发育程度相适应,循序渐进,走符合我国国情、大中小城市和小城镇协调发展的多样化城镇化道路，逐步形成合理的城镇体系。有重点地发展小城镇，积极发展中小城市，完善区域性中心城市功能，发挥大城市的辐射带动作用，引导城镇密集区有序发展。"这一指导思想的确立为城市群各级城镇协调有序发展奠定基础。《国家"十一五"规划纲要》将促进城镇化健康发展作为重要战略：坚持大中小城市和小城镇协调发展，积极稳妥地推进城镇化。纲要还指出，珠江三角洲、长江三角洲、环渤海地区要继续发挥对内地经济发展的带动和辐射作用，加强区内城市的分工协作和优势互补，增强城市群的整体竞争力。这不但强调了我国城市群发展在城市化建设中的重要性，而且对未来城市群，特别是大型和特大型城市群的发展提出更高的要求。

20 世纪 80 年代以来，高度集中的、以中央指令性计划为主的经济体制有了明显的弱化，地方政府在经济运行中的地位和作用明显加强，并成为具有独立利益和决策权力的主体。在发展经济方面的主动性加强，地方政府制定了本城市经济发展目标、经济增长方式的转变、经济与环境保护的关系、对外开放与融资等政策，并通过财政、税收、利率、许可证、法律等支撑体系来推动地方经济增长。在产业结构调整和产业布局上，通过对现有企业技术结构的调整，促使区域产业结构高级化；通过大力发展第三产业，协调城乡产业运行；在城市群中心城市和各级城镇之间形成产业合理的地域分工，提高中心城镇的经济辐射功能，小城镇成为城乡之间的纽带。但是，由于区域性政府组织的地位和作用还不突出，我国仍然比较缺乏区域（地市之间）层面一级的宏观调控政策（刘晓霞等，2005）。

（3）人口和用地政策

在我国，与城市群空间运行相关的人口政策为中央政府的户籍政策和地方政府的人口迁移引导政策。户籍政策曾有效地束缚了农村劳动力的流动，制约了城市规模的扩展。户籍政策的松动，一方面推动了小城市和小城镇人口的聚集；另一方面，也极大地释放了农村劳动力，使得经济发达地区的非农户籍城市人口大量增加，促进了城镇密集区的发展。1984 年，国家开始允许农民在地理空间和产业上自由流动，随后粮食市场开放，农民进入城市的枷锁得以解除，相配套的土地政策为各级城镇的大规模拓展奠定了基础。近年来，从小城镇到小城市、中等城市和大城市，都在逐步放开户口限制，采取灵活多样的方针政策，鼓励流动人口落户各级城镇，极大地促进了城市群各级城镇人口的增加和规模的扩大。在户籍政策框架之下，地方政府通过人口迁移的相关政策和措施引导人口流动。一方面，劳动力资源比较缺乏的城市通过提供适合农民居住和就业的机会与条件，鼓励农民进入本城市务工；另一方面，各城市制定户口准入、购房补贴等优惠政策吸引高级人才到本地工作。

在土地政策方面，国家政府规定土地的获取和开发等，它们左右着城市地域空间的扩张和农村地域空间的转型。我国实行的是土地公有制，城市土地国家所有、农村土地集体所有的政策。改革开放前，我国走的是没有城市化的工业化道路，对城市群的影响相对微弱。改革开放后，农村实行家庭联产承包责任制，从根本上调动了农民的积极性，农村出现了大量劳动力剩余，这有力地推动了乡村的城市化和城市实际人口的增加。1988 年宪法修正案指出“土地的使用权可以依照法律的规定转让”，为土地使用权的有偿转让以及土地生产要素进入市场、土地的成片开发奠定了基础。建立城市土地的一级市场和二级市场，使城市土地有可能利用级差地租促进旧城改造、新区开发和城市功能结构的调整。土地政策的调整和变更极大地活跃了土地市场，使得许多城市群地区的开发区建设和城市建设面貌发生了巨大的变化。地方政府主要通过提供土地、设施配套和低价出让土地使用权等方式吸引跨国和大型企业到本地发展。此外，地方政府会寻求彼此间的合作，这些合作可以通过城市间、城市部门间的合作协议或专项协议实现，内容主要涉及人才吸引、交通联系、生态保护、流域共治共管等方面。

2）政府的规划行为

规划是政府指导空间发展的重要空间行为。同政府的政策行为类似，规划也是一种间接的空间行为（不像开发建设那样对空间直接产生作用）。然而，空间规划首先对空间运行产生导向作用，其次，规划的有效贯彻和实施能推动空间的有序发展。与城市群空间运行相关的规划主要包括各级国民经济与社会发展规划（计划）、各级土地利用总体规划、全国和省域城镇体系规划、经济区规划、城市群规划、都市圈规划、区域性专项规划和城市总体规划（城乡总体规划）等。这些规划从不同方面与城市群空间产生联系，并在空间发展原则、可行规模、空间发展框架、空间布局、次区域发展深化等方面发生作用。具体对应关系见表 5-5。

**表 5-5　城市群空间相关规划内容**

| 规划类型 | 制定单位 | 与城市群空间相关的内容 | 行为的主要空间作用 |
|---|---|---|---|
| 各级国民经济与社会发展规划（计划） | 国家、省（区市）和城市政府 | 国家：主体功能区，城镇化空间格局；<br>省：基础设施建设，城镇体系布局，区域产业布局，空间开发与合作互动；<br>市：区域发展、城镇体系布局等 | 设定城市群空间发展的总体指导原则 |

续表 5-5

| 规划类型 | 制定单位 | 与城市群空间相关的内容 | 行为的主要空间作用 |
| --- | --- | --- | --- |
| 各级土地利用总体规划 | 国家、省（区市）和城市政府部门 | 土地供需分析；土地利用结构和布局调整等 | 设定城市群空间发展的可行规模 |
| 全国和省域城镇体系规划 | 国家、省（区市）政府部门 | 中心城市划定；城镇发展空间类型划定；基础设施网络；城镇体系结构；产业空间布局；开发管制等 | 设定城市群空间发展的基础框架 |
| 经济区规划 | 国家、省（区市）政府部门，相关城市政府 | 功能区划定；空间开发策略；产业布局等 | 参与设定城市群空间发展的基础框架 |
| 城市群规划 | 国家、省（区市）政府部门 | 功能定位和发展目标；空间结构与组织；土地利用；产业发展和布局；基础设施；生态建设；空间管治；近期重大建设项目等 | 综合统筹与详细设定城市群空间发展 |
| 都市圈规划 | 省(区市)政府部门，城市政府 | 功能定位和发展目标；空间结构；土地利用总体布局；产业发展和布局；基础设施体系；生态建设；空间管治等 | 城市群空间发展的次区域深化 |
| 区域性专项规划 | 国家、省（区市）政府部门 | 基础设施规划；产业布局规划等 | 城市群空间发展的分部门深化 |
| 城市总体规划（城乡总体规划） | 城市政府 | 城市性质规模；空间结构；发展方向；对外交通；用地布局等 | 城市群空间发展的分个体深化 |

3）政府的建设行为

相对于政策和规划制定，政府的投资和建设是最直接的空间行为。中央和地方政府常常在基础设施和大型工业项目上进行建设或参与建设投资。这些项目大多属于“巨型工程”的范畴。根据赵玉宗(2007)的研究，与城市群空间相关的巨型工程的内容如表 5-6 所示。这些巨型工程直接或间接改变了城市群空间格局或空间属性（交通通达性、环境质量、信息联系便利性、基础设施供应等）。

表 5-6 政府建设项目内容

| 巨型工程类型 | 巨型工程项目 |
| --- | --- |
| 基于面对面交流的快速交通体系建设项目 | 区域性航空港系统建设 |
| | 城际轨道交通建设 |
| | 高速公路网建设 |
| | 特大城市轨道交通建设 |
| 基于物流体系的重大工程项目 | 港口建设,扩建和改建 |
| | 快速集疏运系统构建 |
| | 自由贸易区 |
| | 内陆干港 |
| 基于生态环保的重大工程项目 | 流域综合治理工程 |
| | 环境治理工程 |
| | 生态保护和生态修复工程 |
| | 城市和村镇绿化工程 |
| 基于区域能源保障的重大工程项目 | 区域性能源基地设施建设 |
| | 区域电网、水网等能源网络构建 |
| | 跨流域资源调配系统构建 |
| 基于产业集群的重大工程项目 | 制造业集聚建设 |
| | 能源产业集聚建设 |
| | 农产品加工产业集群建设 |
| | 产业转移与空间布局 |
| 基于空对空交流的重大工程项目 | 信息港建设 |
| | 信息网建设 |
| | 金融服务网建设 |
| | 技术支撑网建设 |
| 基于新农村建设的重大农业产业化项目 | 农产品深加工和农业产业化项目 |
| 基于特大城市功能提升的重大工程项目 | 旧城改造和棚户区改造 |
| | 开发区建设 |
| | 特大城市功能完善项目 |

资料来源:根据赵玉宗(2007)改动

## 5.4 主体行为的交互

主体之间的行为交互包括同类主体内部多个个体之间和异类主体之间的行为交互两方面(图 5-5)。前者在各类主体行为的论述中已经分析,后者主要体现为企业和居民之间及政府对企业和居民行为的影响。

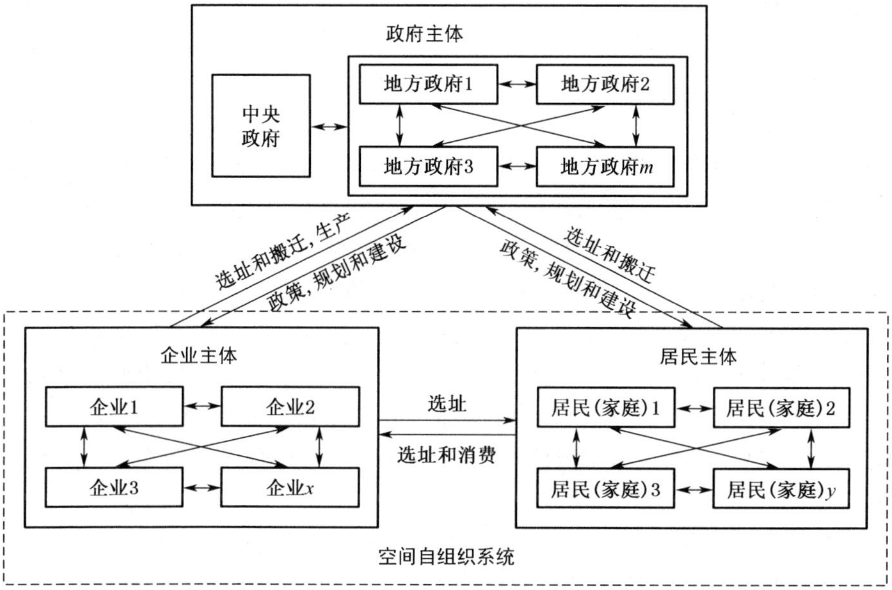


**图 5-5 主体之间的行为交互关系**

在我国经济转型的制度背景下,区域主体的空间行为体现了很强的互动关系。空间自组织系统中包括企业和居民两类主体。企业明确以利润最大化为目标,区位选择只是实现其利润最大化的手段之一。而利润最大化能否实现的关键在于市场的大小,决定市场大小的是消费者的消费能力,而决定消费能力的主要因素是消费者的工资收入;工资收入源于企业对劳动力的支付,这由劳动者自身的素质和劳动力的供给量共同决定。另一方面,企业的集聚导致产品的丰富、消费物价指数下降,对消费者实现效应最大化有明显的正向作用,促使消费者在空间上继续集聚。由此可以看出,企业的选址、搬迁和生产行为与居民的居住选址、搬迁、消费和择业行为产生了关联。

相比企业和居民,政府的空间行为并不直接进入空间自组织系统,而是在高于其他两个主体的层面上施加影响,这种影响分为引导和强制两种。政府这只“有形的手”在城市群的空间发展中起着不可替代的作用。从政府和企业的关系看，在计划经济条件下，政府通过直接方式决定企业和居民的空间行为。国有企业是政府的附属体，从企业选址、原料分配到产品生产、销售全部由上级主管部门确定，企业的内部分配和人事调配也由政府主管部门控制。在这样的体制下，企业无自主权，自然也不能成为城市群空间运行的主导力量。自改革开放以来，一方面外资企业带来了市场机制下的运行模式；另一方面，国有企业逐步扩大经营自主权，非国有企业发展迅猛，企业在城市群空间运行中的作用明显增强。但也应看到，我国尚处于市场经济的不断完善时期，政府与企业之间依然存在千丝万缕的联系。政府（特别是地方政府）和企业是城市群空间演化的双引擎。政府有发展冲动的趋势，以政策、规划和招商引资为主要手段，在市场不完备的情况下，各自抢占有利地形，待到企业规模一上来，市场一体化便成了内在要求。事实上，长三角各县市形成众多的产业集群，如浙江省一县一品的地方化经济特征，都与地方政府对本地经济的战略定位配套措施直接相关。从政府和居民的关系看，中央政府的人口迁移制度和政策、区域生态环境、交通设施等专项规划和大型项目的立项和落户都对居民居住选址、搬迁和择业行为产生一定影响。城市政府通过总体规划对居民的居住选址行为进行限制；通过城市更新（新区开发和旧城改造）政策，规划、交通等基础设施建设和环境改善引导企业重新布局和居民居住搬迁。

经济全球化和区域一体化进程共同加速，是当前区域空间发展的新因素。全球化和区域一体化令更多的空间要素在全球和城市群各层面上实现最优组合，跨国公司成为全球化重要的推动者。与此对应，空间主体中的企业将更多地体现为跨国公司，在促进不同区域融合的同时，也使区域空间的联系和摩擦同时增加。政府间的不断重复协调博弈演化出区域协作组织，地方政府一方面存在于城市空间中，另一方面通过区域协作使其空间行为扩展至城市群空间甚至更广阔范围。跨国公司的增多使居民的流动性加强，提升了居民的消费需求，同时也对居民的素质和劳动技能提出更高要求。

## 5.5 概念模型生成

对于中国城市群的空间运行而言，国家的调控作用发挥着很大的作用。在过去计划经济体制下，政府是空间开发投资决策的唯一主体，企业和个人的空间投资行为均要服从于政府的指令性计划。改革开放后，在向市场经济转轨的过程中，企业的自主权扩大，个体经济也得到发展，企业和个人成为相对独立的利益主体，与政府一起共同对城市群的空间运行产生影响。企业、居民和政府三类微观主体复杂的空间主体行为及其交互在城市群空间运行的两方面(演化和格局)产生复杂的效应。构建城市群空间运行的多主体概念模型(MAS/SC)如图 5-6 所示，图中空间行为框和空间运行框之间的连线代表主体行为与其空间效果的对应关系。

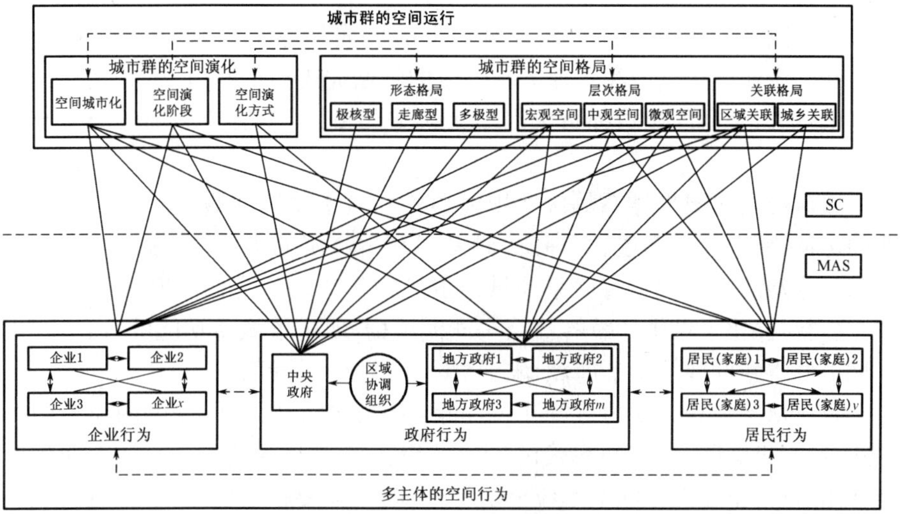


图 5-6 城市群空间运行的多主体概念模型

### 5.5.1 企业行为的空间效应

企业主体推动了城市群空间从低级到高级，不断复杂化和网络化的整个演化进程，并体现在层次格局的各个层面，促进城市之间的空间关联。企业的选址、搬迁和生产在客观上推动了空间城市化进程，促进人口向城市集中，向城市边缘区和新城发展。

从总体上看，企业选址的空间结果经历了从分散到集聚的过程(图 5-7)。在 19 世纪中期以前，空间成本很高，市场容量有限，空间

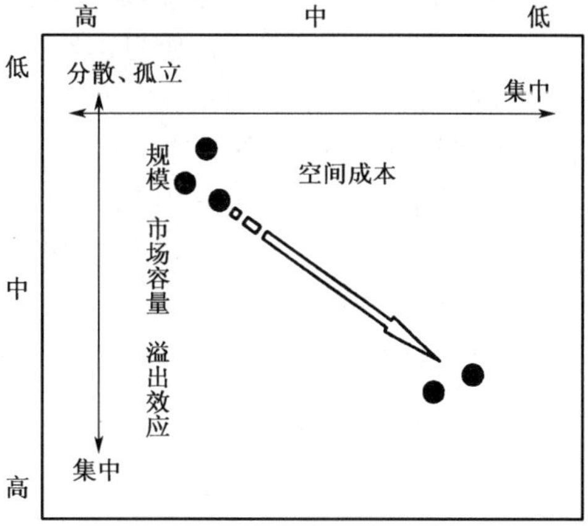


图 5-7 企业区位选择的变化

资料来源：金丽国(2007)

溢出效应和企业规模都很小,在这样的条件下,企业在选址上倾向分散。随着空间成本的降低,市场规模膨胀,企业不断扩大,规模经济开始出现,同时,企业间的溢出效应越来越大,所有这些因素都会促使空间集聚经济的出现。从这个角度而言,城市之间空间的相互作用源于企业。企业通过对诸如区域政策、劳动力、技术、生态环境等投资环境分析之后作出选址决策,大量企业共同的区位指向直接影响城市群空间的运行(刘静玉等,2004)。如韩国的首尔大城市圈和我国的珠江三角洲城市群的形成都源于企业的区域性集聚。随着我国企业产权制度和管理体制改革的不断完善,企业区位选择的自由度会越来越大,企业区位选择行为对城市群空间形成、发展的驱动效应也会越来越大。

城市群空间城市体系等级—规模结构和城市功能在很大程度上影响企业的选址,而企业总部层、管理层、研发层和生产层的多层次、多分工特性及不同企业间的水平和垂直联系与城市群城镇等级层次之间具有明显的一致性,这同时深化了城镇体系的等级—规模结构,促进了城市功能的分化,加剧了城市群空间发展的不平衡,形成了"核心—边缘"空间系统。

企业从土地和劳动力成本出发考虑,其纵向联合、空间分散的生产组织方式,比起纵向联合、空间集聚的生产组织方式来要有利些。而从企业的联系费用考虑,企业在空间上不应分的过于遥远,需要一定的集聚。因此,在城市群内,企业将占地多、技术含量低的加工环节迁往层级较低的城市,而将公司总部研发机构迁往较高层级城市就是上述两个方面综合考虑的结果,从而导致城市群地域结构发生变化。以 IT 产业为例,四种独特操作寻求四种不同的区位类型:(1) 研发、创新与原型制作,集中于核心地区高度创新的工业中心;(2) 技术性的制造,位于母国新兴工业化地区的分支工厂;(3) 半技术、大规模的组装与测试工作,相当部分位于境外;(4) 按照顾客需要调整设备、售后维修和技术支持,通常是位居主要电子市场所在。以长江三角洲城市群为例,目前全球 500 强企业中已有 300 余强入驻上海;百余家跨国公司地区总部注册上海,以长三角为腹地,构建其垂直分工体系。随着经济全球化,城市群发展获得了新的动力,出现了"代工生产(OEM)"这种新的国际分工发展形式。以跨国公司 FDI 为特色,来自发达国家的制造业转移明显影响城市群空间的走向。

### 5.5.2 居民行为的空间效应

首先,根据前文对居民选址行为的分析可知,居民就业和居住选址及搬迁行为对经济与人口的空间集聚与扩散产生直接影响,既推动城市空间扩张和郊区化进程，又导致城市群城市等级—规模的变化。就居民主体自身而言，其空间行为主要是居住选址和人流联系两方面，分别在静态空间和流动空间上产生效应。居民的居住选址、搬迁和流动人口对推动空间城市化、城市群演化及演进、城乡空间关联有积极意义；而不同城市之间和城市内部的人流则对城市群微观空间的发展、区域之间的联系起到促进作用。

其次，居民行为的空间效应还通过和企业的行为交互来实现。一方面，居民作为劳动者，其素质水平和空间集聚程度都对企业选址和生产运行产生很大影响；另一方面，居民作为消费者，其消费的多样化和空间分布需求成为企业生产和销售的必要前提。通过这些途径，居民间接促进城市群空间演化与运行。再次，居民和企业在生产、生活上的需求和人流、物流及信息流方面的要求促进了城市群空间的网络化发展。这种网络化依托交通、信息等支撑要素的建设与升级，但同时导致城市间联系的日益密切化，并可能引发城市间的空间冲突（如对土地和水、电资源的竞争）和空间合作开发等。居民行为相比较其他两类主体，在空间运行中的空间效应更为直接，但相对较弱。

### 5.5.3 政府行为的空间效应

一般来说，由于中央政府的政策具有宏观性，因而对城市群空间演化进程、空间城市化的影响比较显著；政府的规划和建设行为对城市群的空间演化方式和空间形态影响较大。如在交通体系建设中，以中心城市群为核心发散的交通体系导向极核型空间形态，城际快速交通网络的发展易于形成多极型空间格局，而区域性交通大动脉（铁路、高速公路等）建设引导城市群轴向伸展。中央和省级政府在区域性空间规划中不同的战略选择能有效引导城市群空间拓展实现不同效果。对于空间层次格局，国家政府关注城市群宏观空间和微观城市的发展，而对中观空间作用不大，由此促进了区域空间联系。地方政府的空间行为效应体现出“本地发展推动性”，即在本城市参与的空间发展相关过程和相关格局中产生效应，既促进城市自身的空间发展与格局优化，协调城市与周边城市和乡村空间发展的冲突，又在客观上推进城市群整体和局部空间的运行。在空间演化中，地方政府对空间城市化和城市空间扩展起到主导作用。

对于城市政府而言，空间竞争是最突出的问题。各临近城市在空间发展上往往各自为政，争夺未开发的土地、水和矿产等自然资源；城市群内部城市还可能为了争取外资和国家的大型项目在本地落户展开恶性竞争。在空间合作上，城市群的城市政府共同制定相应的协调机制以协调城市之间产业的布局，城市的发展与布局，城市交通运输、电力通信等线状网络组织的建设等活动，从而促进城市群空间的良性运行，实现空间上的多赢局面。除此之外，为协调地方政府之间的空间行为而设立的区域协调组织在一定程度上弥补了中央和地方政府在空间调控上的冲突和不足，因而在空间效应上也倾向于与中央和地方政府形成互补，它所影响的主要为城市群宏观和中观层面上发展不协调和具有冲突性的空间，其主要效应体现在"空间协调"上，通过协调间接地促进空间发展和格局优化。

从政府对空间运行的作用实现看，可分为引导性调控和强化性调控两种。政府的强化性行为是指通过行政管理手段决定城镇的设立及其区位。行政主管部门参与城市群的组成与管理，通过城市群内部同等级城镇政府部门或官方性质的机构来组织和协调城市群的内部事务，在空间上体现为区域专项规划的制定，开发区建设，大型项目立项、选址和投资等，这些调控行为在很大程度上决定城市和城市群的空间格局及其发展方向。以长江三角洲城市群为例，明清时期，政府在长江三角洲地区通过行政手段决定了城镇的设立、等级规模，甚至通过对城镇隶属关系的划分直接影响城镇之间的联系，从而使长江三角洲城市群空间格局在明清时期就已具雏形。个体政府的引导性行为是指政府通过对相关政策制定、基础设施建设、人才培养等投资软硬环境的改革和完善对城市和城市群空间运行施加间接影响：通过产业政策或者其他相关政策引导企业的区位选择；通过投资环境的改善和招商引资政策的制定吸引资金和大型企业入驻；通过劳动力和人才引进的优惠政策吸引劳动力和人才集聚。

## 5.6 本章小结

本章从城市群微观主体空间行为对空间运行效应的角度探讨城市群空间运行的微观机理，而这种空间行为效应的分析通过构建空间运行的多主体概念模型(MAS/SC)实现。由于不同历史时期和不同国家，空间主体的范畴和空间行为并不完全相同，本研究仅针对转型期背景下的中国城市群进行分析。建模过程遵循如下的逻辑步骤：首先提出并界定与空间运行过程相关的三类主体(市场性主体、社会性主体和政府性主体)；然后用三类主体中最重要的三种主体(企业主体、居民主体和政府主体)对主体进行替代简化，对它们的主要空间行为(企业的选址、搬迁、生产行为，居民家庭的居住选址、搬迁和居民的消费和择业行为，政府的政策、规划、建设行为)建模；接着对主体行为之间的交互进行分析；最后讨论主体行为的空间效应，并在此基础上生成空间运行的多主体概念模型。模型认为：对于中国城市群的空间运行而言，国家的调控发挥着很大的作用。在过去计划经济体制下，政府是空间开发投资决策的唯一主体，企业和个人的空间投资行为均要服从于政府的指令性计划。改革开放后，在向市场经济转轨的过程中，企业和个人成为相对独立的利益主体，与政府一起通过空间行为及其交互在城市群空间运行的两方面（演化和格局）产生显著而复杂的效应。

# 6 辽中城市群实证分析

辽中城市群位于我国东北地区南部、辽宁省中部，毗邻渤海，与京津冀都市圈和山东半岛城市群共同构成环渤海经济圈，包括以沈阳为中心，以哈大铁路沿线的鞍山、抚顺、本溪、营口、辽阳、铁岭等城市为主体的七

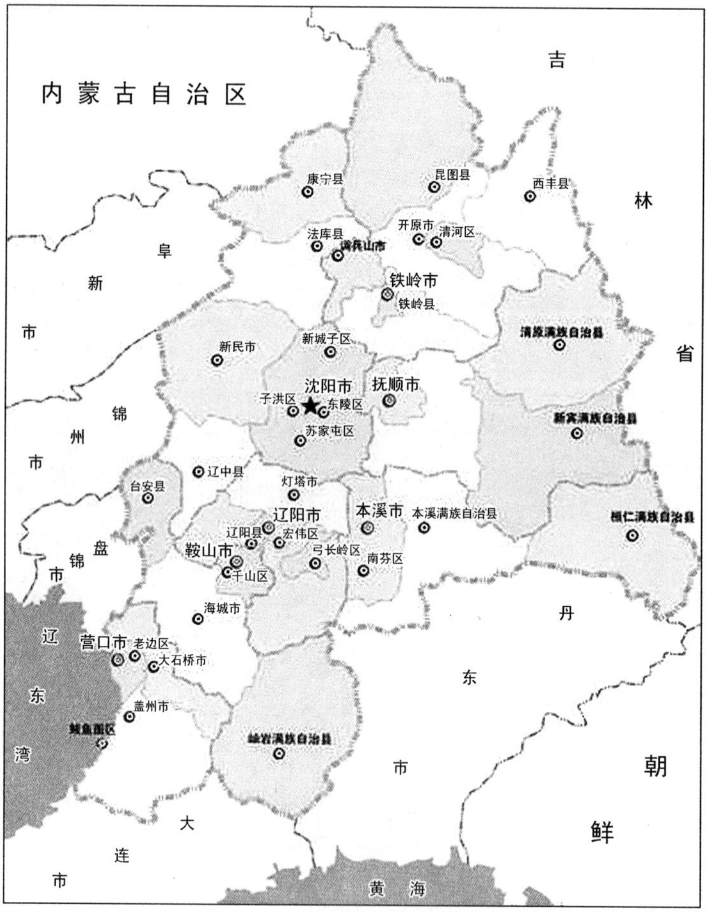


图 6-1 辽中城市群位置图

个行政市域范围(图 6-1)①,由 3 个特大城市(沈阳、抚顺、鞍山)、3 个大城市(辽阳、营口、本溪)、4 个中等城市(铁岭、海城、大石桥、调兵山)及若干小城市组成。至 2005 年初,辽中城市群行政区域面积 6.5 万平方千米,人口 2 135 万人,区域人口密度 329 人/平方千米,GDP 总量 4 400 亿元。辽中已成为国家振兴东北首先选择的典型地区,被认为是未来东北经济增长的“发动机”之一。

对应理论研究的三方面(城市群空间运行的时空研究、城市群空间运行的宏观机理、城市群空间运行的微观机理),本章对辽中城市群空间运行展开实证分析。

## 6.1 辽中城市群空间运行时空分析

基于城市群空间运行的时空耦合模型,本研究结合空间运行的静态格局与动态演化来对辽中城市群空间运行进行时空分析。具体的,从城市群空间演化阶段与空间层次格局、城市群空间城市化进程与城乡关联格局、城市群空间演化方式与空间形态格局三方面展开。

### 6.1.1 空间演化阶段与空间层次格局

空间演化阶段与空间层次格局密切相关,体现了时空的耦合。实证研究中首先分析辽中城市群的空间演化过程,提出其空间演化阶段并判定目前所处的阶段。在此基础上,根据演化阶段所应具备的格局形式并结合城市群发展的实际,从宏观、中观和微观三个空间层次对具体的空间格局形式进行定性和定量分析。

1) 空间演化阶段

辽宁中部地区是我国东北地区经济开发最早、城镇发展历史最悠久的地区之一。根据沈阳新乐文化遗址、鞍山战国遗址以及本地区发掘出的其他遗迹分析,早在新旧石器时代,辽宁中部地区已有人类居住。辽中地区除沈阳、辽阳、抚顺、海城等古城外,其余城镇多半是 19 世纪中后期,尤其是近六七十年来随着耕垦、矿产开采、工厂建设而形成和发展起来的,其空间发展历程大

---

① 辽中地区空间范围的界定在不同时期有一定差别。1984 年 12 月成立的辽宁中部经济协作区,当时包括现在的七市和丹东市,1994 年 7 月更名为辽宁中部城市群经济区;1996 年,辽宁省建设厅主持编制《辽宁中部城市群专题规划》时,将辽宁中部城市群范围缩小为沈阳、抚顺、鞍山、本溪、辽阳、铁岭六市;自 2006 年《辽宁中部城市群(沈阳经济区)合作协议》签订以来,辽中城市群的范围一般指包括营口在内的七市。此外,本书中对于辽中城市群及其各市的研究数据如未作说明,均以 2005 年为准。

致可分为萌芽、形成、初步发展和快速发展四个阶段。各城市的职能变化见表 6-1。

**表 6-1　主要城市的城市职能变化**

| 城市 | 19 世纪初 | 1940 年 | 1978 年 | 2004 年 |
| --- | --- | --- | --- | --- |
| 沈阳 | 中心城市 | 中心城市 | 省会，中心城市 | 综合中心城市 |
| 鞍山 | — | 钢铁工业 | 钢铁工业 | 冶金工业基地 |
| 抚顺 | 军事重镇 | 工矿业 | 工矿业 | 能源、原材料和石化工业基地 |
| 本溪 | — | 煤、铁工业 | 煤、铁工业 | 钢铁工业城市 |
| 营口 | 军事重镇 | 贸易港口 | 港口 | 以轻纺、化工为主的港口城市 |
| 辽阳 | 军事重镇 | 工矿业 | 轻工业 | 以石化、化纤为主的新型工业城市 |
| 铁岭 | — | 轻工业 | 轻工、农产品加工 | 粮油、能源基地，综合工业城市 |

(1) 萌芽阶段(1840 年以前)

辽宁地处塞外，自古以来以其重要的战略地位而成为兵家必争之地，因此征战频繁，城镇发展水平远远落后于其他地区。战国和西汉时期，本地区出现了城镇或城镇雏形，后多毁于战祸。其中，约公元前 300 年的战国时期，辽中地区出现了最早的城镇——襄平(今辽阳)，属燕国辽东郡治所，是东北地区最古老的城镇之一，临河面海，自然条件优越，从战国至公元 1625 年①为止，一直是东北地区的政治、军事、经济、交通中心。公元前 206 年，汉王朝又在今沈阳地区设立侯城县(辽、金时期称"沈州"，为今沈阳得名缘由)，是中部都尉的治所，西汉时已初具规模，是西汉王朝设在东北地区的军事重镇。但直到公元 1625 年努尔哈赤迁都，沈阳作为辽宁中心城市的地位才被确立下来。

辽中各城市大多是历史上各时期地方政权的首都或军事中心，政治、军事职能突出，经济职能薄弱，随着政权的更替极易毁于战争，主要城镇有辽阳、沈阳、海城、抚顺、营口等。两晋时期，高句丽、辽和金等少数民族占据辽中南地区，建立封建割据政权。这时期，除辽阳和沈阳等原有城镇规模不断扩大外，赫图阿拉(今新宾县)成为具有民族特色的新城镇。辽代鞍山和辽阳的冶炼业已经颇有名气，号称铁州。1625 年，努尔哈赤将京城迁至沈阳(盛京)，沈阳逐步取代辽阳成为东北地区的政治、经济中心。在明疆域内，抚顺、铁岭、海州(今海城)、开原、清原、昌图和新民等地发展迅速，在东、西鞍山之

① 后金首领努尔哈赤将国都从东京陵(辽阳)迁到沈阳。

间还建有“鞍山驿堡”。

这一时期，城市群发展处于萌芽阶段，区域城镇数量不断增多，但城镇数量少、规模小、职能性质单一、地域结构简单，城市沿交通线呈稀疏点状分布(图 6-2(a))。

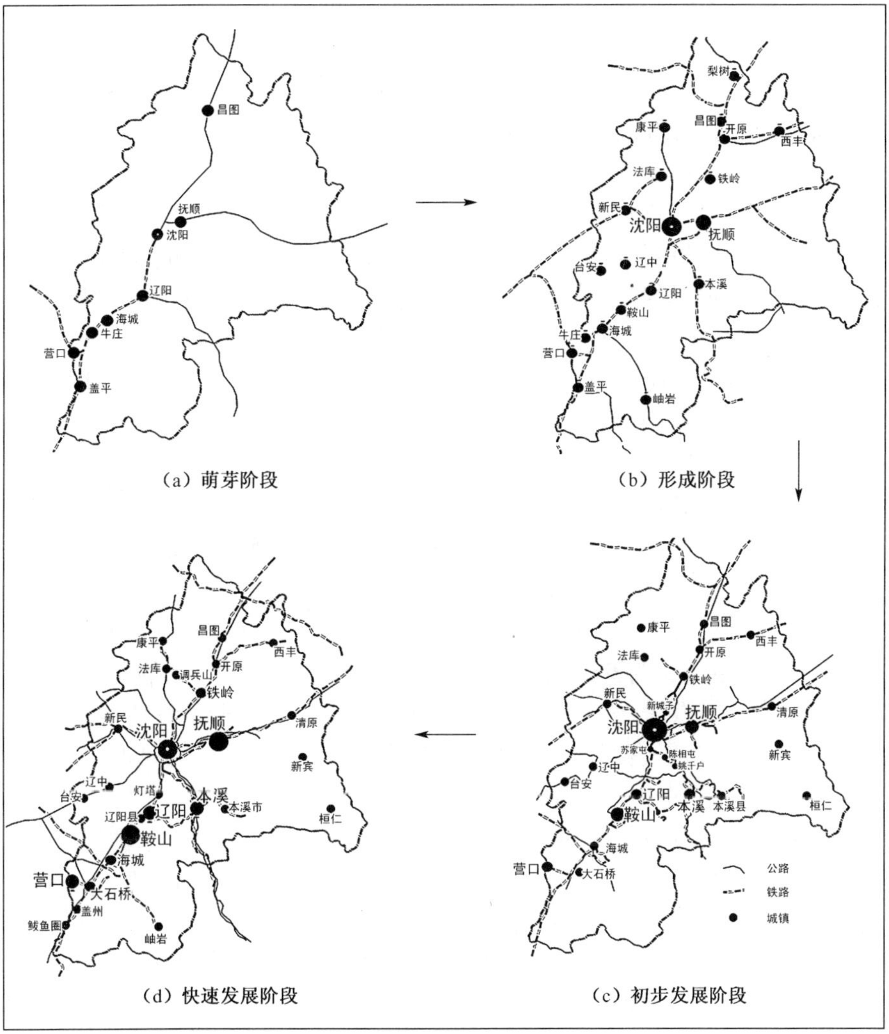


**图 6-2 辽中城市群空间演化**

(2) 形成阶段(1840—1949 年)

19 世纪末 20 世纪初，日、俄等帝国主义势力侵入，为了掠夺本区丰富的农、林、矿产资源，殖民者先后兴建了苹果、柞蚕、粮食等农副产品生产基地及煤矿、铁矿、铜矿、菱镁矿、滑石矿和铅锌矿等矿业采掘基地，同时兴建冶金、机械、建材、电力、轻纺等现代工业基地。随着1861年营口作为通商口岸开港，1894年京丰铁路延长出关以及东清铁路、中长铁路、沈山铁路和哈大公路的建成，日本日益加剧掠夺东北地区的农产品和工业资料。日俄战争(1904年)后，日本独占本区，开始在抚顺、本溪大规模采煤。一战爆发后，又加紧掠夺鞍山—辽阳—本溪一带的铁矿，在鞍山、本溪建立了钢铁工业。在30年代初至二战结束期间，日寇为了扩大侵略，极力榨取本地区丰富的煤铁资源，同时急切地发展了当地的冶金、机械、化工、建材等工业。

随着矿山开发、铁路兴建，一大批工矿业城镇逐步形成和发展起来，导致城镇数量迅速增加，规模逐步扩大，沈阳、鞍山、抚顺、本溪等地人口激增，客观上促进了本区城镇化进程，鞍山、抚顺、本溪和沈阳等城市均得到进一步的发展，并具有较浓厚的殖民地色彩。作为东北地区行政、经济、交通和文化中心的沈阳成为辽宁中部地区工业发展的依托，中心城市的地位得到巩固和加强，城市兼职也由传统的政治、经济中心发展为工矿业城市、商埠港口城市等多种组合，奠定了辽中城市群的基本框架(图6-2(b))。

(3) 初步发展阶段(1949—1978年)

新中国成立以后至改革开放前的近30年间，辽中城市群得到初步发展。统计资料显示：1949—1978年间，辽宁中部地区沈阳、鞍山、抚顺、本溪、辽阳五市的工业总产值增加了44倍，人口总数增加了近两倍(从155.8万发展到458.7万)。总的来说，新中国成立后的30年各城镇均有不同程度的发展。这个阶段又可以划分为60年代以前和60年代以后两个次级阶段。60年代以前，国家采取了优先发展重工业的工业化政策，辽中地区因其丰富的煤、铁、石油等矿产资源及优越的地缘政治条件，而成为国家投资的重点。国家重点建设辽中重工业基地，如沈阳飞机制造工业、鞍山钢铁等。“一五”计划的156项建设项目中有26项集中在辽中南地区，促使鞍山、抚顺、本溪等工矿城市的人口急剧增长，如鞍山市人口1950—1959年机械增长41万人，平均每年机械增长4万人，到1959年鞍山市区总人口高达87.4万人。1949—1957年间，本区作为我国主要重工业基地加强发展，工业和人口增长很快。1958年以后，本区重视发展地方工业，各县市工业企业显著增多，在新、老工矿点和一些地方行政中心的基础上逐步形成和发展了近50个小城镇。但是自1961年以后，随着国家政策方针的改变以及“文革”的开始，城镇发展缓慢甚至进入了停滞期。国家关、停、并、转了大批工业企业，一大批城镇职工被精简下放，城市人口大量迁出。据统计，仅沈阳和鞍山两市就迁出城市人口50多万(沈阳人口减少41.29万人)。“文革”期间，本区城市人口大量减少，甚至出现机械负增长局面。

本阶段随着城市群区域内城镇数量的攀升和质量的优化，城市群的内涵式和外延式扩展持续进行，在空间上表现为城镇的扩散。这一时期的城市群虽然具有一定规模，但发展结构不均衡，自上而下的城镇化模式孕育出据点式的大城市和缺乏生机的小城镇；城市职能逐步趋于多样化，由剥削农村的中心转变为支援农村现代化的城乡结合的关系（图 6-2(c)）。

(4) 快速发展阶段(1978 年至今)

1978 年改革开放以后，城市的地位与作用备受重视，城镇发展走上正轨，城市规模进一步扩大。辽中成为城镇数量多、人口规模大的城市群地区。2004 年，7 个城市总人口达 2 135 万人。相应的，铁路、高速公路的建设进一步完善，形成了四通八达的交通网络体系，加强了城镇之间的联系。然而，辽中城市群较东部沿海地带的长江三角洲、珠江三角洲、京津地区相对滞后，各城市在空间上主要体现为面状扩展。进入 1990 年代以来，城市开发区和新区建设成为市区扩展的主要动力，逐渐形成以沈阳为核心的大城市化区。

21 世纪初，本区城市群在空间上形成大中小城市并存，城镇联系密切的群体地域特征，在城市群范围内有 3 个特大城市(沈阳、抚顺、鞍山)、3 个大城市(辽阳、营口、本溪)、4 个中等城市(大石桥、海城、铁岭、调兵山)以及若干小城市。小城镇密度迅速加大，其快速发展成为这一时期辽中地区城市化的一个显著特点(图 6-2(d))。

2) 目前所处演化阶段判定

辽中城市群空间演化四阶段(萌芽、形成、初步发展和快速发展)符合文章理论部分对城市群空间演化四阶段(雏形期、形成期、发育期、成熟期)的划分：二者在前两个阶段的归纳上是对应关系，而初步发展和快速发展则主要处于城市群空间演化的发育期，也即是辽中城市群目前空间发展还未达到成熟阶段，仍处于发育期。

3) 空间层次格局

作为发育期的城市群，辽中城市群在宏观空间上体现了都市连绵区的特征，中观和微观空间上包括都市区、卫星城、新城等格局形式。然而，以上一些格局形式自 20 世纪 90 年代以来就已经比较明显；而结合理论研究中空间层次格局模型的观点，进入 21 世纪，在全球化和信息化的时代背景下，中国大型城市群的空间应体现出相应格局形式或其格局雏形：宏观上为巨型城市区、全球城市区、全球区域等，中观上为多核心城市区、网络城市、走廊城市等，微观上为新城、边缘城市和无边缘城市等。对于辽中城市群而言，地区内部分区域的发展总量、人口密度和联系度等指标基本达到巨型城市区标准，并由于中心城市沈阳未达到全球城市或国际城市的发展程度，因此，近期在宏观上宜作为巨型城市区建设；中观空间上，鞍（山）辽（阳）本（溪）三城市接近并具有较强联系，因而可考虑作为网络城市发展；微观空间上，空港城等若干城镇占据优越的交通节点位置，体现出“中国式边缘城市”特点，可以发展为边缘城市（彭翀，2007）①。

（1）宏观空间格局——巨型城市区

*——辽中巨型城市区的构成*

结合国内学者对巨型城市区、都市连绵区、都市伸展区等相关空间的论述（顾朝林等，2002；于涛方等，2005），本研究以县（市、区）等行政空间单元为研究对象，将辽中巨型城市区划分为三个层次，其中前两个层次为巨型城市区的范围。①第一层次（巨型城市区的核心层）：人口密度＞300 人/平方千米，且 GDP 中的非农比重＞90%。包括沈阳市区（除于洪区）、抚顺市区、辽阳市（除辽阳县）、鞍山市（除二县）、营口市（除盖州市）和铁岭市银州区。②第二层次（巨型城市群的外围层）：人口密度＞250 人/平方千米且 GDP 中的非农比重＞70%，或人口密度＞200 人/平方千米且 GDP 中的非农比重＞75%；与最近第一层次空间单元的空间距离＜50 千米；对于县和县级市，需要人口总量＞城市群县人口总量的平均值，GDP 总量＞城市群县 GDP 的平均值。包括除本溪南芬区、开原市和盖州市以外的所有县级市和市区。③第三层次（巨型城市区的外部层）：辽中城市群的东部和东北部成为巨型城市区外部区域。辽中城市群巨型城市区的层次划分如图 6-3 和表 6-2 所示。

*——辽中巨型城市区的特征*

辽中巨型城市区呈现出三个主要特征：多中心、大规模和高密度、重功能和强联系。

从多中心看，巨型城市区沿哈大走廊发展，且基本上形成了以辽阳为联系纽带的沈（阳）抚（顺）本（溪）、鞍（山）海（城）营（口）两片高度城市化发展地区；铁岭（市区）则形成了发展相对较弱的独立片区。总的来说，这些中心以 7 城市的市辖区为基础，而周边地带形成其腹地。

巨型城市区的大规模从行政区域面积、人口总量和 GDP 总量来考察。本区行政区域面积 6.5 万平方千米，人口 2 135 万人，GDP 总量 4 400 亿元。空间单元的 GDP 分布见图 6-4。高密度主要指人口密度。本区区域人口密度 329 人/平方千米，空间单元的人口密度分布见图 6-5。

① 辽中城市群在空间各层次体现出的其他传统格局形式（如宏观上的都市连绵区、都市伸展区，中观上的都市区、组合城市和微观上的卫星城、新城等），在本书中不作具体分析。

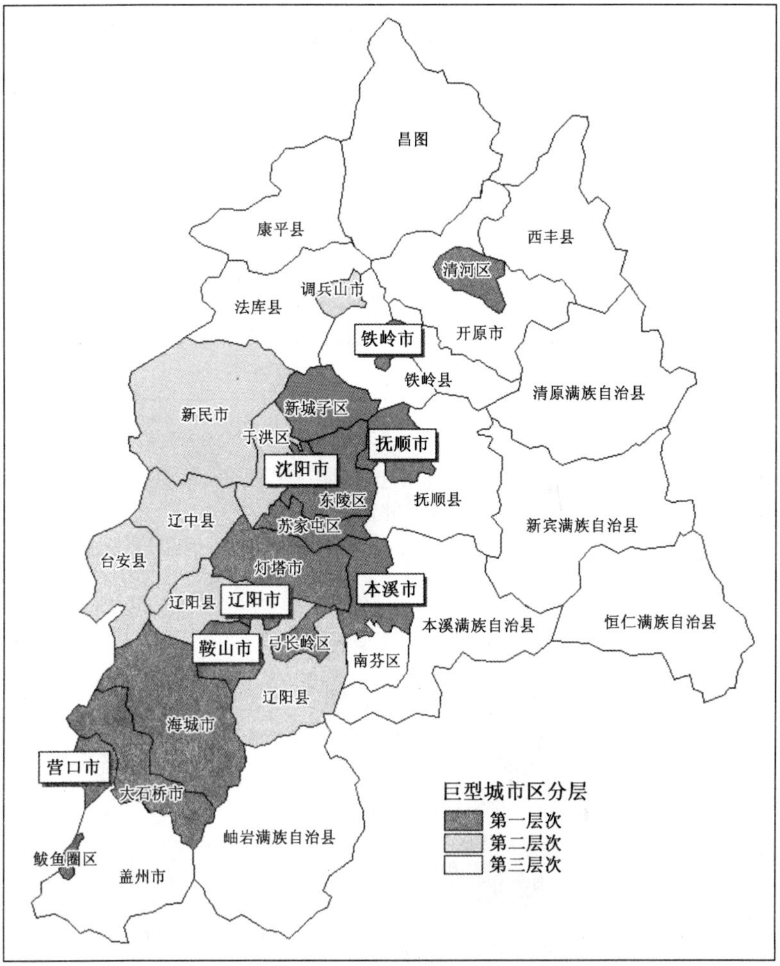


图 6-3 辽中城市群巨型城市区构成

表 6-2 辽中巨型城市区构成

| | 第一层次 | 第二层次 | 第三层次 |
|---|---|---|---|
| 沈阳 | 和平区、沈河区、大东区、皇姑区、铁西区、苏家屯区、东陵区、新城子区 | 于洪区、辽中县、新民市 | 康平县、法库县 |
| 鞍山 | 铁东区、铁西区、立山区、千山区、海城市 | 台安县 | 岫岩县 |
| 抚顺 | 新抚区、东洲区、望花区、顺城区 | | 抚顺县、新宾县、清原县 |
| 本溪 | 平山区、溪湖区、明山区 | | 南芬区、本溪县、桓仁县 |

续表 6-2

| | 第一层次 | 第二层次 | 第三层次 |
| --- | --- | --- | --- |
| 营口 | 站前区、西市区、鲅鱼圈区、老边区、大石桥市 | | 盖州市 |
| 辽阳 | 白塔区、文圣区、宏伟区、太子河区、弓长岭区、灯塔市 | 辽阳县 | |
| 铁岭 | 银州区 | 清河区、调兵山市 | 铁岭县、西丰县、昌图县、开原市 |

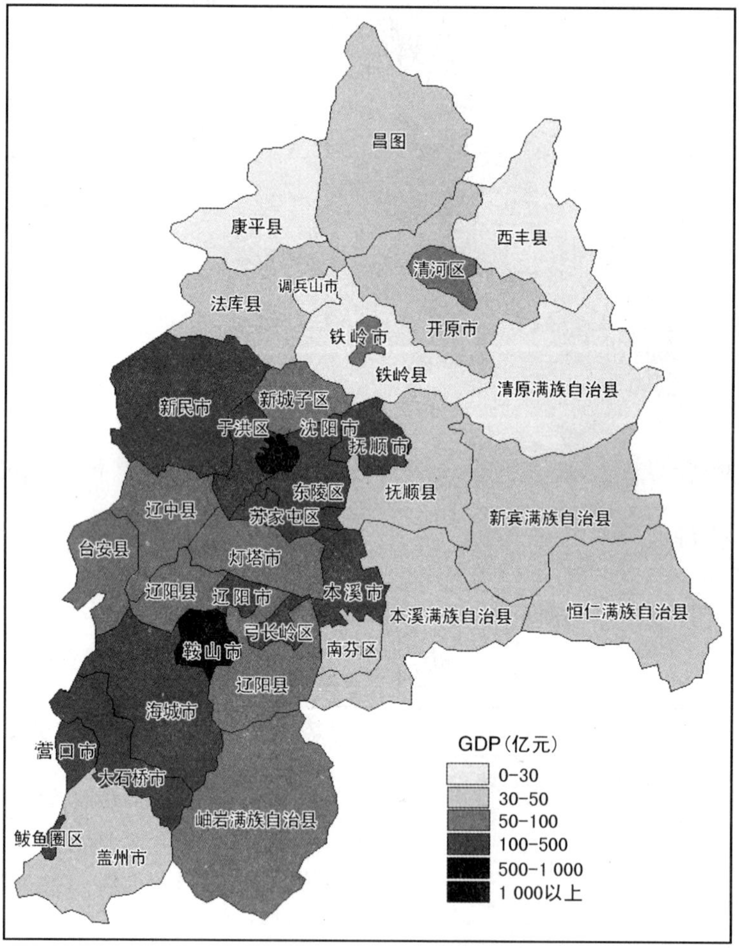


图 6-4 巨型城市区 GDP 等级图

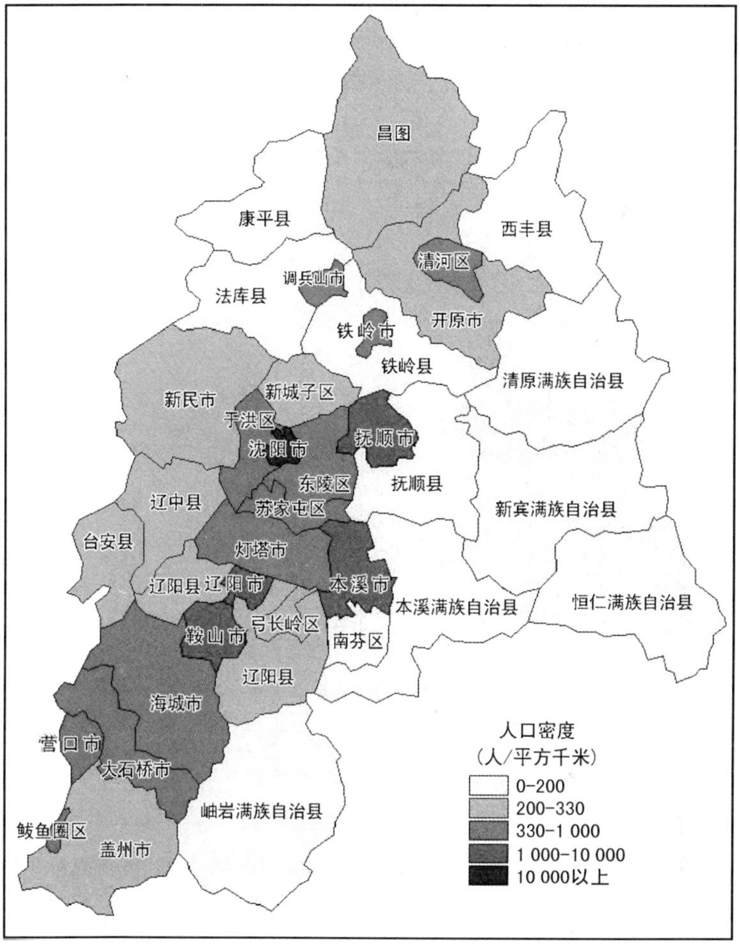


**图 6-5 巨型城市区人口密度分布图**

本研究对巨型城市区空间单元间功能联系的分析分为人流、经济流和信息流三个方面①。人流采用总人口数指标，经济流采用 GDP 总量指标（市区

---

① 当今城市间的相互联系可以用人口迁移、交通流、经济联系和通信联系综合反映。从理论上讲，城镇间相互联系的考察应当基于城市间相互联系的动态联系指标，如城市间点到点的人口迁移量、客运发车人数、经济金融联系总量、通信和邮政联系总量等指标。不过由于数据的获取难度，有时也采用静态联系指标，这种变相的指标实质反映的是潜在的联系，基于牛顿重力模型的思想。虽然有不同的公式表达和描述形式（王峥，1994），但是基本上可以表达为：

$$F_{1,2} = \frac{kM_1M_2}{L_{1,2}^{\;2}}$$

用市域总量减去县(市)总量),信息流采用电话用户数①。

第一层次间的联系。计算分级结果见图 6-6,图 6-8,图 6-10。综合分析三方面的联系可以看出,第一层次空间单元间空间联系强度最大的地区为沈抚本、鞍辽海,鞍海营地区次之。前三位的中心城市依次为沈阳、鞍山和营口,并且在这三个中心间,辽阳和海城成为过渡和承接点;铁岭则由于自身发展水平和地理位置的限制在巨型城市区空间中处于边缘化的地位。

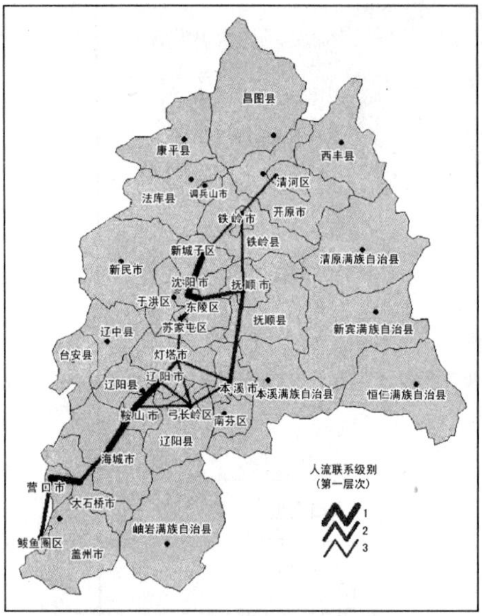


图 6-6　第一层次人流联系强度分级

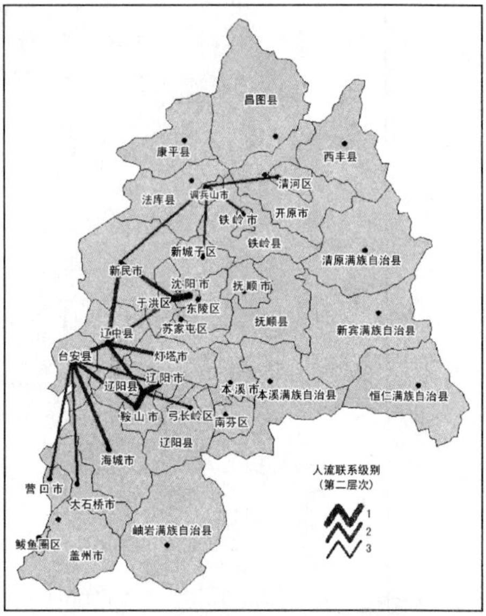


图 6-7　第二层次人流联系强度分级

第二层次的联系。计算分级结果见图 6-7,图 6-9,图 6-11。第二层次空间单元的联系分析表明,第二层次空间之间的联系比较均衡,没有明显的方向性。对第二层次空间单元影响较大的第一层次空间单元为沈阳和鞍山,其次是铁岭和营口。由于第二层次空间单元与第一层次空间单元的核心地区的距离较远,因而距离成为制约空间联系的主要因素。

---

① 前两项数据来源为《辽宁省统计年鉴 2005》和各城市统计年鉴,县(市)电话用户数的来源为《中国县(市)社会经济统计年鉴 2004》,市区电话用户数根据辽宁某次抽样调查的结果:百户城市家庭拥有固定电话数为 99,将各区总户数×99%作为估算值。距离采用空间单元行政中心间的空间直线距离。计算规则为:①对于第一层次的空间单元,对于县(市),只研究其与相邻第一层次空间单元之间的联系;对于 7 城市市区,除了相邻县(市)外,还研究 7 个城市市区间的联系。②对于第二层次的空间单元,研究其与相邻本级和较近(中间不间隔第一层次空间单元)上级空间单元的联系。③不考虑第三层次空间单元的联系。

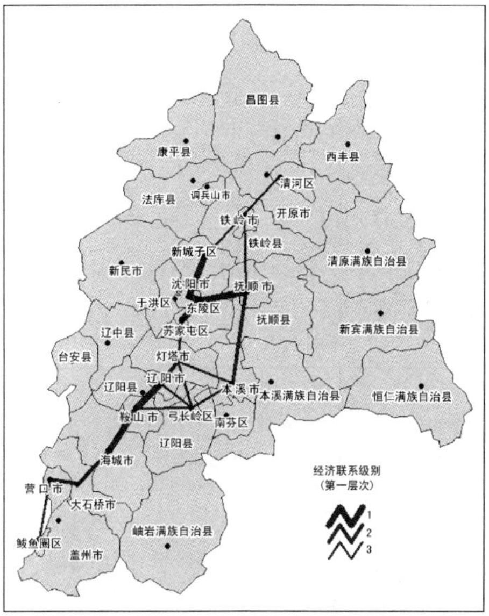


图 6-8　第一层次经济联系强度分级

图 6-9　第二层次经济联系强度分级

图 6-10　第一层次信息联系强度分级

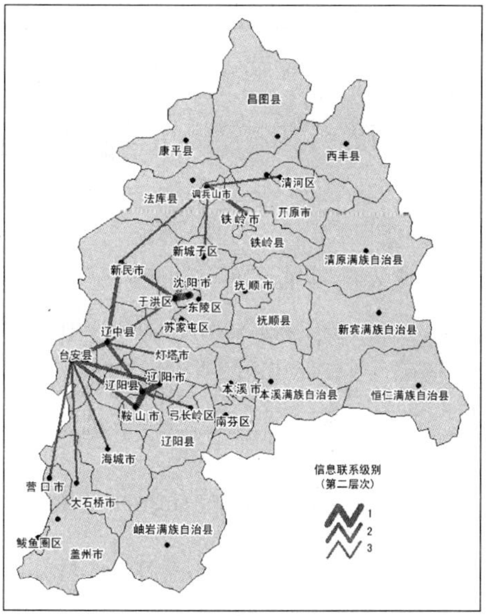


图 6 11　第二层次信息联系强度分级

(2) 中观空间格局——网络城市

构建鞍辽本网络城市战略即是要整合三城市的城市功能,整合和优化网络城市空间的整体功能性,促进节点城市间的水平联系和创新性交互,构建弹性交换环境和快速交通的支撑体系,制定市场竞争和区域管治相结合的协调机制,从而促进鞍辽本城市经济的发展和城市群综合空间竞争力的提升。

——*鞍辽本网络城市的特征和形成机制分析*

鞍辽本网络城市的特征可以概括为:形成于中心城市(沈阳)周边,以功能互补和水平联系为主的传统型网络城市,用图 6-12 中灰色的部分显示。下面进一步对功能互补和水平联系两种形成机制进行定量分析。

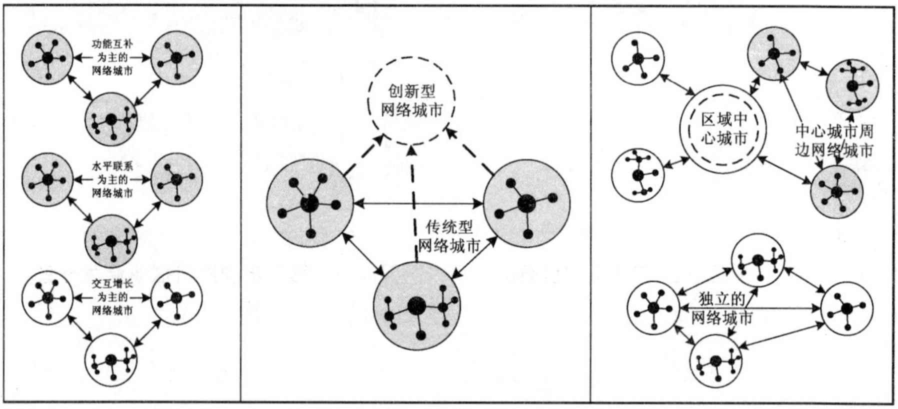


**图 6-12 鞍辽本网络城市特征**

① 功能互补。功能互补性可以通过城市不同行业外向功能(集聚与辐射)所产生的影响量 $F$ 来体现。参照长三角和珠三角的研究(朱英明等,2002;张虹鸥等,2004),影响量 $F=N\cdot E$,其中 $N$ 为城市功能效率,即各城市间单位外向功能量所产生的实际影响;$E$ 为城市外向功能量。

选择城市从业人口为城市功能量指标,即城市是否具有外向功能量 $E$ 主要取决于其某一部门产业从业人口的区位熵,$i$ 城市 $j$ 部门从业人员区位熵 $L_{qij}=(G_{ij}/G_i)/(G_j/G)$ $(i=1, 2, \cdots, n; j=1, 2, \cdots, m)$。

若 $L_{qij}$ 小于 1,则 $i$ 城市的 $j$ 部门不存在外向功能,即 $E_{ij}=0$;若 $L_{qij}$ 大于 1,则 $i$ 城市的 $j$ 部门存在外向功能,因此 $i$ 城市 $j$ 部门的外向功能 $E_{ij}=G_{ij}-G_{i^*}(G_j/G)$,$i$ 城市 $m$ 个部门总的外向功能量 $E_i=\sum_{j=1}^{m}E_{ij}$。

$i$ 城市的功能效率 $N_i$ 用人均从业人员的 GDP 来表示:$N_i=\mathrm{GDP}_i/G_i$;则 $i$ 城市影响量 $F_i=N_i\cdot E_i$。

鞍辽本三城市区位熵的计算结果如表 6-3 所示，城市外向功能量的计算结果如表 6-4 所示。

**表 6-3 节点城市区位熵比较**

| 城市 | 交通仓储邮电业 | 批发零售业 | 金融业 | 房地产业 | 社会服务业 | 教育文化娱乐业 | 科研综合技术服务业 |
|---|---|---|---|---|---|---|---|
| 鞍山 | 0.97 | 1.18 | 0.99 | 0.88 | 0.78 | 0.95 | 1.24 |
| 辽阳 | 0.22 | 0.87 | 1.14 | 0.92 | 0.25 | 1.13 | 1.07 |
| 本溪 | 1.19 | 0.87 | 0.98 | 1.49 | 1.30 | 0.97 | 0.62 |

**表 6-4 节点城市外向功能量比较**

| 城市 | 交通仓储邮电业 | 批发零售业 | 金融业 | 房地产业 | 社会服务业 | 教育文化娱乐业 | 科研综合技术服务业 |
|---|---|---|---|---|---|---|---|
| 鞍山 | −0.05 | 0.24 | −0.01 | −0.05 | −0.04 | −0.24 | 0.15 |
| 辽阳 | −0.2 | −0.07 | 0.08 | −0.01 | −0.06 | 0.24 | 0.02 |
| 本溪 | 0.15 | −0.09 | −0.01 | 0.11 | 0.13 | −0.07 | −0.12 |

网络城市具有较强的功能互补性。本溪有三项外向功能量表现为正值（交通仓储邮电业、社会服务业和房地产业），辽阳也有三项外向功能量为正值（金融业、教育文化娱乐业、科研综合技术服务业），鞍山为两项（批发零售业、科研综合技术服务业）。本溪三项的优势都较为突出，且无其他明显弱项；鞍山的两项优势也较明显，但教育文化娱乐业为明显弱项；辽阳主要占有金融和教育文化娱乐的优势，其他都较弱。计算各城市影响量结果为本溪＝5.47，鞍山＝0，辽阳＝－11.43，说明第三产业中本溪的对外影响功能较强，鞍山相对平衡，而辽阳主要承接辐射。

② 水平联系。根据网络城市的水平联系的经济学观点，水平联系包括经济、交通、通信联系等。参照空间网络构建中对于 7 城市之间联系度的分析结果，沈阳和 6 城市的联系均较强，而除去中心城市沈阳以外的较强联系如表 6-5 所示。可知，鞍辽本三城市之间的三条联系线（鞍山—辽阳、鞍山—本溪、本溪—辽阳）上的联系均较强，且强弱依次为鞍山—辽阳、鞍山—本溪、本溪—辽阳；而其他城市（营口、铁岭和抚顺）只有一条或两条对外联系线较强。因此，鞍辽本网络城市的综合水平联系度在参与构建网络城市的诸城市（或城镇群）中处于领先位置，且在三城市中以鞍山占优。

表 6-5 城市群中副中心城市间联系度排名

| 排名 | 交通联系 | 经济联系 | 通信联系 |
|---|---|---|---|
| 1 | 鞍山——辽阳 | 鞍山——辽阳 | 鞍山——辽阳 |
| 2 | 抚顺——铁岭 | 鞍山——本溪 | 抚顺——铁岭 |
| 3 | 鞍山——本溪 | 抚顺——铁岭 | 鞍山——本溪 |
| 4 | 本溪——辽阳 | 本溪——辽阳 | 鞍山——营口 |
| 5 | 抚顺——本溪 | 抚顺——本溪 | 抚顺——本溪 |
| 6 | 鞍山——营口 | 鞍山——营口 | 本溪——辽阳 |

*——鞍辽本网络城市的要素建设*

① 支撑体系。弹性交换环境的营造。尽管目前高科技与信息科技已基本融为一体，但信息交流仍然存在两种截然不同的方式，即电子传递（electronic transfer）和直接面对面的交流（face-to-face communication）。面对面的交流在很久以前已经被美国经济学家 Robert Murray Haig (1926)所认同，他认为面对面的交流促进了不同行业在全球城市的集聚发展。在后福特经济时代，面对面交流对基于创新的高科技产业、基于客户交流的服务行业和基于思维交换激励的创意产业非常重要。在鞍辽本网络城市功能的组织中，不仅要为信息的电子传递和生产要素（包括产品、技术、人才、资金等）的流动创造畅通的环境，还应为面对面的交流营造便捷的环境，包括各种要素市场的建设、网络城市内部的高速交通系统和跨城市组织等。

② 快速交通体系建设。在鞍辽本网络城市交通中，主要包括对外交通通道、城际轨道交通、区域高速公路、货运铁路枢纽几方面。对外交通通道主要有长大铁路、沈丹铁路、沈大高速公路、沈丹高速公路、202 国道、304 国道等，此外还有多条省道连接外部。内部交通在鞍辽之间很多和外部交通重合，在辽本之间主要以省道和铁路支线相连。综合来看，交通条件现状为对外交通联系便捷；对内，特别是本溪和其他二城市之间，仍需进一步加强：增加本溪与鞍辽的高速连接（在建鞍辽辽高速公路），主要解决货运问题；由于鞍辽联系便利，因此，本溪和鞍山的交通可以经辽阳解决，而不需要再增设本溪至鞍山的高速公路；建设三城市之间的城际快速轨道交通主要满足客运联系；可以在辽阳设铁路枢纽中心，成为服务沈阳和鞍本钢铁工业的货运中心。

③ 功能空间：知识镶嵌体。在网络城市中，科研、教育、创新技术等知识型活动日益向某一节点城市集中，使其发展成为网络城市的创新中心。各节点城市之间通过互惠合作、知识交换和未预期的创新性活动实现交互增长。

在鞍辽本网络城市中，辽阳可以利用靠近沈阳，对接“大浑南”商务、科研中心的优势发展高新产业；而鞍山也有望以工业为支撑形成软件、新型钢材等高新技术的创新基地，从而为辽阳化工和鞍本钢铁产业发展提供技术支撑。

④ 新城市增长区。网络城市中的新城市增长区主要包括鞍山腾鳌机场地区、鞍山高新技术开发区、本溪经济技术开发区和辽阳的太子岛赛车园区。鞍山腾鳌机场坐落于千山区境内，重启腾鳌军用机场，将其改造为军民两用，可方便近距离客运和远距离货运。鞍山高新技术开发区主要发展以光机电一体化为主的先进装备制造业、精品钢材生产加工业、新材料、电子信息等高端产业。本溪经济技术开发区即北部新城（石桥子歪头山组团），是本溪市接续产业和高新技术产业发展的主要载体——集中了以医药制造、机械设备制造及其零配件等为核心的资本技术密集型产业，将成为沈阳浑南开发区和金廊的延续。辽阳的太子岛赛车园区拟建 A1 国际标准赛车场、汽车主题公园及配套的生活服务区，将成为网络城市乃至辽中城市群和辽宁省、富有东北工业特色的主题休闲地。

⑤ 协调规则：市场调节与区域管治。鞍辽的空间发展已经逐渐对接，而本溪市区也距离不远，因此，要以市场导向为主，弱化行政区划的制约，构筑满足鞍辽本网络城市整体发展要求的基础设施网络，促进城市经济发展。协调城市空间，营造可持续发展的空间形态，协调区域规划和建设。

⑥ 文化机制。辽阳是辽中城市群最早的城市，也是东北早期的政治中心，具有深厚的文化积淀；本溪生态保持良好，旅游文化丰富；鞍山作为中国的“钢都”，也形成独特的城市文化。在鞍辽本网络城市的建设中，必须培育区域认同感，树立区域共赢、互惠的观念，打造区域的“文化名片”，在社会、文化、旅游各方面开展广泛的合作。

（3）微观空间格局——边缘城市

辽中城市群是高速公路、铁路和公路网高度密集的地区，而城市群中心城市外围区域的中小城镇发展不足。因此，研究边缘城市发展对辽中城市群不仅具有理论意义，还具有实际意义。在辽中城市群范围内，比较成熟的中心城市为沈阳。因此，可能的中国式边缘城市是沈阳周围新的增长点，这类增长点在国内多以“新城”概括。根据目前的发展状况，本区还没有典型的发育成熟的边缘城市；不过，根据未来的发展潜力，形成中的边缘城市为桃仙空港城、灯塔市、辽中县城和新民市等。

① 桃仙空港城。从城市规划与大都市开发角度来看，空港城的概念是建立在枢纽机场和新城规划基础之上的，类似美国的第二类边缘城市。从区域上看，空港城必须以国际枢纽机场为依托，离开了机场，就无所谓空港城。从

产业上看，空港城的支柱产业是与机场和航空运输密切相关的产业。从功能上看，空港城具有一般独立新城的特点，但因为它是机场地区的新城，所以又具有区别于其他新城的独特的城市性质。可以认为，空港城是国际化大城市城镇体系的重要组成部分，具有服务机场、利用机场的特征。空港城是一种以国际枢纽机场为依托，包括客货运输、仓储加工、综合贸易、商业服务、会议展览、生活居住、园艺农业和文娱体育等设施的，以航空产业为特色的综合性新城(金忠民，2004)。

以荷兰空港为例，荷兰的史基辅(Schiphol)机场建于1920年，位于荷兰兰斯塔德地区，拥有优越的铁路和公路交通条件。该机场在之前为填湖而造的农业用地，于1967年成为欧洲枢纽机场。从20世纪90年代开始，机场演变为空港城，在机场周边涌现出一大批与航空相关的产业。发展到2001年，已经成为欧洲的第四大机场，拥有54 000个工作岗位，并由于城市实力的不断增强且靠近中心城市阿姆斯特丹和鹿特丹，产生了越来越多的非航空产业，其中包括一些公司和组织的全洲性或全国性的总部机构。可见，荷兰斯基辅空港城的发展历程大致经历了机场—空港—新型城市三个发展阶段，这也反映了空港发展的一般规律。

辽中城市群的空港依托沈阳桃仙国际机场。机场建于20世纪80年代，位于沈阳市南部城郊东陵区的桃仙镇，距离沈阳城内仅14千米，是我国东北地区最大的航空枢纽。1999年，沈阳在土地利用规划中首次提出将桃仙空港城建设成为沈阳的副城之一，但是当时还没有正式规划和建设。沈阳空港目前处于空港城第二发展阶段，即实现从机场功能向空港城的转变。在新一轮城市总体规划中，空港城依托机场，总规划面积达50平方千米，建成后地区人口将达到12万人，属于沈阳"大浑南"的组成部分。

2006年，空港首先建设启动的是5平方千米的航空产业区部分，总投资达25亿元，其中首期启动2.6平方千米，一期建设完成后可以开工建设的项目有加拿大庞巴迪公司合资生产C系列飞机机身转包项目，深航运营维修及现场资源基地项目，飞机发动机及APU深度维修、试车台项目，南航飞机结构维修及客改货项目等。按照有关测算，航空产业每投入1万美元，10年后的产出就是80万美元，而且相关社会配套服务可以吸纳12倍于航空工业就业人数的人就业。10年内，空港城的航空产业带来的经济总量就可以相当于一个东陵区的经济总量。

对比荷兰斯基辅空港城，沈阳桃仙空港城的发展刚步入第二发展阶段，即实现机场功能向空港城的转变。随着产业的发展和城市化的推进，作为依托航空交通和高速交通发展起来的边缘城市，空港城将依托桃仙地区的空港优势，除了吸引南航北方公司、东北航空、深航等总部和基地公司落户外，还将配有物流、维修、配件生产等航空领域项目和一系列航空配套产业，形成东北最大的航空城。建成后的空港城将向着航空产业为主、商务办公和娱乐业为辅的新型城市方向演进，成为一个集住宅、娱乐、生活、产业等为一体的现代化新城。

② 灯塔市。灯塔市是辽阳以工贸为主的城市，市区紧邻沈阳“大浑南”地区，全市总人口 51.3 万人，其中非农业人口 9.5 万人；总面积 1 331 平方千米，城区建成区面积 8.9 平方千米；交通条件便利，具有一定的发展基础。灯塔市的交通条件便利，沈大高速公路、沈大铁路和两条省道交汇于此，与沈阳和辽阳城区都有便捷的联系，是有一定发展基础的边缘城市。灯塔市是辽阳以工贸为主的副中心之一（其他两个为弓长岭区和辽阳县），依托铁路和高速两线，在城市西部（铁西地区）大力发展工业，民营经济势头强劲，在全市二、三产业地区生产总值中所占比例达到 90%以上，形成了矿业、建材、煤炭、服装、皮装、化工、农副产品加工等主导产业。葡萄酿酒、精品包装、机械加工等产业正在兴起，华兴化学品有限公司跻身省百强乡镇企业行列。灯塔市发挥产业优势、资源优势和区位优势，按照“依托沈阳、接轨沈阳、服务沈阳、融入沈阳”的定位，突出产业结构升级和经济综合素质提高，加快推进区域经济一体化进程，全力建设“环沈南经济带”。最近，城市的房地产等第三产业发展较快，这主要受沈阳辐射影响，并且在以三产为主的“大浑南”发展过程中，这一趋势将进一步加强。最靠近灯塔市的“大浑南”功能区——“战略储备区”已经突破沈阳南部的行政边界，距离灯塔市市区仅 10 千米。

因交通而兴的灯塔市在未来的发展中，一方面要凭借自身的工业发展基础、货运交通条件和空港的辐射作用，进一步发展优势工业；另一方面，要依托“大浑南”商务金融中心、科技文化会展中心的优势，不断提高相关第三产业的发展水平。

③ 辽中县城。辽中县在 19 世纪时仍为一个部落，屯名为阿司牛录。清光绪 32 年（1906）辽中设县，择阿司牛录为县城，并建镇制，起名辽中镇，至今城镇已有百年历史。因“庚子之变”，该镇在城镇四周修建了土壕。民国 4 年，当地豪绅又在四周土壕基础上修建围堤，并设东、西、南三门。民国 15 年又将东、北二门外延，城镇有所扩大。1948 年 10 月 28 日辽中县解放，人民政府根据防洪需要，对原来的围堤进行了加固。后因辽河、蒲河防洪大堤的建成，城内围堤失去了作用，逐渐拆除，城镇开始向外扩展。

辽中县城虽然具有悠久的历史，且有矿产资源、农副产品资源、土地资源、劳动力资源等资源优势，但存在经济缺乏发展动力、城市化水平低、人才匮乏、城镇建设滞后等制约条件。截止到2003年，县城中心城区实际居住人口10.2万人，其中城市人口(非农人口)9万人，农业人口1.2万人。建成区总面积10.7平方千米，人均城市建设用地105平方米。在巨型城市群中处于第二层次(外围地区)，受中心城市带动作用不强，其潜力未充分发挥。目前，辽中的发展面临两大机遇，使之有条件成为辽中城市群新的空间增长点：第一，沈阳新一轮的总规划将辽中纳入都市区范围，其中，作为四个重点发展空间之一的铁西工业走廊的尽端延伸至辽中，并规划了120平方千米的辽中新城。第二，在《辽宁中部7城市合作框架协议》中，确定建设本(溪)辽(阳)辽(中)高速公路，并已经开始建设。这样，辽中便占据了京沈高速公路、本辽辽高速公路和秦沈高速铁路三线的交叉口位置，促进城市实现与沈阳和辽阳的更密切联系。

因此，辽中县城可望成为辽中城市群中新的边缘城市，类似于美国的第一类边缘城市，并在未来的10～20中获得迅猛的发展。沈西工业走廊的定位为：立足沈阳，依托辽宁中部城市群，辐射东北经济区，面向东北亚，以先进装备制造业为主体，发展化工及相关产业的带状组团式的新兴产业基地。所以，带动辽中发展的动力是产业的发展和城市化的迅速推进。不仅如此，作为新的交通战略点，辽中更可能发展房地产、办公和娱乐业等第三产业，不断推进城镇化，从巨型城市区的第二层次逐渐进入第一层次，即成为巨型城市区的核心区。与辽中相似的例子还有新民市区，只是后者在交通和产业发展的区位上略逊于前者。

总的来说，辽中城市群的边缘城市处在边缘城市发展初期，正在形成和孕育中的较多，发展较为成熟的很少。其原因第一是由于中心城市发展不足，目前仅有沈阳具备一定扩散实力，其他城市的集聚作用占有绝对优势，很难促进边缘城市的形成与发展；第二，辽中城市群郊区化的特征还不明显，虽然高速公路网较为密集，然而机动化程度不高，限制了交通节点城市的迅速发展；第三，作为老工业基地地区，城市发展以第二产业为主，第三产业发展不足，商务、办公等以第三产业为主的新的城市增长点需求不大。因此，随着沈阳近期的急剧扩张和高速交通网的大力建设，辽中城市群边缘城市在未来10～20年内可能获得较快发展，且以第二产业发展为主。远景发展呈现从沈阳向外围推进的格局，在次一级的中心城市周围也将出现边缘城市，而沈阳周边的边缘城市将会升级为以第三产业为主或者成长为综合性网络城市。

### 6.1.2 城市化进程与城乡空间关联

城乡关系同时体现在时空二维度。辽中城市群的城市化进程和城乡空间关系可纳入“城乡关联”阶段，还远未达到“城乡融合”程度。在此基础上，本部分从城乡关系的历史演进和现状格局两方面进行定性定量分析，前者主要指城市化进程，后者包括城市化空间格局与特征及城乡一体化格局两方面。

1）城市化进程

新中国成立后，辽中地区作为我国主要重工业基地加强发展，工业和人口增长很快，空间城市化水平的演进大致可分为三个阶段①。

——*波动上升阶段(1949—1990 年)*

辽宁是新中国工业化的摇篮。在工业化的带动下，辽宁(特别是辽中地区)的城市化水平总体较高，从新中国成立至 1990 年的约 40 年间，城市化水平基本高出全国平均水平 20 个百分点左右。其间又可细分为三个阶段:第一阶段(1949—1960 年)，城市化水平迅速提高，从 24.9%提高到 50.5%，翻了一番;第二阶段(1960—1978 年)，城市化水平持续下降至 34.5%;第三阶段(1978—1990 年)，城市化水平持续提高，1990 年达到 51%。在第三阶段，辽中地区城市职能逐步趋于多样化，城市规模进一步扩大，成为城镇数量多、人口规模大的城镇密集区。然而，本地区城市体系结构不均衡，中心城市与小城镇规模相差悬殊。

——*缓慢推进阶段(1990—2000 年)*

20 世纪 90 年代以来，全国进入了城市化进程的加速期，而辽中地区却与之形成鲜明对比，在经历快速城市化之后，步入了缓慢推进阶段。1990 年到 2000 年的 10 年间，全国城市化水平提高了 10 个百分点，达到 36%;东部沿海地区更是进入了城市化的快速推进时期，福建、江苏、广东和浙江均提高了 17 个百分点以上;中部地区部分省区，如湖南、湖北、安徽等也超过了国家平均水平;西部地区平均提高了 8 个百分点。而同期，辽宁的城市化水平仅提高了 3.9%，达到 54.9%，辽中地区达到 60.8%。不过，尽管增幅不大，但城市化率在全国仍处于很高水平，高于长三角地区 3%。

——*调整提高阶段(2000 年至今)*

进入 21 世纪，在经济全球化、区域一体化、东北亚经济圈的形成及振兴东北老工业基地一系列发展机遇的推动下，辽中地区获得了新的发展契机，城

① 本部分城市化率数根据全国第四次、第五次人口普查;2005 年辽宁及辽中各行政市 1%人口抽样调查公报;孙颖杰. 辽宁城市化进程及战略模式分析. 社会科学辑刊，2007，(4):70～73;赵秋成. 辽宁老工业基地的工业化、城市化及其路径选择. 经济地理，2005，25(3):329～332 等数据综合整理形成。

市化发展在10年徘徊后，进入调整提高阶段，2005年达到62.8%，比2000年提高2%，不仅量上有所增长，而且质上也有提高。辽宁省同期达到58.7%，提高了3.8个百分点，但相较于全国7%的增幅和东部沿海五省均高于5%的增长仍显逊色。

总体上看，辽中地区城市化由于受到计划经济和行政调节作用影响，其演进过程非常特殊，不仅与世界发达国家城市化发展的一般规律不尽相同，而且也与我国其他发达地区有所差异。根据美国著名经济地理学家诺瑟姆(Ray M. Northam)建立的"城市化进程S型曲线"模型可知，某地区城市化水平处于25%和75%之间属于快速城市化阶段；其间，由25%增长到59%为城市化最为迅速推进时期。虽然我国东部沿海地区的发展与此模型较为吻合，但据此推出"辽中地区从20世纪50年代至今都处于城市化加速期"显然不适宜：第一，五六十年代辽中地区的经济社会发展水平与模型中相应的城市化发展阶段不匹配；第二，六七十年代辽中地区城市化水平迅速倒退是模型无法解释的；第三，90年代的辽中地区并未实现模型所期望的城市化持续高速增长。20世纪下半叶辽中地区特殊的城市化进程表明，在传统体制下实现的高城市化水平是工业化的被动产物，不是发展进程中主体能动追求的目标和结果(孙颖杰，2007)。21世纪初，在市场和政府的双重作用下，辽中地区开始调整城市化发展思路，加快经济和社会发展步伐，在推进增长速度的同时不断提高城市化质量，逐渐步入健康城市化的发展轨道。

2) 城市化空间格局与特征

辽中城市群城市化稳步缓慢发展，城市化水平高于全国平均水平。从以非农业人口比重表示的城市化率①来看，20世纪80年代中期以来，辽中地区的城市化发展比较稳定，城市化水平缓慢提高。1984年辽中地区的非农业人口为872.69万人，约占全区户籍人口的47.60%；到2005年增长到1 157.4万人，占全区户籍人口的比重提高至54.03%，21年间增长了6.4个百分点，大致每年上升0.3个百分点。从图6-13可以看出，7个行政市按非农化水平由高到低形成四类，依次为高水平(沈阳、抚顺、本溪)，中等水平(鞍山)，较低水平(辽阳、营口)，低水平(铁岭)。从增速上看，90年代的头几年，与沈阳和鞍山的下降形成鲜明对比的是辽阳和铁岭的较快增长；1996年以后，各城市

① 由于以城镇人口比重表示的城市化率缺乏连续的和分县(市)区的数据，无法用以进行城市化发展进程时间序列和微观空间层面的考察。因此，本部分采用非农业人口比重进行城市化水平分析。数据来源：历年中国城市统计年鉴。

非农化水平基本呈现稳定增长的态势，特别是进入 21 世纪以后，营口的增长迅猛。

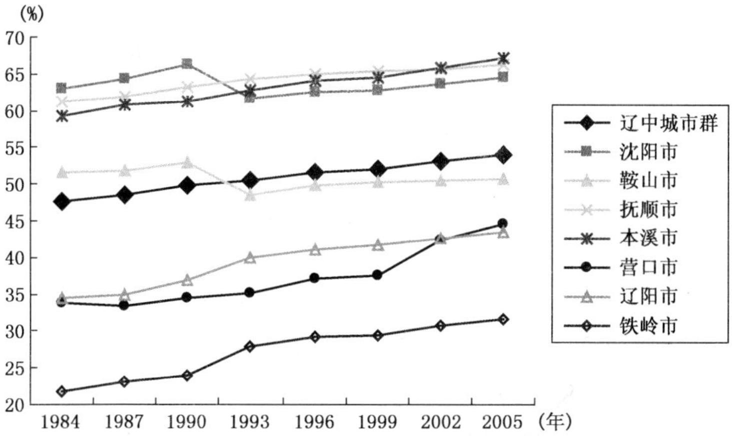


**图 6-13 行政市历年城市化水平比较**

辽中城市群的城市化主要有四个特征。首先，城市化水平高且稳定增长。这是辽中地区城市化的最显著特征，其城市化水平一直居于全国各城市(群)地区前列，20 余年也保持稳定增长。第二，大城市多，城镇相对密集。较高的城镇化支撑了辽中地区的城市化格局，使之成为我国城镇最密集的地区之一。本区现有包括 3 个特大城市、3 个大城市和 4 个中等城市在内的设市城市 13 个，特大、大、中城市占全区设市城市的 76.9%。除抚顺、本溪外，大部分区域的城镇密度均较高，以沈阳为中心、以长(春)大(连)为轴线的周边地区尤为突出。第三，区域经济、社会发展与城镇化进程紧密相关。区内经济社会发展好的区域，其城镇化水平也较高。第四，计划主导型城镇化特征明显。计划经济对辽中地区城市化发展的影响重大而深远。目前，城市化发展格局日益清晰，城市群日益成熟壮大。中心城市沈阳向现代化城市迈进，其周围及快速交通走廊沿线，中小城市和小城镇迅速崛起，城镇日渐繁荣和成熟。

3) 城乡一体化格局

这里通过城乡一体化格局的分析对城乡关联格局进行定量研究，主要考虑行政市市区与县级市(县)空间一体化，通过城乡一体化的定量评估来表征。

方法一：总体指标的城乡一体化评估。采用市域范围内人均收入，第二产业、第三产业占 GDP 比重和非农人口比重数据(见表 6-6)。

表 6-6 总体指标的一体化评估

| 城市 | 农村人均收入占城市居民可支配收入的比重(%) | 非农产业占 GDP 总量比重(%) | 非农人口比重(%) | 评估值(%) |
|---|---|---|---|---|
| 沈阳 | 48.7 | 94.2 | 64.3 | 69.1 |
| 鞍山 | 51.5 | 95.0 | 50.6 | 65.7 |
| 抚顺 | 51.1 | 92.9 | 65.7 | 69.9 |
| 本溪 | 52.9 | 93.8 | 66.9 | 71.2 |
| 营口 | 47.6 | 88.4 | 43.7 | 59.9 |
| 辽阳 | 52.0 | 92.4 | 42.9 | 62.4 |
| 铁岭 | 60.8 | 73.3 | 31.7 | 55.3 |

数据来源:《辽宁省统计年鉴 2005》。

注:评估值为各项指标数值之和的平均值。

方法二:城乡对应指标的城乡一体化评估。以现状行政区划的市区代表城市地域,市区外围的县(县级市)和个别远郊区代表乡村地域,以县(市)区为研究单元,选取经济发展水平、农村非农化水平、教育和卫生、交通联系等方面的相对指标(表 6-7)。

表 6-7 城乡对应指标的一体化评估

| 城市 | 人均 GDP(元) | | 非农人口比重(%) | | 人均教育费用支出(元) | | 医院、卫生院百人床位数(个) | | 与城市中心距离(千米) | | 评估值(%) |
|---|---|---|---|---|---|---|---|---|---|---|---|
| | 市区 | 县/市 | 市区 | 县/市 | 市区 | 县/市 | 市区 | 县/市 | 市区 | 县/市 | |
| 沈阳 | 33 411 | 12 659 | 82.6 | 19.8 | 311.8 | 185.3 | 0.6 | 0.2 | 10 | 91 | 33.1 |
| 鞍山 | 43 806 | 18 227 | 88.5 | 23.1 | 167.0 | 188.5 | 0.8 | 0.3 | 6 | 39 | 46.7 |
| 抚顺 | 19 745 | 11 504 | 93.3 | 19.2 | 111.1 | 196.4 | 0.6 | 0.3 | 7 | 73 | 63.0 |
| 本溪 | 22 854 | 11 993 | 86.8 | 34.1 | 119.9 | 272.9 | 0.7 | 0.3 | 11 | 105 | 74.5 |
| 营口 | 15 991 | 12 580 | 84.9 | 19.4 | 136.4 | 159.7 | 0.5 | 0.3 | 9 | 30 | 61.7 |
| 辽阳 | 22 353 | 11 748 | 85.7 | 15.3 | 138.2 | 152.3 | 0.8 | 0.2 | 5 | 18 | 46.7 |
| 铁岭 | 17 056 | 5 631 | 92.5 | 22.0 | 114.9 | 137.7 | 0.5 | 0.2 | 15 | 38 | 51.2 |

数据来源:《辽宁省统计年鉴 2005》,各城市统计年鉴,《中国县(市)社会经济统计年鉴 2004》综合计算所得。

注:评估值为各项城乡对应指标比值(县市/市区)的平均值。

两种评估方法的结果对比如表 6-8 所示。如果仅考虑城乡的发展差距,可以采用方法 2 的结果,但是考察城乡整体的发展水平则需要采用方法 1 的结果。综合起来，可以将城乡一体化水平分为三类，但产生原因各不相同。本溪、抚顺二城市较高的一体化水平源于较高的非农化程度；不过由于绝大多数人口集中于城区，县（市）人口很少，县城集聚性不够。营口、鞍山、辽阳三城市的发展势头较好，但在带动县（市）发展上的作用还有待进一步发挥。沈阳作为城市群的中心城市，其城区发展遥遥领先；不过由于市域范围广阔，目前尚处于以集聚为主的发展阶段，城乡差距很大。铁岭城区发展水平低，县（市）也不强，一体化呈现出低水平的相对均衡。

表 6-8 中心城区与外围县的城乡一体化评估分级

| 方　法 | 较　好 | 中　等 | 较　差 |
| --- | --- | --- | --- |
| 方法 1（总体指标） | 本溪、抚顺、沈阳 | 鞍山、辽阳、营口 | 铁岭 |
| 方法 2（城乡对应指标） | 本溪、抚顺、营口 | 铁岭、鞍山、辽阳 | 沈阳 |
| 综合两种方法 | 本溪、抚顺 | 营口、鞍山、辽阳 | 铁岭、沈阳 |

### 6.1.3 空间演化方式与空间形态格局

城市群空间演化方式与形态格局是时空对应的关系：一方面，城市群的空间扩展促进了空间格局的形成；另一方面，空间格局的确立将空间扩展导向特定方式。空间演化方式与形态格局的形成以空间发展战略作为指导。本书实证研究首先分析辽中城市群现状的空间形态格局与演化方式，然后在对各空间发展战略进行比较的基础上，提出未来合理的空间发展战略及相应的空间形态格局与演化方式。

1）现状空间形态格局与演化方式

辽中城市群空间形态格局的现状为“极核走廊复合式”形态结构。具体如图 6-14 所示，以沈阳为极核心，主要城镇构成“大”字骨架，包括“一横”、“一撇”、“一捺”三条空间走廊：“一横”的两头为指向辽中县的沈铁副中心和与沈阳形成快速一体化的抚顺副中心；“一撇”上自北向南分布铁岭副中心、鞍（山）辽（阳）海（城）副中心和营口副中心，沈阳的沈北工业和铁岭副中心的铁西工业走廊对接，沈阳和鞍辽海副中心间的过渡地带为灯塔市；“一捺”的末端为本溪副中心，之间是围绕空港城形成的工业组团。与格局相对应，城市群的空间演化方式主要为“点轴式”，即以“中心”和“副中心”为节点，“中心”和“副中心”之间形成发展轴，其中，“大”字骨架的“一撇”为发展主轴，其他为次要轴线。

2）空间发展战略比较

空间发展战略是空间演化方式和形态格局形成的理论基础，对辽中城市群而言,指导空间格局发展的战略主要有中心极化、空间均衡和出口导向三种战略。

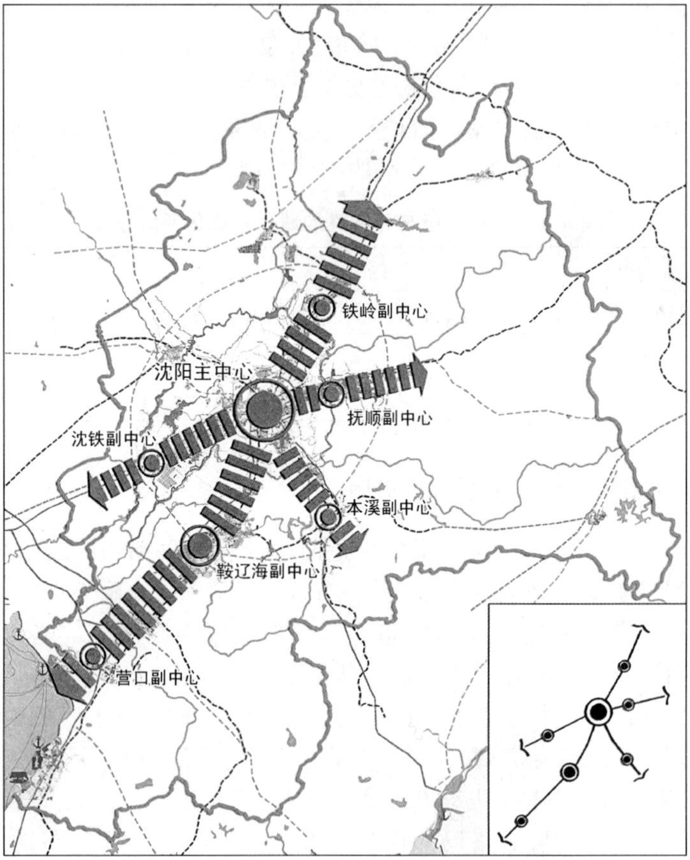


**图 6-14　极核走廊式空间格局(中心极化战略)**

(1) 战略一:中心极化战略

战略一做强沈阳主中心,突出空间集聚。从理论上看,整个城市群的发展仍处于高速城市化阶段,且无论从辽中城市群的整体发展还是从城市群中心城市的发展来看,均与中国三大城市群及其中心城市的发展水平存在较大差距。据此,辽中城市群可采取空间集聚的战略。从现状上看,沈阳处于城市群空间较为中心的位置,与其他 6 个城市距离接近,对其他城市有很强的辐射和带动作用,存在一荣俱荣、一损俱损的关系。

(2) 战略二:空间均衡战略

战略二构造若干城镇群,突出区域和谐。其理论基础为国外城市群发展中网络城市和走廊城市等这类多中心城市区的概念。此战略认为，城市群发展规划的核心问题是协调利益和化解冲突。这种战略因为符合大多数城市的共同发展意愿而往往是最切实可行的。在空间上可以确立若干中心地区，尽量减小空间资源的浪费和距离的不经济，并使整个区域同步获得发展机会。

(3) 战略三：出口导向战略

战略三构造沈阳、营口双中心，突出交通支撑。营口市位于沈阳—大连都市连绵带的中间，既是沈阳都市区和大连都市区的连接点，又能起到连接辽西城市群(以锦州为核心)和辽东城市群(以丹东为核心)的作用，区位条件特殊。对辽中城市群而言，营口不仅是7大城市中唯一的沿海城市，而且作为东北的第二大港而成为城市群中具有战略意义的重要成员。战略三正是为了充分发挥营口的港口和沿海产业优势，实现与辽中城市群其他城市的密切联系和有机协调，而将沈阳和营口作为功能定位各异的双中心提出来，属于发展导向和出口导向的战略。其中，前者为经济文化和服务中心，后者为海运和出口贸易中心。做强沈阳，有利于提升整个城市群的竞争力；而做强营口，保证了城市群工业产品的便捷运输和出口贸易的发展。由于二中心空间距离较远，须优先考虑交通发展。

——*战略比较*

城市群空间发展三种战略的优势与劣势比较见表6-9。各种战略既具有突出优势，同时也存在明显不足。

**表6-9 三种空间发展战略的优劣势比较**

| | 战略一 | 战略二 | 战略三 |
|---|---|---|---|
| 优势 | 有利于提升整个城市群的竞争力，使各城市获得产业扩散带动效应；为城市群吸引更多投资和开拓发展空间 | 利于解决空间协调的问题，化解空间矛盾和减少空间资源浪费；缩小空间差异，促进城市群均衡稳步发展 | 利于经济发展和对外开放，兼具经济发展和出口创汇双重优势；降低工业产品的交通成本，并开拓国外市场 |
| 劣势 | 行政分割、各自为政使之短期内实施困难；短期会制约基础较弱城市的发展，扩大区域内的地区差异 | 城市群中心不强，发展缺少突破口，发展推进相对缓慢，难于实现跨越式发展 | 对其他5个城市的辐射带动作用不强，空间体系松散；中心不够集中，空间距离不经济 |

3) 未来空间形态格局与演化方式

根据三种空间发展战略的不同思想，辽中城市群未来的空间格局可以有三种形态结构：一是继续以中心极化战略为指导，在空间上保持现状的“极核走廊复合式”形态格局；二是向空间均衡转化，从单极核转变为多极核空间格局；三是顺应全球化下的新形势，采取出口导向战略，通过构造“双中心”发展双极型空间格局。

空间均衡战略指导下的空间形态格局为“多极走廊复合式”串珠状空间结构(图 6-15)。在空间上依托长(春)大(连)线构建空间黄金廊道。具体的，联系密切的沈(阳)抚(顺)本(溪)和鞍(山)辽(阳)海(城)两个城镇群成为廊道的主中心；铁岭和营口(包括鲅鱼圈区)成为廊道副中心。这样，辽中的整体构架沿长(春)大(连)线形成走廊式布局，促进长(春)大(连)沿线的城市发展、产业承接和交通联系，并向南导向城市群出海口——营口。除了突出长大线外，这个形态格局还偏重多城市、多中心的均衡发展，特别是强化了鞍山的空间地位。作为沈大之间的重要隆起部，鞍辽海城镇群在沈阳和大连的影响下将形成强大的主中心。

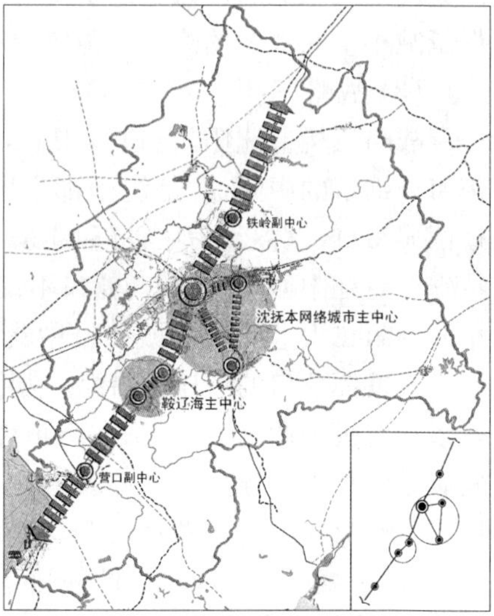


**图 6-15　多极走廊式空间格局(空间均衡战略)**

出口导向战略指导下的空间形态格局为“双极走廊复合式”哑铃状结构(图 6-16)。以沈阳为极核，结合城市群的高速环线，形成沈(阳)抚(顺)本(溪)铁(岭)核心区，为城市群的政治经济文化中心；以营口为极核，形成营(口)鲅(鱼圈)海(城)核心区，为城市群的经济和交通战略中心。双核心间的联系为鞍(山)辽(阳)承接带，以长(春)大(连)轴线为主要部分形成哑铃形区域的中轴。

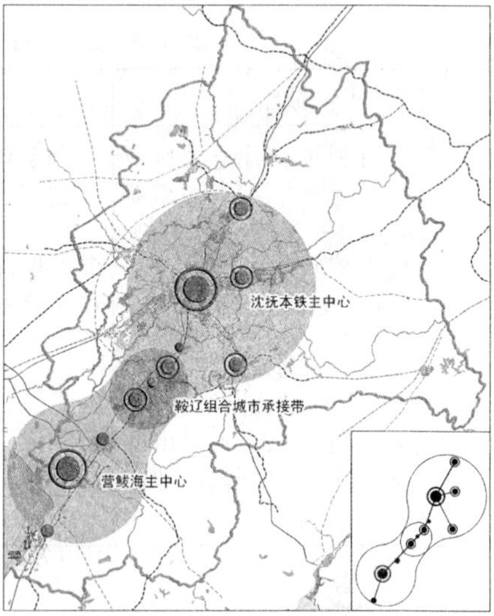


**图 6-16　双极走廊式空间格局(出口导向战略)**

现今的“极化走廊式”的空间形态格局虽然考虑了城市群目前所处的发展阶段特点——集聚功能的进一步强

化，顺应了目前辽中各城市空间发展面向沈阳中心的趋势，使各城市和中心城市形成空间发展的互动，并在空间格局上以沈阳为中心，拉开城市群空间骨架，有利于空间发展向各方向推进和形成更合理完善的空间构架；然而，此方案未能有效地利用营口这一海上门户的战略作用，并由于过度集聚而忽略了城市群的整体和谐发展，容易引起各城市间空间发展的协调冲突。“多极走廊复合式”串珠状空间结构虽然充分利用了城市群的纵向发展轴和邻近城市间的联系与互补，旨在实现多城市、多中心的和谐均衡发展；然而，由于过分强调长大轴线作用，不利于城市空间的横向拓展；另外，均衡的理念可能由于城市群所处发展阶段的限制，形成低速发展层次上的“和谐统一”，阻碍经济的跨越式发展。“双极走廊复合式”哑铃状结构充分发挥营口出海口的优势，在空间上构造出南北两个各具特色的发展极；将鞍辽定位为沈（阳）大（连）之间的重要隆起部和两个极核的承接带，不但理顺了主要城市间的关系，而且实现了邻近城市的优势互补；依托长大沿线的城市建设，兼具空间集聚与空间均衡发展的优势，构建具有活力的轴带空间。因此，辽中城市群未来的空间宜发展为“双极走廊复合式”形态格局。

为了实现“双极走廊式”的形态格局，城市群的空间扩展须采取“点轴＋网络”的复合方式。其中，在沈（阳）营（口）主轴上，以“点轴式”空间扩展为主：自北向南，铁岭、沈阳、辽阳、鞍山和营口各行政市成为主轴上的节点；在沈阳周边局部地区，如鞍（山）辽（阳）本（溪）之间以网络扩展为主。此外，随着全球化和信息化的发展，在行政市与县级市（县城）之间也主要体现网络化的演化方式。

## 6.2 辽中城市群空间运行的宏观机理

根据城市群空间运行宏观机理的理论模型，辽中城市群的实证分析可以从核心和外围两个层次分析：核心层包括辽中城市群空间运行的格局机理（系统与共生）和演化机理（集聚与扩散）；外围层指空间运行的影响因素。这里针对城市群发展的不同阶段进行具体分析。

### 6.2.1 空间系统与共生

1）辽中城市群空间系统

辽中城市群的空间系统分为城市群外部空间系统（内部空间系统与外部环境的总和）和内部空间系统两个层次，其空间系统结构如图 6-17 所示。

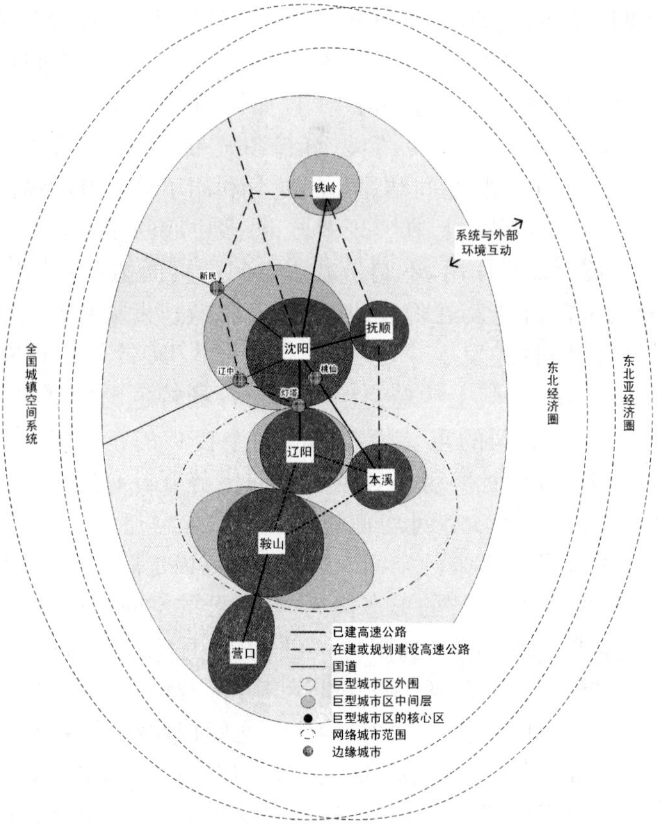


**图 6-17　辽中城市群空间系统结构图**

(1) 辽中城市群外部空间系统

辽中城市群外部空间系统如图 6-18 所示。与辽中城市群空间密切相关的外部环境主要为东北和东北亚经济圈、全国城镇空间系统。

① 东北和东北亚经济圈。辽中城市群拥有优良的营口港和沈阳、鞍山、抚顺等重要工业基地,外接东北亚、内联东北广大腹地的优势兼而有之,在国家"十一五"振兴东北重大战略中,成为外接与内联的战略之地。辽中城市群在由日本、韩国、朝鲜、俄罗斯、蒙古和中国等构成的东北亚经济圈中占有重要地位。辽宁在整个东北亚地区处于中心位置,东可达韩国、朝鲜和日本,北可到俄罗斯、蒙古,可以利用港口优越的条件,发挥得天独厚的地理优势,大力发展国际贸易,特别是利用与日本、韩国、俄罗斯之间天然的贸易优势和传统的贸易关系;加之辽宁的劳动力成本比较优势显著,使计算机、网络与通信

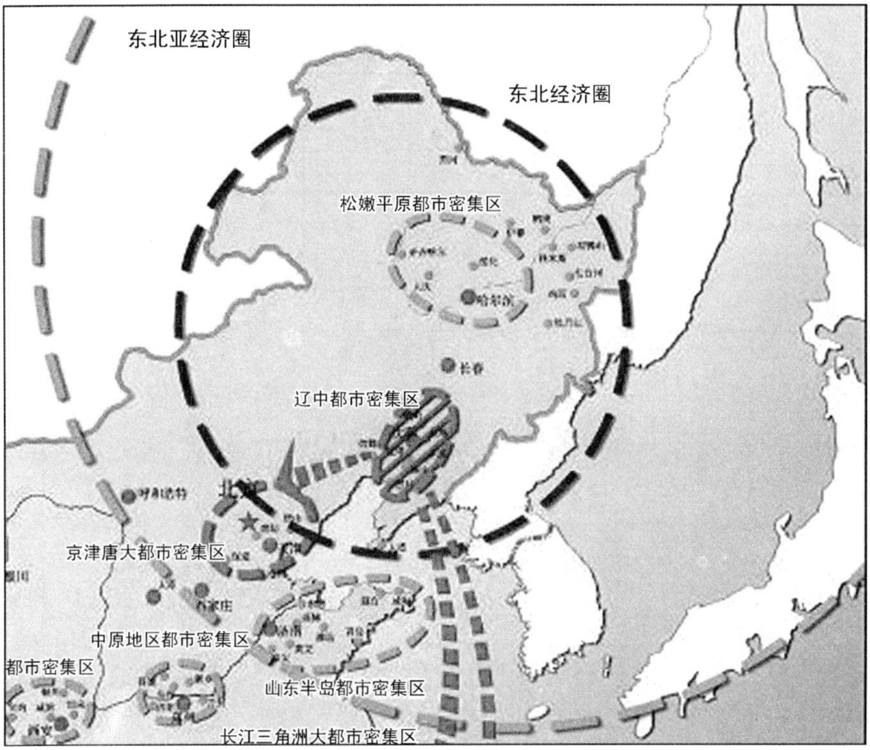


**图 6-18　辽中城市群空间系统与外部环境**

设备和软件等信息产品的需求大大增加，因此辽中城市群有条件建设成东北亚地区的物流中心、贸易和金融中心、世界级的装备制造中心和信息产品制造中心。

② 全国城镇空间系统。从 20 世纪 70 年代到 90 年代末，我国发展较快和比较完善的城市群有长三角、京津唐、珠三角和辽中工业区城市群（姚士谋，2002）。进入新世纪，辽中城市群滑入中国城市群的第二集团①。在我国城镇体系的空间系统中，辽中城市群向西南对接京津唐城市群，向东北连接哈（尔滨）大（庆）长（春）城市群，并处于国家沿海对外开放的优势空间。在中国 28 个城市群的空间分布图中（图 6-19）可以看出，辽宁中部城市群处于环渤海密集城市区的北缘，在全国范围内的区位优势并不十分突出，主要联系的地区还是环渤海和东北地区范围。

① 长三角、京津唐（京津冀）、珠三角三城市群继续保持领先。

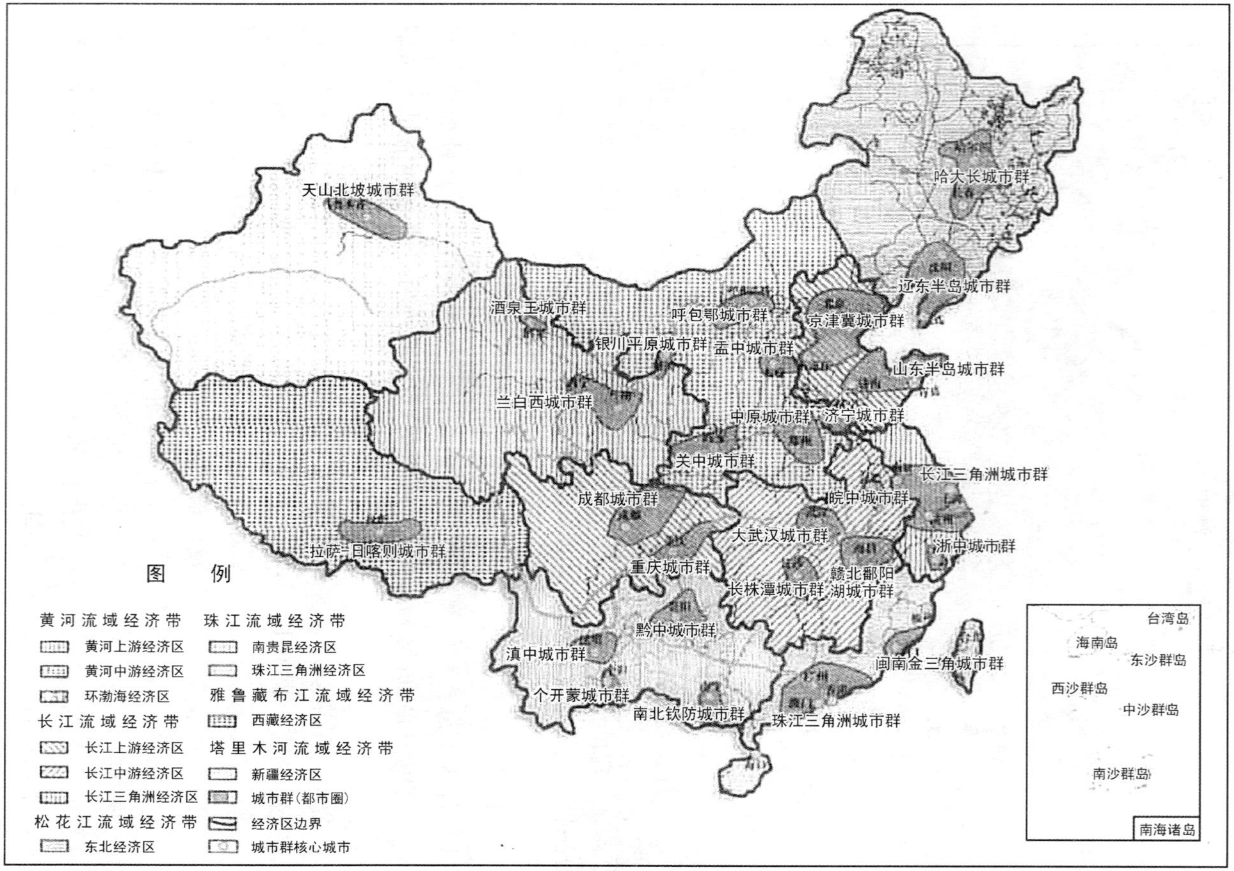


**图 6-19　2003 年中国城市群空间分布**

资料来源:方创琳等,2005

（2）辽中城市群内部空间系统

内部空间系统是城市群空间系统的主体部分，系统边界即为城市群的空间边界。在辽中城市群空间系统之内，以沈阳、鞍山、抚顺、本溪、营口、辽阳、铁岭7市为节点，以重要交通线为联系，在空间上形成若干不同等级的子系统。对应于辽中城市群空间层次格局的分析可知，辽中城市群空间在宏观上可以看做辽中巨型城市区巨系统，其中包含以鞍山、辽阳、本溪三市为中心形成的鞍辽本网络城市和以桃仙空港新城、灯塔市、新民市、辽中县城为代表的边缘城市等子系统。子系统内部和子系统之间存在交通、信息等复杂的空间"流"联系。

辽中城市群内部空间系统形成了中心城市—县级城镇—中心镇三级城镇等级体系，至2020年的城镇等级体系如表6-10所示。以中心城市为依托，通过改善区域投资环境，做大县城规模，发展工业小区和小城镇，并以中心镇带动一般小城镇和中心村的发展。

**表6-10 辽中城市群城镇等级体系**

| 中心城市 | 县级城镇 | 中心镇 |
|---|---|---|
| 沈　阳 | 新民、辽中、康平、法库 | 辽中镇、法库镇、康平镇、虎石台、白塔、沙岭、胡台、陈相、红菱、茨榆坨 |
| 鞍　山 | 海城、台安、岫岩 | 台安镇、岫岩镇、南台、牛庄、西柳、腾鳌、牌楼、高力房、偏岭、宁远、沙河 |
| 抚　顺 | 清原、新宾、石文 | 清原镇、新宾镇、南杂木、永陵、草市、红透山、章党 |
| 本　溪 | 桓仁、小市 | 桓仁镇、小市镇、草河口、二户来 |
| 营　口 | 大石桥、老边、盖州、熊岳、二道新镇、滨海新城 | 高坎、水源、汤池、沟沿、万福、熊岳 |
| 辽　阳 | 灯塔市区，辽阳县城，弓长岭区 | 首山镇、铧子、刘二堡、黄泥洼、佟二堡、罗大台 |
| 铁　岭 | 开原—清河，调兵山，昌图，新台子，八面城，西丰 | 西丰镇、昌图镇、八面城、新台子、凡河、庆云堡、郜家店、晓南 |

资料来源：根据《辽中城市群发展规划》整理

此外，运用吉弗（Zipf）的等级—规模规则（1949）①对7个中心城市（行政

① 吉弗（Zipf）于1949年曾经明确提出了等级—规模规则，他认为不论经济发展程度如何，一个区域空间内总有不同大小的城市与镇。这个现象最明显的体现是城市规模及人口规模比较，并用公式表达为 $P_r = P_1/r$。其中 $P$ 代表城市的人口，而 $r$ 代表了人口数量为第 $n$ 位的城市的规模排列，如第3大城市，$r$ 的数值是3。而 $P_1$ 中的1代表最大的城市。吉弗认为，如果一个区域是在完善发展之中，城市规模排列与城市人口之间的关系应是一条持续的增长线。

市)城镇人口的等级—规模进行分析。按城镇人口计算的等级—规模分布与理论值的比较见表 6-11。7 城市的实际城镇人口规模分布与理论值差别较大;然而,如果考虑大连的影响(将辽中扩大到辽中南的范围),则各城市城镇人口的等级—规模分布与理论值吻合度高。这说明,从一定程度上看,将大连纳入的辽中南空间范围相对于辽中范围而言是更完整的区域空间。

**表 6-11　辽中城市群 7 行政市等级—规模分析**

| 城市 | 沈阳 | 鞍山 | 抚顺 | 本溪 | 营口 | 辽阳 | 铁岭 |
|---|---|---|---|---|---|---|---|
| 城镇人口 | 406.4 | 129.31 | 126.37 | 84.54 | 63.62 | 58.86 | 33.50 |
| $r$ 值 | 1 | 2 | 3 | 4 | 5 | 6 | 7 |
| 等级-规模分布理想值 | 406.4 | 203.2 | 135.5 | 101.6 | 81.3 | 67.8 | 58.1 |
| (计入大连影响后)的理想值 | 406.4 | 135.5 | 101.6 | 81.3 | 67.8 | 58.1 | 50.8 |
| $r'$ 值(计入大连影响后的新 $r$ 值) | 1 | 3 | 4 | 5 | 6 | 7 | 8 |

人口数据来源:中国城市统计年鉴.北京:中国统计出版社,2005

注:城镇人口规模指市辖区非农人口数。$r$ 值为等级—规模法则公式中的 $r$ 的取值

2) 辽中城市群空间共生

辽中城市群的空间共生属于以竞争为主的竞合共生模式,在空间上突出体现为临近城市地区的空间竞争与合作,即由于对公共资源的争夺竞争产生了空间矛盾,同时因为共同发展的需要而展开空间合作。辽中城市群空间共生的目标是通过空间对话与合作缓解空间恶性竞争带来的“多输”效应,逐渐走向空间有序竞争与合作的“多赢”共生状态。

辽中城市群空间共生的重点地区可分为两个层次:行政市之间的空间共生与市域范围内县市间的空间共生(图 6-20)。前者主要有沈(阳市)抚(顺市)、鞍(山市)辽(阳县)辽(阳市)(图中用实线圈表示);后者主要为鞍(山市)海(城市)、开(原市)清(河区)、铁岭县市同城、抚顺县市同城等(图中用虚线圈表示)。

(1) 沈(阳市)抚(顺市)空间共生

沈阳与抚顺空间上相接,两市中心相距 45 千米,外环路之间距离仅 13 千米。两市现今已形成了较为完善的交通联系。

沈抚两城市空间对接整体上呈现良好态势。沈阳在城市空间拓展上,确定了“南拓、北扩、西延、东优”的发展策略,向南、向西为城市主要拓展方向,东部发展强调环境优化,重点发展风景旅游业。抚顺由于地理条件的限制,城市空间发展呈“沿浑河带状组团式”结构形态。抚顺南北临山,东部为

水源地生态敏感区，因此“西进”被确定为城市空间的主要拓展方向，抚顺经济技术开发区也计划逐步西扩，与沈阳汪家工业组团和浑南新区连接起来。

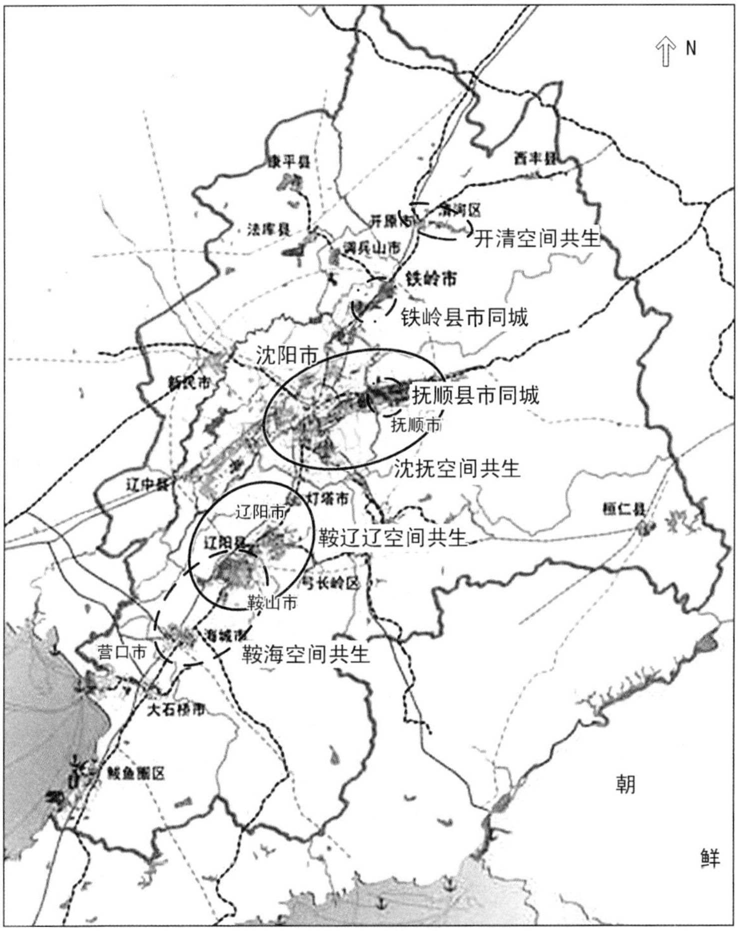


图 6-20　辽中城市群空间共生重点地区示意图

沈抚两市在同城化的思路下协调发展(图 6-21)。①重点建设沈抚结合部地区，统一规划，打造沈抚新城，促进两市城市空间一体化进程，提升两城市的整体功能。②完善综合交通体系、市政基础设施的建设，为空间协调发展提供良好的平台。共同建设“一条高速公路、两条快速路、两条城际铁路”的快速交通体系，构筑“半小时都市圈”；共同规划污水处理厂，建设防洪堤，并统一电话区号。③构筑可持续发展的空间形态。全面整治、共同开发建设浑河，使之成为一条重要的旅游带、生态带和产业带。

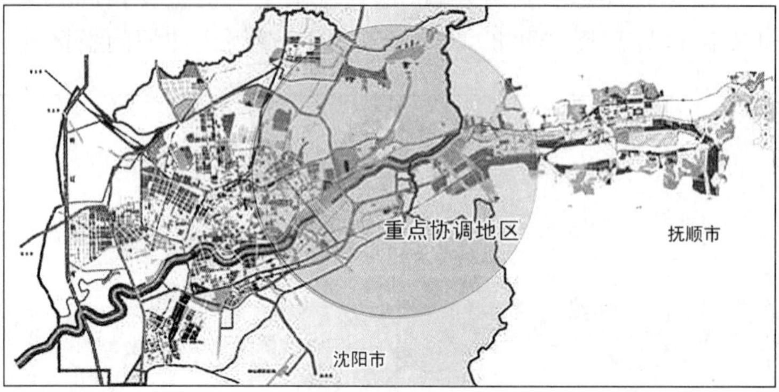


图 6-21 沈抚空间共生

(2) 鞍(山市)辽(阳县)辽(阳市)空间共生

鞍山市、辽阳县和辽阳市空间接近(鞍山市和辽阳市的公路里程为 26 千米),辽阳县首山镇已经与两市区基本相连;辽阳东南部、西南部的乡镇和鞍山关系密切,弓长岭区的铁矿主要供应鞍钢,而汤河水库是两个城市共同的饮用水源;旅游资源方面,鞍山有千山风景区,而辽阳有太子河风光带,山水资源互补,两市空间一体化发展已成为必然趋势(图 6-22)。

图 6-22 鞍辽辽空间共生

鞍山与辽阳空间合作共生的重点是:①弱化行政界限的制约作用,实施区域共同发展战略。通过做强鞍山,努力培育辽中城市群副中心。②协调用地发展布局。鞍山市—辽阳县—辽阳市三个主要城镇间利用绿色生态空间合理分隔,依靠高速交通网络联系,形成张弛有序、疏密相间的空间形态。③促进城际之间交通网络建设。调整辽阳市西南部分路网,加强与辽阳县首山镇和鞍山市的联系。④构筑基础设施网络。为了满足鞍山、辽阳城整体发展要求,统一规划建设区域交通运输网络和区域供水、天然气、电力设施和信息基础设施等,实现跨市域基础设施共建共管和共用共享。

(3) 鞍(山市)海(城市)空间共生

鞍山市区土地面积仅 624 平方千米,目前建设用地已达 136 平方千米,超过适宜建设用地的 60%,建设用地已经基本饱和,未来城市发展必须跳出行政区界限,从更大范围整合利用空间发展资源。

从鞍山城市发展方向看,只有南部地形平坦,适宜建设,发展空间较大。鞍山市城市总体规划也确定了南进战略,规划形成主城区和南部腾鳌、汤岗子、千山"一大三小"四组团的空间格局。其中腾鳌组团的大部分和汤岗子组团的一部分属于海城市的行政范围,这就需要依靠鞍海空间共生协调发展来解决。

从城市发展现状看,鞍山和海城均为竞争力较强的城市,在城市群中具有重要的空间地位,虽然两城市并未形成鞍山和辽阳县那样城区连片的局面,然而鞍海沿长(春)大(连)线联系密切,有必要理顺空间关联和协调发展方向(图 6-23)。

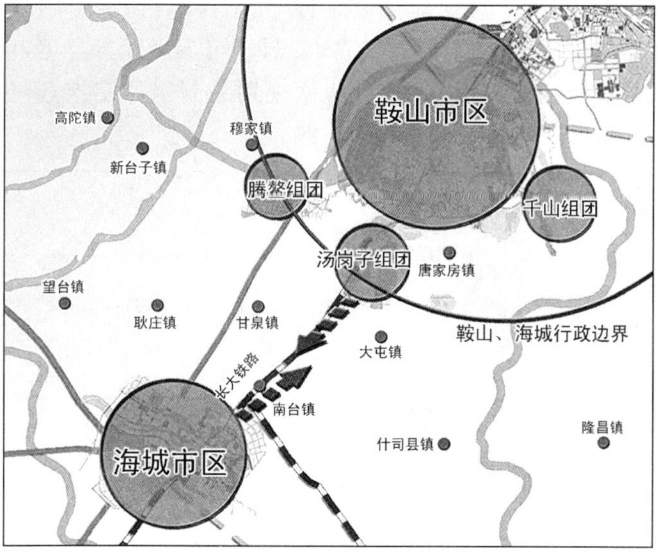


**图 6-23 鞍海空间共生**

鞍海空间协调规划可概括为：通过鞍山城区南拓、海城城区北靠的双向辐射效应，拓展城市增长空间，增强城市辐射带动能力。在条件成熟时，跨越行政界限，建设鞍海组合城市。

(4) 开(原市)清(河区)空间共生

铁岭市区由银州和清河区二区组成，其中清河区为城区飞地，与老城区(银州区)相距较远，而与铁岭市内的开原市紧临(主城区相距仅 7 千米)。近年来，随着两市(区)商业用地和居住用地迅速拓展，建成区已逐渐蔓延至开原市与清河区交界处。但是由于行政区分割管理，导致诸如产业同构、空间组织无序以及恶性竞争，区内很难形成产业集群和地域分工，这严重制约了区域的整合发展；建设用地布局不合理，交界处，开原市以布局商业、居住用地为主，而清河区在其相对的方向上布局工业用地，二者用地性质出现冲突；道路交通缺乏对接，连通率低，开清之间只有一条城市干道相连通，其他道路均为断头路；生态环境破坏严重，基础设施重复建设。

开清空间共生的重点是：①整合经济发展，促进产业空间重构。统一规划都市农业区的建设，整合旅游资源，统一布局商业网点和物流中心，在充分考虑产业集群的基础上统一规划工业园区。②协调建设用地发展布局，形成可持续发展的空间形态。统一规划，改善区内用地布局混乱、局部有序、整体无序的空间状态。③重构基础设施网络。依据开原清河规划区的现状特点，整合现有基础设施，统一规划建设道路骨架、给排水网、通信网、电力网等基础设施系统。④促进城市管理体系重构。近期可参考国外经验，由双方政府选派代表组成联合的规划区管委会，协调规划的制定与实施，避免出现互相冲突的空间资源管理和经营政策(图 6-24)。

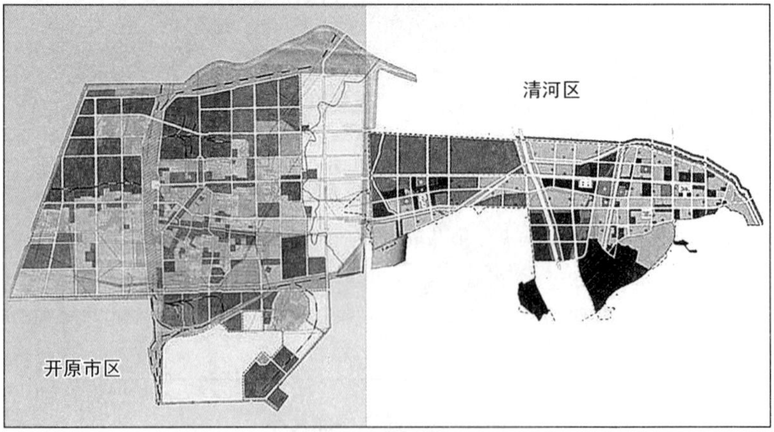


**图 6-24　开清空间共生**

(5) 县市同城

城市群范围内有两城市(铁岭和抚顺)存在县市同城的问题,在一定程度上影响了城市的行政管理和空间发展。

铁岭市和铁岭县的政府均位于银州区。铁岭县可以考虑搬至其他镇或者新建县城,且须符合以下几点:第一,铁岭城区和铁岭县在新一轮总规中的发展重点为南向对接沈阳,加上铁岭县的范围主要在铁岭市以南,因此铁岭新县城宜南迁。第二,由于铁岭的城区发展不足,因此铁岭县新县城的选址要以顺应和促进做大铁岭为目标。第三,铁岭总规的重大城市空间发展战略是银州区向西南沿长大的铁西工业走廊布局,所以新县城的选址宜在此范围内或接近这个区域,以和铁岭的城市发展互相促进,相得益彰。

抚顺市政府和抚顺县政府同处抚顺市区内,抚顺市政府和规划局在立足当地现状的研究中,提出将抚顺县政府迁往石文镇,并报市政府批准。从空间发展的角度来看,这个方案是合适的。首先,石文镇在 1968 至 1978 年间曾为抚顺县县城,具备国家对县城建设选址的区域建制和基本设施标准等条件;第二,石文镇距城区 20 千米且仍与沈阳接近,可通过省道与城区相连,地理位置有利于加强与城区联系及带动周边发展,加快城镇化进程;第三,从空间上解决了抚顺县长期以来有县无城的问题,方便政府对区域实现空间上的有效管理。

### 6.2.2　空间集聚与扩散

城市群空间集聚与扩散体现在人口、用地和产业三方面。图 6-25 反映了辽中城市群空间发展演化的四个阶段(萌芽阶段、形成阶段、初步发展阶段、快速发展阶段)与空间集聚与扩散的对应关系。其中,萌芽阶段突出体现为城市的空间集聚,此时,城市群中的重要城市在点上形成集聚,彼此间的联系并不紧密;城市群的形成阶段对应空间的集聚扩散特征,即在集聚的同时出现城市向外的小范围和较弱影响力的扩散倾向,此时城市群空间已经基本形成;辽中城市群的初步发展和快速发展阶段的空间特征可统一归纳为空间扩散集聚,即虽然在小范围内出现集聚,但在群体空间上仍呈现分散状态,群体空间的发育程度还不高。辽中城市群目前的空间发展处于快速发展阶段,刚步入城市群空间发展中期,未来的发展趋向大集中小分散的再集聚阶段。

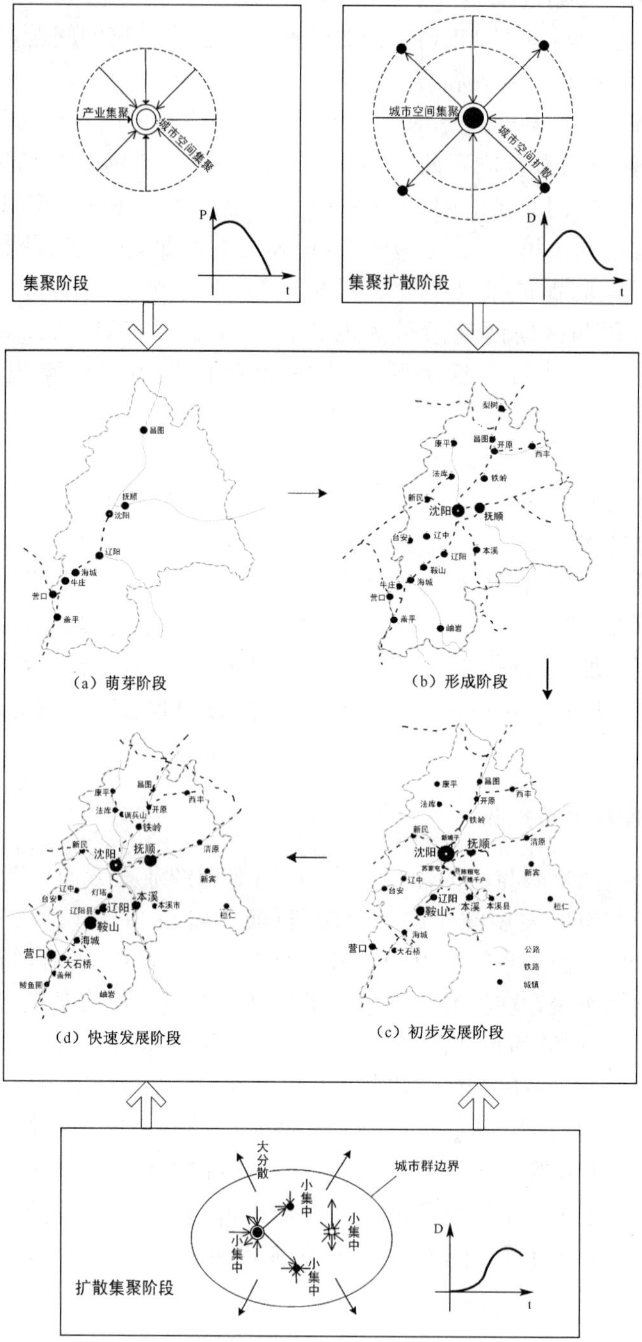


**图 6-25　辽中城市群空间集聚与扩散过程**

### 6.2.3 空间运行驱动要素

辽中城市群空间运行的驱动要素既包括反映城市群空间发展的一般规律的驱动要素，又包含某些体现辽中城市群空间发展演化的特殊性的特殊要素；并且在城市群空间发展的不同阶段，主要的驱动要素有所差异(图 6-26)。

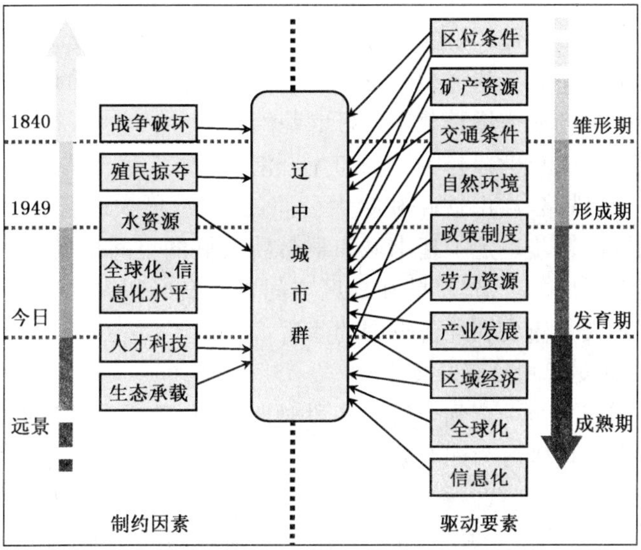


**图 6-26 辽中城市群各空间演化阶段的主要驱动要素**

1) 城市群雏形期的驱动要素

在发展雏形期，促进城市群空间形成的初始驱动因素是地区突出的政治和军事区位优势，这种区位优势极大推动了城市群中辽阳、沈阳等中心城市及区域小城镇的空间发展；然而，由于地区经济功能的弱化和战争破坏，地区城镇建设落后，城镇职能单一，相互间联系不紧密，城镇空间不成体系。

2) 城市群形成期的驱动要素

在城市群空间的形成阶段，即 18 世纪中期至新中国成立前 100 年的时间里，地区空间发展的主要驱动要素是丰富的矿产资源及资源开发带来的工矿产业发展与交通条件的改善。辽中地区矿产资源种类繁多、储量丰富，是我国矿藏资源最丰富的地区之一，铁、菱镁石、滑石、玉石、大理石等矿产资源储量均居全国前列，其中铁矿、菱镁矿资源储量居全国首位。全区已探明储量的能源矿产有煤、石油、天然气、油页岩、铀和地热等 6 种，其中煤炭、石油、天然气为主要能源。帝国主义国家，特别是位于临近位置的东北亚日、俄等国在该时期加紧对辽中地区农、林、矿产资源的掠夺;除了矿产资源之外,辽中地区在帝国主义侵华进程中成为其重要的军事战略点。为了扩大侵略,殖民者先后兴建了苹果、柞蚕、粮食等农副产品生产基地及煤、铁、铜、菱镁矿、滑石矿和铅锌矿等矿业采掘基地,同时兴建了冶金、机械、华工、建材、电力、轻纺等现代工业基地,在客观上促进了一大批工矿业城镇迅速崛起和城镇化的快速发展,城市职能也由传统的政治、经济中心发展为工矿业城市、商埠港口城市等多种组合。因此,从总体上看,辽中城市群的矿产资源条件不仅是城市群空间形成的重要先决条件,而且还是城市群持续发展的支撑,为城市群早期的工业发展与城市增长奠定良好的基础。

同时,自 1861 年营口作为通商口岸开港,1894 年京丰铁路延长出关以及东清铁路、中长铁路、沈山铁路和哈大公路的建成,极大改善了本区交通(特别是铁路)状况,初步奠定了辽中城市群带状发展的空间格局。但是,殖民掠夺严重阻碍了地区的经济发展,在地区空间迅速发展和人口激增的表象背后是空间财富的大量流失和经济发展的落后。

3) *城市群发育期的驱动要素*

从新中国成立至今直到今后的一段时期以内,是辽中城市群的空间发育期。这一时期又可细分为四个阶段:

(1) 20 世纪 50 年代

20 世纪 50 年代是辽中城市群发展史上最辉煌的时期,地区空间发展的驱动要素主要是丰富的矿产和劳动力资源及国家制度和宏观政策的支持。在国家的计划经济体制下,辽中地区凭借铁矿、煤炭、石油等丰富的资源条件,使一批大型的重化工工业、能源工业企业和项目在本区落户,同时伴随着区域资源开发、基础设施建设、生产设施及其配套设施建设,发展了其上、下游产业及相应的服务性产业。在集聚效应的作用下,不同等级规模的煤炭、钢铁、石油化工等重工业和及它们上下游的配套产业在空间上大量集聚,由此兴起了一批密集分布的工业城镇,这些城镇之间由于地域劳动分工而具有密切的联系,城市群获得初步发展(刘静玉等,2004)。

(2) 20 世纪 60 年代至改革开放前

20 世纪 60 年代至改革开放前是国家城市发展建设停滞和倒退的时期,本区域空间发展仍然由国家制度和政策主导,但此时的制度和政策要素从驱动力转变为限制辽中城市群空间发展的阻力。

(3) 改革开放至 20 世纪末

改革开放后,计划经济开始向市场经济转轨,市场在空间资源配置中逐渐起到基础性作用。全国不同地区利用自身优势,在发展中各显神通。东南部沿海地区获得对外开放的先机，长江三角洲和珠江三角洲城市群迅速崛起。辽中地区的发展相对滞后，空间驱动因素主要为矿产资源、劳动力资源和计划经济时期的经济基础优势，这些支撑使其在产业和空间上持续发展，为新一轮的快速发展蓄势。城市群空间发展主要体现为城镇规模的扩大和城镇间关联的增强。

（4）新世纪初

进入21世纪，在经济全球化、区域一体化、东北亚经济圈的形成及振兴东北老工业基地一系列发展机遇的推动下，辽中城市群获得了新的发展契机。除此以外，辽中城市群还具备众多空间优势并成为空间加速发展的驱动要素：良好的自然环境条件、丰富的矿产和劳动力资源、良好的区域经济发展态势、较好的区位和交通（航空、铁路、港口、公路和高速公路）条件。

从自然环境条件上看，辽中城市群地处欧亚大陆东岸，四季分明，平原风大，具有中纬度西风带天气特色，属于温带大陆性季风气候区，全年平均无霜期为160～190天，是辽宁省作物生长期最长地区，是冬小麦、水果、稻谷和蔬菜主产区。辽中地区土地总面积6.5万平方千米，土壤肥沃，土地利用类型复杂多样。东部山地资源广阔，由长白山支脉和千山山脉构成，土层较厚，水源充沛，森林覆盖良好，平均覆盖率在50%以上，是东部河流水源涵养之地；西部辽河平原，耕地资源丰富，是辽宁省主要粮食产地，营口、海城和开原等地区属高产区，铁岭、抚顺市及本溪市为中产区，康平和调兵山部分地区，由于沙漠化、盐渍化及旱涝等自然灾害严重，引起风沙侵蚀、水土流失，耕地面积逐年减少，属低产区；辽宁中部地区有大小河流200余条，主要为辽河、浑河、太子河等，这成为空间发展的基础要素。

辽中的经济增长与产业发展是新世纪推动空间发展的最重要驱动因素之一。辽中城市群是东北地区经济实力最强劲的地区之一，也是东北振兴的龙头区域和希望值最高的区域，被认为是未来东北经济增长的“发动机”之一。2000年以来经济总量一直保持在全省55%的水平，2004年人均国民生产总值为20 607元/人，为全省平均数的1.3倍左右。“十五”计划以来，各城市发展速度加快。沈阳作为中心城市，综合实力显著增强，竞争力排名由2000年全国第14位跃升到2004年第8位，综合经济实力由第23位跃升到第10位。其他6大城市各具特色且已经形成了优势互补的局面。本区产业体系健全，重工业优势明显，农业基础良好，服务业发展全面，正在逐步形成多元化的混合经济格局。当前辽中经济的持续发展与城市群内大量的煤炭、钢铁、石油化工等重工业不断向上下游的配套产业延伸之间具有双向互促的紧密关系，原本就已密集分布的工业城镇之间由于地域劳动分工使得空间联系更为密切,城市群空间职能关系更为明晰。

从区位和交通条件上看,辽中城市密集区位于东北亚经济圈的交通中心,东出可达朝鲜、韩国、日本,北上可去吉林、黑龙江、内蒙古以及蒙古和俄罗斯东部地区,南下可达山东,西去可达华北,战略地位十分重要。从国内位置看,辽中城市群属于环渤海经济圈的重要一翼,拥有优良的营口港和沈阳、鞍山、抚顺等重要工业基地,外接东北亚、内连东北广大腹地的优势兼而有之。辽中地区近期的交通发展迅猛,港口、铁路、公路、航空、管道运输网络四通八达。一批重大水利、交通、能源等基础设施项目相继开工,基础设施建设力度加大。区内已经形成普通公路与高速公路接轨、高速公路建设标准与国际水平接轨、区内公路网与全国公路网接轨的现代化公路网格局。在现今高速公路的基础上,辽中七市已经达成交通一体化合作协议,已经启动了连接七市的高速公路网络建设,目前已有 115 千米开工建设,包括本溪—辽阳—辽中高速公路,预计 4 年内总长达 391 千米的高速公路全部完工。加上发达的、密集分布的铁路交通网络的作用,大量的能源工业、钢铁工业及其上下游产业在沿长(春) 大(连) 铁路线的辽中城市群聚集。辽中城市群优越的区位和交通条件不仅成为各城市之间彼此合作的依托,而且引导区域空间格局朝着网络化方向发展。

然而,辽中城市群空间发展也面临新的严峻挑战:目前,本区水资源总量约 170 亿立方米,人均水量只有 434 立方米,是辽宁省缺水地区之一,尤其中部、西部、南部地区水资源较贫乏,沈阳、鞍山被划入全国水资源最短缺城市行列;由于水资源分布不均,并且遭受严重污染,水资源已经成为制约国民经济发展的瓶颈。城市群的矿产资源经过几十年的高强度开采,一些地区已经处于尾矿阶段,自然优势的逐渐丧失严重制约了城市群空间发展的潜力、方向和速度,并有碍于区域空间模式及其结构的演化升级。此外,城市产业对地方自然资源的依赖性逐渐降低,全球化和信息化对区域空间发展将产生更加深远的影响,辽中城市群作为传统的重工业基地,其空间的外向度和信息化程度还不高,这也桎梏了城市群空间的跨越式发展。

*4) 城市群成熟期的驱动要素*

辽中城市群空间发展还远未达到成熟水平。不过,参照国际上发达城市群地区的经验和我国实际情况,可以预见,远期推动辽中城市群空间发展的的驱动要素主要为区域经济发展、全球化和信息化、交通建设和劳动力资源优势。其中,区域经济发展和城市化进程推动城市群空间向复杂化、网络化、均质化发展;全球化和信息化对城市和城市群在世界城市体系中的空间地位和作用进行重新定位,导致城镇走向区域协作和联合发展的方向,城镇间的联系越来越紧密，分工越来越明确，主动融入全球化和信息化的浪潮并抢占先机是推动城市群空间发展的重大机遇；城市之间日益密切的联系与合作对交通（特别是高速公路和机场、港口）建设提出更高要求，而反过来，区域交通的建设也能够有效促进其空间发展；传统工矿产业的转型为城市群的发展提供大量劳动力资源。

但城市群空间发展同时存在制约瓶颈。一方面，知识经济最根本的特性是创新性，它可以促进区域经济增长方式和生产方式的转变，促进区域经济增长极的形成（王学真等，2001）；从这个意义上讲，城市群发展不仅仅需要劳动力，更重要的是高素质人才和科学技术，缺少人才和科技的支撑，城市群很难获得空间的跨越式发展。另一方面，矿产开发和重工业发展使辽中城市群的生态环境条件不断恶化，这在很大程度上制约了空间的可持续发展。

## 6.3 辽中城市群空间运行的微观机理

辽中城市群空间运行的微观机理通过构建辽中城市群空间运行的多主体模型来理解，即在对空间主体行为及其交互分析的基础上，通过分析行为的空间效应生成模型。由于现实世界的纷繁复杂和某些数据的缺乏，在实证分析中对主体及其行为进行简化，这也正体现了模型模拟现实世界的本质特征。相比较前文的理论研究，在主体选择上，选取政府和企业这两类对区域空间运行最为重要的主体而略去居民主体。其中，政府主体分为三级：一是中央政府，二是辽宁省政府，三是 7 个行政市的政府；前二者是城市群的上级政府，后者是城市群的内部政府，在辽中城市群范围内还不存在权威性较高的空间协调组织。模型选取新中国成立后，特别是 21 世纪以来的时段进行分析。

### 6.3.1 主体的空间行为及其交互

对于政府的行为，除了中央政府在计划经济时期对企业选址和搬迁具有决定性作用外，其他各级政府的空间行为主要为空间政策和空间规划建设两方面，其中，政策是政府规划和企业选址、搬迁的依据，规划建设则直接决定城市群和内部城市的空间安排。本节不对产业政策、人口用地政策、经济政策等作深入分析，相应的，规划行为分析也以空间规划为主体；此外，对于大型建设（包括建设投资）行为，这里简化为贯彻政策和实施规划的结果，不另行做具体分析。企业主体的空间行为包括企业选址和搬迁及企业的生产联系行为。

1）中央政府行为

（1）企业选址和搬迁

总体上看，在计划经济时代，中央政府直接决定与国家发展息息相关的大型工矿企业的选址和搬迁。新中国成立后，国家重点建设辽中重工业基地，对大型重工业企业在空间上作出选址安排，如沈阳飞机制造工业、鞍山钢铁等。“一五”计划156项建设项目中有20余项集中在辽中南地区，主要涉及煤炭、电力、钢铁、有色金属、机械制造等民用项目（表6-12）和航空、电子、兵器等军工类项目，基本奠定了沈阳航空和机械制造、抚顺煤炭和炼铝、鞍山和本溪钢铁产业集聚的基础。在1960年代初，由于自然灾害导致国民经济实行调整方针，关、停、并、转了大批工业企业。此后，中央政府的企业选址和搬迁行为并不明显。

**表6-12 “一五”计划落户辽中城市群的民用项目列表**

| 类型 | 城市 | 项目名称 | 建设性质 | 建设年限 | 建设规模 |
|---|---|---|---|---|---|
| 煤炭 | 抚顺 | 抚顺西露天矿 | 改建 | 1953—1959年 | 采煤300万吨 |
| | | 抚顺龙凤矿 | 改建 | 1953—1989年 | 洗煤90万吨 |
| | | 抚顺老虎台矿 | 改建 | 1953—1957年 | 洗煤80万吨 |
| | | 抚顺胜利矿 | 改建 | 1953—1957年 | 洗煤90万吨 |
| | | 抚顺东露天矿 | 新建 | 1956—1961年 | 油母页岩700万立方米 |
| 电力 | 抚顺 | 抚顺电站 | 扩建 | 1952—1957年 | 15万千瓦 |
| 钢铁 | 鞍山 | 鞍山钢铁公司 | 改建 | 1952—1960年 | 铁250万吨，钢320万吨，钢材250万吨 |
| | 本溪 | 本溪钢铁公司 | 改建 | 1953—1957年 | 铁110万吨 |
| 金属 | 抚顺 | 抚顺铝厂1～2期 | 改建 | 1952—1957年 | 铝锭3.9万吨，铝0.12万吨 |
| 机械 | 沈阳 | 沈阳第一机床厂 | 新建 | 1953—1957年 | 车床4 000台 |
| | | 沈阳第二机床厂 | 新建 | 1955—1958年 | 各种机床4 497台/1.6万吨 |

资料来源：《前苏联援助中国的156项重点工程》
http://club.news.sohu.com/newsmain.php?b=Russia&c=101&a=7 789

（2）政策制定

政策是国家和省、市各级政府在城市群空间运行中最重要的引导手段。全国性的户籍、土地和行政管理制度中对辽中城市群影响较大的是基本农田保护和生态保护的土地政策，这限制了城市群东部地区和中部大部分地区的大规模建设开发，为拥有部分盐田和滩涂的出海口城市营口提供了发展机遇。

此外，中央政府对辽中城市群的政策行为主要体现在区域空间政策上。“一五”、“二五”时期重工业基地建设、改革开放至“十五”之前东部加快发展、“十五”期间西部大开发、“十一五”振兴东北和中部崛起的区域空间政策构成了我国完整的区域经济发展和区域空间开发战略。继20世纪50年代国家对东北等重工业基地进行政策倾斜后，以资源型经济发展为主的东北地区始终游离于国家区域优惠政策的外缘；又由于50年代辽中大型工矿企业的利润大部分上缴国家，未及时对生产设备进行改造升级，当失去了国家政策扶植后，区域发展一度徘徊不前，直至21世纪初才再次迎来新的重大发展机遇。首先是近年来，中央政府十分重视城市群建设，为辽中城市群创造了良好的发展环境。如“十一五”规划指出，要把城市群作为推进城镇化的主体形态，逐步形成以沿海及京广、京哈线为纵轴，长江及陇海线为横轴，若干城市群为主体，其他城市和小城镇点状分布，永久耕地和生态功能区相间隔，高效协调可持续的城镇化空间格局。其次，党的“十六大”以后，国家作出了“支持东北地区等老工业基地加快调整和改造，支持以资源开采为主的城市和地区发展接继产业”和“支持粮食主产区的发展”等重大决策。再次，2004年，国家发改委的区域研究指出，包括沈阳、鞍山、抚顺、本溪、营口、铁岭、辽阳7个城市在内的辽中南城市群的功能定位为现代化综合性装备制造业基地和现代化原材料工业基地。最后，“十一五”规划指出，珠三角、长三角和环渤海地区要继续发挥对内地经济发展的带动和辐射作用；东北地区要加快产业结构调整和国有企业改革改组改造，在改革开放中实现振兴。这些都强调了辽中城市群在新时期作为工业基地的重要作用，为辽中城市群的发展提供了政策支持。

（3）规划建设

对辽中城市群发展影响较大的为《全国城镇体系规划（2006—2020）》（图6-27）。该规划确立了我国的三大重点城镇群（京津冀城镇群、长三角城镇群和珠三角城镇群），并将包括辽中城市群在内的，以沈阳、大连为双中心的辽中南城镇群作为东北振兴的重要地区。规划将辽中城镇群中心城市——沈阳定位为国家的区域中心城市和一级综合交通枢纽，规划同时提出全国城镇体系“一带七轴”的空间结构。其中，“一带”指沿海城镇带，是沿渤海、东海、黄海和南海的沿海城镇发展带，需要加强沿海通道建设，利用国内、国外两个市场，参与经济全球化竞争；“七轴”指七条依托国家主要交通轴形成的城镇联系通道，辽中城市群的核心城市（沈阳）即在此列，要通过轴线建设加强中心城市之间的联系，合理组织人口和产业的集聚与扩散，促进区域协调发展。可以看出，辽中城镇群处于“一带一轴”的交点位置，在具有空间优势的同时，承担了城镇发展和产业集聚的重要任务。

除此以外，辽中城市群是老工业基地和拥有多个矿业（资源）型城市的地区，规划对此类地区在城市服务功能、生态修复与建设、城镇空间协调、产业发展与接续、人口增长与转移等方面提出了更高要求。

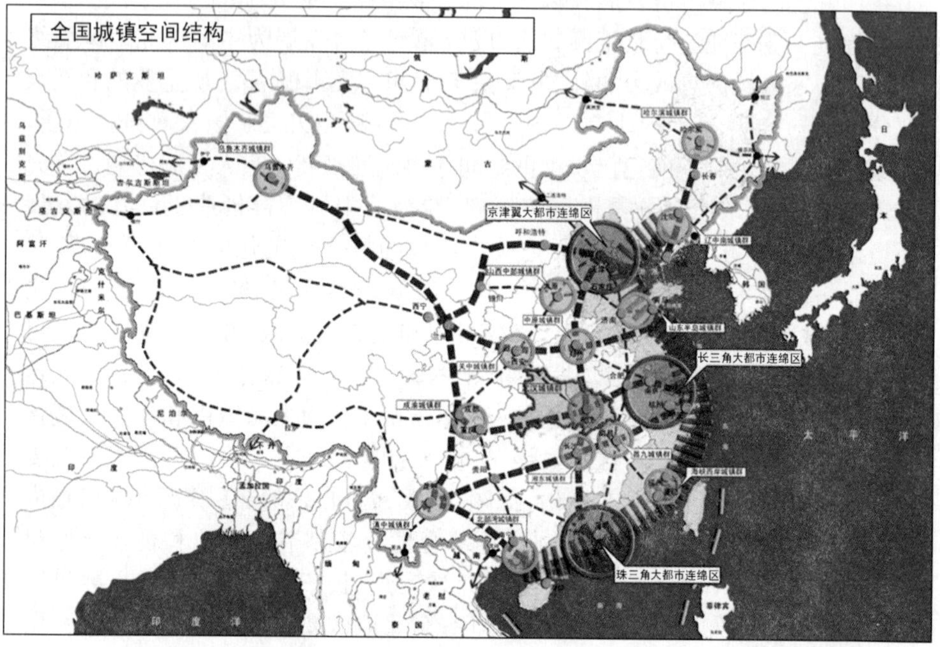


**图 6-27　全国城镇空间结构规划图**

数据来源：《全国城镇体系规划纲要（2005—2020）》

2）辽宁省政府行为

（1）政策制定

辽宁省政府的空间政策行为主要体现在对辽中城市群及其中重要城市和地区的空间发展定位的引导。对于前者，辽宁省政府对辽中城市群的发展思路从近年来省政府对该地区空间发展定位的相关表述（表 6-13）中可见一斑。首先，辽中（辽中南）城市群一直是辽宁省政府在省域范围内最关注的发展地区；其次，省政府十分重视辽中与省内另外几个重点发展地区（辽南和辽西）之间的空间协调关系；第三，省政府对辽中城市群的定位很高，不仅仅将之作为辽宁省的重要区域和东北地区的核心区，而且力争将辽中城市群的发展建设上升到“十二五”的国家战略层面；最后，随着辽中城市群空间演化的推进，省政府开始注重推进区域一体化建设，如沈（阳）抚（顺）同城化、沈（阳）本（溪）一体化、沈（阳）铁（岭）对接、沈（阳）营（口）空间联系等。

**表 6-13　近年来省政府对辽中城市群发展定位相关表述**

| 政策文件 | 编制时间和单位 | 对辽中城市群的相关表述 |
| --- | --- | --- |
| 辽宁省国民经济和社会发展第九个五年计划和 2010 年远景目标纲要 | 辽宁省政府（1996） | 认真搞好辽中、辽南、辽西经济区的区域合作和协调发展。以沈阳为中心的辽中经济区重点抓好产业结构及城市功能调整、中部城市群老工业基地改造、北部地区（铁岭）市场化大农业与能源基地建设 |
| 辽宁省国民经济和社会发展“十五”计划 | 辽宁省政府（2001） | 走多样化的城镇化道路，加快发展小城镇，积极发展中小城市，充实提高大城市，整合引导辽中南城镇密集区。在总体布局上，逐步形成以沈大、沈山等高速公路和铁路干线为依托，空间分布较为合理，网络性和大中小城市、小城镇相结合的城镇体系格局 |
| 辽宁省政府工作报告(2003) | 辽宁省政府（2004） | 构筑沈大黄金经济带，发挥沈阳、大连的辐射作用，促进 12 市加快发展，共同繁荣，增强沈阳、大连的辐射力 |
| 辽宁省政府工作报告(2004) | 辽宁省政府（2005） | 要加快沈阳经济区建设，大力振兴装备制造业，建设我国重要的装备业基地 |
| 辽宁老工业基地振兴规划 | 辽宁省委、省政府（2005） | 把沈阳经济区建设成为国家的现代装备制造业基地和重要原材料工业基地，辽宁乃至整个东北的高新技术产业和农产品加工示范区，辐射和服务于整个东北地区的现代商贸物流中心 |
| 辽宁省政府工作报告(2005) | 辽宁省政府（2006） | 构筑辐射整个东北地区，在国内外具有较强竞争力的沈阳经济区 |
| 辽宁省国民经济和社会发展“十一五”规划纲要 | 辽宁省政府（2006） | 在国家区域发展的大格局当中，加快建设以沈阳为中心，包括鞍山、抚顺、本溪、营口、辽阳、铁岭的辽宁中部城市群经济区；以大连为龙头，丹东和营口为两翼的辽东半岛沿海经济区，以港口城市锦州、盘锦、葫芦岛为骨干，包括阜新、朝阳在内的辽西沿海经济区，形成以中心城市带动中小城市，以城市带动农村，相互协调、相互促进、各具特色的辽宁区域经济发展新格局。辽宁中部城市群经济区，要充分发挥中心城市沈阳的带动作用，通过实施区域经济一体化战略，努力建设成为我国的先进装备制造业基地和高加工度原材料工业基地、辽宁乃至东北的高新技术产业和农产品加工示范区，率先完成老工业基地振兴的历史任务 |
| 辽宁省政府工作报告(2006) | 辽宁省政府（2007） | 积极促进沈阳中部城市群的开发开放，形成沿海与内地良性互动的对外开放新格局。大力发展石化、钢铁、造船等临港工业，推进“海上辽宁”建设，使辽宁省成为环渤海对外开放的活跃区域 |

续表 6-13

| 政策文件 | 编制时间和单位 | 对辽中城市群的相关表述 |
|---|---|---|
| 辽宁省政府工作报告(2007) | 辽宁省政府(2008) | 加快辽宁中部城市群建设步伐。加强规划编制,统筹基础设施建设和产业布局,扎实推进沈抚同城化和沈本一体化,加快沈铁工业走廊和沈西出海通道建设,力争使辽宁中部城市群成为国家综合改革试验区 |

资料来源:辽宁省国民经济和社会发展"九五"("十五"、"十一五")计划(规划)纲要、《辽宁老工业基地振兴规划》、《辽宁省政府工作报告》

(2) 规划建设

自 20 世纪 90 年代以来,由辽宁省政府主持制定的辽中城市群空间发展相关规划主要有五个:1995 年《辽宁中部城市群专题规划》(以下简称 A 规划)、2002 年《沈阳经济区暨沈阳城市基础设施建设规划及对策》(以下简称 B 规划)、2003 年《辽宁省城镇体系规划(2003—2020)》(以下简称 C 规划)、2007 年《辽宁中部城市群经济区发展总体规划纲要》(以下简称 D 规划)和 2007 年《辽中城市群发展规划》(以下简称 E 规划)。这些规划的主要内容、对辽中城市群的空间发展的表述如表 6-14 所示。

**表 6-14　辽宁省政府对辽中城市群的空间规划**

| 规划 | 空间范围 | 规划内容 | 有关辽中城市群空间发展的表述 |
|---|---|---|---|
| 1995 年《辽宁中部城市群专题规划》 | 沈阳、鞍山、抚顺、本溪、辽阳、铁岭等 6 个市行政区划范围 | (1)城镇体系布局与各城市发展形态规划;(2)内外交通网络规划;(3)城市用水及水资源开发规划;(4)能源构成及发展方向规划;(5)环境保护与治理规划;(6)风景旅游资源的开发与利用规划 | 以都市连绵区为单元的发展构想,指明都市连绵区、主要城市、县级市、县城及重点镇在城镇体系中的等级和作用 |
| 2002 年《沈阳经济区暨沈阳城市基础设施建设规划及对策》 | 沈阳经济区 | (1)分析了沈阳经济区的发展动因、过程和趋势;(2)围绕交通、通信、能源、生态环境和市政基础设施建设;(3)提出了经济区基础设施发展的对策和建议 | 提出以经济区的形式进行区域一体化,强化沈阳作为中心城市在经济区中的综合功能,加强区域内基础设施统一建设,实现区域基础设施建设的快速发展。布局重点基础设施项目,并提出建设要求和明确资金来源 |

续表 6-14

| 规划 | 空间范围 | 规划内容 | 有关辽中城市群空间发展的表述 |
|---|---|---|---|
| 2003 年《辽宁省城镇体系规划（2003—2020）》 | 沈阳、鞍山、抚顺、本溪、辽阳、铁岭等 6 个市行政区划范围 | (1)社会经济与城镇发展战略;(2)城镇体系发展规划;(3)城市群(带)发展规划;(4)小城镇建设规划;(5)生态环境保护规划;(6)资源开发规划;(7)重大设施建设规划;(8)防灾规划;(9)政策与措施 | 重点建设沈大鞍城市带，强化沈阳、大连的中心地位。北部完善以沈阳为中心的辽宁中部城镇密集区，南部发展以大连为中心的辽宁南部临海城镇密集区，逐步形成具有国际影响的城市带。其中，沈(阳)抚(顺)本(溪)都市区、鞍(山)辽(阳)海(城)都市区、铁岭(市区、调兵山市)城市组群是辽中城镇密集区发展重点。跳跃式发展营口新市区，统一规划、协调建设营口市区、大石桥市区、盖州市区以及沿线城镇，逐步形成营(口)盘(锦)鲅(鱼圈)都市区 |
| 2007 年《辽宁中部城市群经济区发展总体规划纲要》 | 沈阳、鞍山、抚顺、本溪、营口、辽阳、铁岭等 7 个市行政区划范围 | (1)总体思路、发展定位和发展目标;(2)产业结构和空间布局:打造四大经济发展带，发展六大优势产业集群，大力发展现代服务业;(3)区域城镇建设与布局:按照《东北地区振兴规划》关于加快哈大发展轴沿线城镇建设的总体布局，将辽宁中部城市群划分为三大都市区和四条城镇发展带;(4)区域基础设施保障建设;(5)区域能源保障体系建设;(6)区域资源开发与利用;(7)区域环境治理与保护;(8)区域技术创新与对外开放 | 三大都市区和四条城镇发展带。三大都市区:大沈阳都市区是以沈阳为中心，结合抚顺、本溪、铁岭城市发展空间调整的战略机遇，发挥辽宁中部城市群通海产业大道经济带、沈抚产业经济带、沈本工业经济带和沈铁工业经济带的带动作用。鞍辽都市区是结合鞍山和辽阳地缘相近、产业互补优势，拓展区域发展空间，通过建设鞍海经济带、沈辽工业走廊，实现鞍山和辽阳城区南扩、海城北靠，推进鞍辽一体化发展。营口都市区是结合我省沿海经济带的开发建设，加快营口港建设，推进营口地区城市化进程，提高城镇规模，发展大营口都市区。四条城镇发展带:铁岭-营口城镇发展带，是东北地区哈大城镇发展轴的重要组成部分，是辽宁中部城市群发展的核心轴线。沈阳—抚顺城镇发展带是推进沈抚同城化和带动抚顺东部地区发展的主轴线，完善交通、通信等基础设施，增强轴线的凝聚力和辐射力。沈阳—本溪城镇发展带是沈阳辐射丹东经济发展的重要轴线，优化发展环境，促进生产要素合理配置。沈阳—阜新城镇发展带是带动辽西地区发展的重要轴线，加强中心城镇建设，提高城镇经济规模，增强城镇服务功能 |

续表 6-14

| 规划 | 空间范围 | 规划内容 | 有关辽中城市群空间发展的表述 |
| --- | --- | --- | --- |
| 2007 年《辽中城市群发展规划》 | 沈阳、鞍山、抚顺、本溪、营口、辽阳、铁岭等 7 个市行政区划范围 | (1)辽宁中部城市群发展框架(发展目标、功能定位、发展战略);(2)空间组织(空间区划、土地利用、人口布局、城镇布局、产业布局、空间协调);(3)支撑体系建设要点(交通体系、淡水资源、能源供应、市政设施、社会设施、环境整治、生态建设);(4)规划实施要点(重大项目、对策措施、开发时序) | 以沈阳巨型城市区为核心,按沈抚本铁大都市区、鞍辽都市区、营口都市区组织空间结构体系;重点建设核心城市沈阳,门户城市营口以及桃仙空港城、灯塔市、辽中县城、新民市和铁岭新城区。沈抚本铁大都市区要推动沈抚同城化、沈本一体化、沈铁一体化进程,形成辽中城市群的巨型城市核。鞍辽都市区要促进鞍山与辽阳的产业协作和空间对接,建设国家重要的钢铁工业基地和石化工业基地。营口都市区要积极推进营口港和辽宁(营口)沿海产业基地的建设,逐步将鲅鱼圈区建设成为都市区中心,将营口建设成为辽中城市群的海上物流中心和临港工业基地,成为联系辽中城市群产业转移和扩散的平台。规划对七个重点地区(沈阳—抚顺、沈阳—本溪、苏家屯—灯塔、鞍山—辽阳县—辽阳市、鞍山—海城、营口—大石桥—盖州、沈阳—铁岭)提出了空间协调建议,明确了协调重点 |

除 B 规划外的四个规划对辽中城市群的空间发展结构规划可以用图 6-28 简要表示。这四次规划对城镇的空间组织具有很大相似性,空间结构都由以沈阳为核心、哈大方向为主轴、多条由沈阳放射而出的轴线组成。不同点在于:首先,前两次规划(A, C)将辽中城市群的空间范围确定为 6 个行政市,南北主轴的南向指向大连,营口同城市群联系较弱(通过盘锦与沈阳联系);在后两次规划中将营口纳入辽中城市群的范围,南北主轴的南向西偏至营口,使营口港承担了大连港作为城市群海上门户的功能;特别是在 E 规划中提出了沈阳、营口双中心的发展思路。其次,在后三次规划(C, D, E)中,对城市群的空间"子系统"——都市区展开研究,将辽中城市群划分为若干都市区,除了对铁岭的地位有所争议外,其他基本相同。第三,C 规划将辽中城市群整体空间界定为都市连绵区,E 规划则将城市群界定为巨型城市区。最后,E 规划根据辽中城市群发展空间现状,对城市群空间中一些重点对接空间进行有针对性的协调分析。

此外,规划 E 还对城市群各城市产业,特别是沈阳产业的空间扩散与转移进行研究和规划,旨在引导产业的空间有序分布与转移。

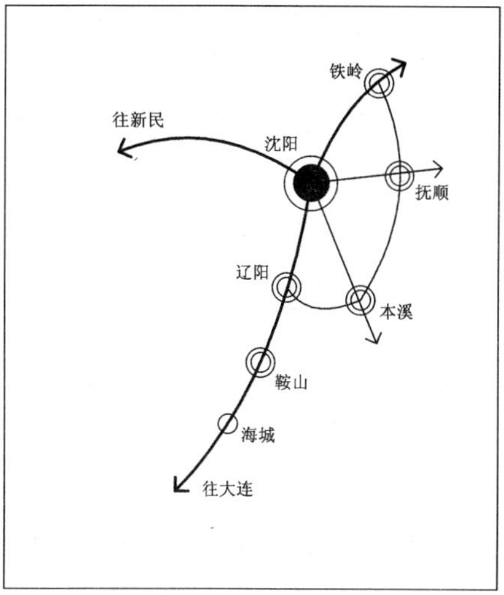


(a) 辽宁中部城市群专题规划(A 规划)

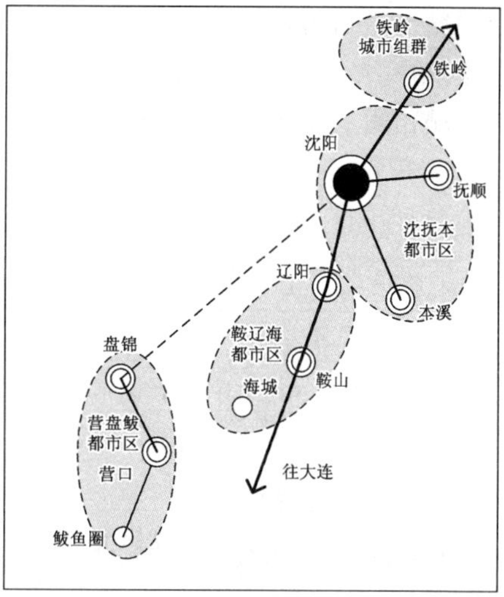


(b) 辽宁省城镇体系规划(C 规划)

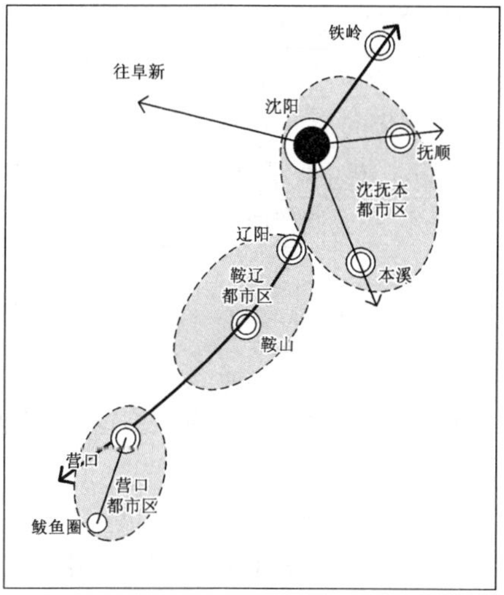


(c) 辽宁中部城市群经济区发展总体规划纲要(D 规划)

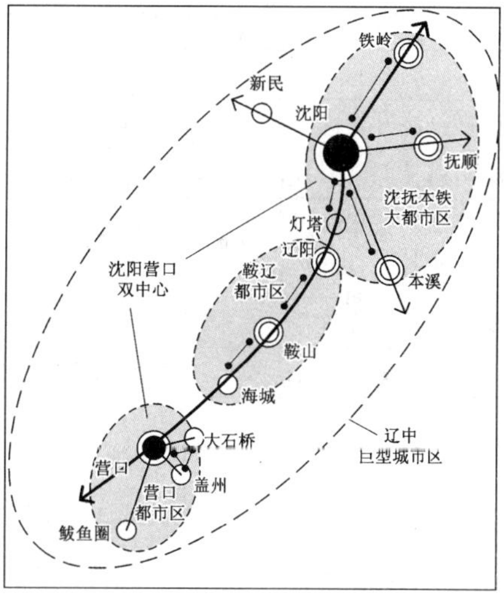


(d) 辽中城市群发展规划(E 规划)

**图 6-28 四规划对辽中城市群空间结构规划的比较**

3) 辽中城市群各行政市政府行为

(1) 政策制定

为使各自城市获得发展，辽中城市群的各城市政府在水资源、产业发展和空间资源上产生激烈竞争。竞争的途径主要是通过制定一系列优惠政策，加强城市基础设施，设立工业园区和进行城市软环境建设来吸引人才和大型企业落户。

城市群目前共有5个国家级开发区，分别是沈阳经济技术开发区、营口经济技术开发区、沈阳高新技术产业开发区、鞍山高新技术产业开发区、辽宁沈阳出口加工区；共有14个省级开发区，各类工业园区众多（表6-15，表6-16）。

**表6-15　辽中城市群国家级开发区一览表**

| 开发区名称 | 主　导　产　业 |
|---|---|
| 沈阳经济技术开发区 | 装备制造、汽车及动力、医药化工、食品饮料、冶金、纺织服装 |
| 沈阳高新技术产业开发区 | 电子信息、先进制造技术、新材料、生物制药 |
| 辽宁沈阳出口加工区 | |
| 鞍山高新技术产业开发区 | 光机电一体化为主的先进装备制造业、精品钢材生产加工业、新材料、电子信息 |
| 营口经济技术开发区 | 冶金、石化、装备制造等产业和出口加工贸易 |

资料来源：康璇.《辽中城市群发展规划》产业专题报告

**表6-16　辽中城市群省级开发区一览表**

| 开发区名称 | 主　导　产　业 |
|---|---|
| 抚顺经济开发区 | 生物医药、机械加工、精细化工、轻工食品 |
| 沈阳道义经济开发区 | 以食品饮料加工、生物医药、机电电子、新材料为主 |
| 农业高新技术开发区 | 以农产品深加工产业为主、生物制药产业 |
| 鞍山腾鳌经济开发区 | 高新技术产业 |
| 鞍山经济开发区 | |
| 抚顺经济开发区 | 生物医药、机械加工、精细化工、轻工食品 |
| 抚顺胜利经济开发区 | 电力、建材、煤层气利用、环保、加工、精细化工、轻工、房地产、旅游 |
| 本溪经济技术开发区 | 机械、电子、钢铁、化工、建材、医药制造 |
| 辽宁（营口）沿海产业基地 | 高新技术、装备制造业、化工产业、新型材料、轻型工业、出口加工、现代服务业 |
| 营口高新技术产业开发区 | 船舶、石化、汽车配件、装备制造、纺织服装 |
| 营口大石桥经济开发区 | 装备制造、精细化工、纺织服装、建材 |
| 营口南楼经济开发区 | 镁质材料、纺织服装、轻工 |
| 辽阳高新技术产业开发区 | 化工、化纤、塑料、建筑材料 |
| 铁岭经济开发区 | 农业产业化、机械加工、医药化工、新型建材、电力器材、橡胶、包装 |

资料来源：康璇.《辽中城市群发展规划》产业专题报告

近年来，各城市政府逐渐认识到城市群内的城际合作不仅对城市多方能起到“多赢”的效果，而且有利于城市群在国际和全国大环境中争夺发展先机。因此，以沈阳为首的各行政市政府之间展开越来越广泛而深入的合作。辽中城市群的城际合作的政策行为主要体现在建立合作机制、制定相关的合作协议两个方面；并在此基础上，通过共同规划使城市合作的成果在空间上落实。

辽中城市群的合作现状是通过《辽宁中部城市群（沈阳经济区）合作协议》确立以“协调”为核心的区域合作方式。2006 年 6 月，七城市按照省委、省政府关于共同推进城市群建设的要求，经过共同协商，制定了《辽宁中部城市群（沈阳经济区）合作协议》，并确定了平等自愿、市场主导、优势互补、资源共享、共同发展、先易后难、注重实效的合作原则。同时，七城市政府确立了包括联席会议制度、协调联络制度、衔接落实制度和举办辽中城市群政协论坛四项基本制度和涉及内容广泛的合作协定（表 6-17）。

**表 6-17　城市政府间合作政策及其内容**

| 合作政策 | 方面 | 具体内容 |
|---|---|---|
| 合作机制 | 联席会议制度 | 主要研究经济区合作中的一些重大问题。联席会议每年举行一次，沈阳、鞍山、抚顺、本溪、营口、辽阳、铁岭七城市依次轮流承办 |
| | 协调联络制度 | 由各市政府秘书长负责沟通落实联席会议有关内容及各市之间政务信息通报 |
| | 衔接落实制度 | 各市发改委作为衔接落实部门，具体负责协调各有关部门共同落实合作协议 |
| | 举办辽宁中部城市群政协论坛 | 论坛在“辽宁中部城市群政协主席联席会”的领导下，由七城市政协联合主办，省内大专院校、科研院所协办，由“辽宁中部城市群政协秘书长联席会”组织，七城市轮流主办。论坛原则上每年至少举行 1 次，主要围绕辽中城市群发展的宏观思路、战略措施以及通过区域合作推进一体化进程的重大实践问题进行研究，为党委和政府决策提供咨询意见 |
| 合作协议 | 综合 | 辽宁中部城市群（沈阳经济区）合作协议、沈阳和抚顺两市共同发展规划座谈会备忘录 |
| | 外事和经贸 | 辽宁中部七城市外事合作协议、辽宁中部城市群（沈阳经济区）商贸流通业合作协议、沈阳市人民政府和铁岭市人民政府关于全面加强经济合作的协议、沈阳市外经贸局和铁岭市外经贸局关于全面加强外经贸领域合作协议书 |

续表 6-17

| 合作政策 | 方面 | 具 体 内 容 |
| --- | --- | --- |
| 合作协议 | 劳动保障 | 辽宁中部七城市就业服务资源共享协议书、辽宁中部七城市劳动保障工作合作意向书 |
| | 产业发展 | 辽宁中部城市信息产业合作框架协议、辽宁中部城市信息产业联席会议制度、辽宁中部城市信息产业网管理办法、辽宁中部城市群(沈阳经济区)安全生产监管工作局长联席会议合作协议 |
| | 科技和教育 | 辽宁中部城市群(沈阳经济区)科技合作框架协议、沈阳经济区知识产权合作框架协议、沈阳市教育局与铁岭市教育局教育合作意向书 |
| | 生态和环保 | 沈阳经济区环境保护与生态建设联席会议章程、辽宁七城市环保工作实施方案 |
| | 基础设施建设 | 辽宁中部城市群交通一体化合作协议 |
| | 企业参与的合作 | 沈阳市人民政府、鞍山钢铁集团公司合作框架协议,辽宁省内城市商业银行(城市信用社)合作意向书 |

(2) 规划建设

辽中城市群的空间规划建设分为两方面,一是城市总体规划;二是城市之间空间协调发展规划,如沈(阳)抚(顺)同城化规划等。

——*城市总体规划*

表 6-18 列出了城市群各城市最近一轮(或近两轮)总体规划中关于城市发展功能定位和空间发展方向及格局结构的有关论述,图 6-29 标明了各城市最近一轮总体规划确定的城区发展方向在城市群空间上的对接关系。

**表 6-18 各城市总体规划中的空间规划**

| 城市 | 规划版本 | 城市定位 | 空 间 规 划 要 点 |
| --- | --- | --- | --- |
| 沈阳 | 1996 版 | 辽宁省省会,东北地区中心城市,全国重要的工业基地 | (1)市域城镇体系:“点-轴”发展模式,提出中心城区—卫星城—小城镇的空间结构,城市传统产业、人口向卫星城、重点小城镇迁移。(2)城区空间结构:环形放射状路网支撑的“松散、组团式”结构和跨河发展的布局。核心区与副城、边缘组团之间以绿化带隔离。增加核心区商业服务、公共服务用地,降低工业用地比例,疏散城市人口 |

续表 6-18

| 城市 | 规划版本 | 城市定位 | 空间规划要点 |
| --- | --- | --- | --- |
| 沈阳 | 2005 版 | 辽宁省省会，东北地区中心城市，全国重要的工业基地，国家历史文化名城，辽宁中部城市群的核心城市 | (1)沈阳经济区(辽中城市群)城镇结构："多轴、多心"。多轴：以沈阳为核心，向沈大、沈盘、沈本、沈辽、沈抚、沈铁、沈新方向形成大都市圈发展轴线，其中沈大、沈辽为主发展轴；多心：沈阳为都市圈核心城市，依托发展轴，与鞍山、抚顺、本溪、辽阳、铁岭、营口以及辽中、新民区域中心城市一起形成沈阳大都市圈"多心"格局。(2)城镇体系空间组织结构："多轴星状"结构。主轴——沈大发展轴、沈辽发展轴、沈新发展轴；次轴——沈丹发展轴、沈康发展轴、沈抚发展轴；联系轴——联系次中心城市与经济区内其他城市的环状轴。(3)城区空间结构：南拓、北扩、东优、西延，一城两轴六带六楔开放式空间发展格局，以南北金廊及东西银带构成沈阳核心功能的"大十字"骨架结构。南拓：城市功能主要拓展区，同时发展高新技术产业；北扩：适当扩展北部发展空间，以发展农产品加工业为主；东优：优化东部自然生态环境；西延：延续铁西工业文脉，形成现代装备制造业基地 |
| 鞍山 | 1996 版 | 全国重要的能源、原材料工业基地，以石化工业及其精深加工为主导的现代化工业城市 | 以浑河为发展轴，以河南、河北为市中心区，西部的望花和东部的东洲为副中心区，由河南、河北、西部、东部、南部五大组团组成的带状、组团组合式结构形态 |
| | 2004 版 | 全国重要的钢铁工业基地，辽宁省中南部地区重要的中心城市 | (1)城镇体系空间结构：一个中心城市，三个副中心城市，三条城镇发展轴带。以鞍山市为中心、以海城市、台安镇、岫岩镇为副中心，沿哈大铁路、沈大高速公路和其他省道向东南、南、西北呈放射形展开，其中沈大高速公路和哈大铁路为主发展轴。(2)城区空间结构：东控、南进、西拓、北调、中疏，一大三小的格局。一大即主城区，三小即汤岗子组团、千山组团、腾鳌组团 |
| 抚顺 | 2005 版 | 辽中南重要的工业中心城市，现代重化工制造业基地 | 城区空间结构：西进、北拓、南治、东优。西进：新兴产业重点向西发展，积极融入沈阳经济区，率先实现沈抚经济一体化；北拓：城市居住区向北拓展，适当整合工业用地；南治：对城市南部进行综合整治，充分利用棚户区改造和矿区土地整理后的土地资源，建设资源深加工产业园区；东优：优化东部地区产业结构，依托东部地区石化产业基础，创建高新技术产业开发园区 |

续表 6-18

| 城市 | 规划版本 | 城市定位 | 空间规划要点 |
|---|---|---|---|
| 本溪 | 2000 版 | 辽宁东部的中心城市，是以发展钢铁、化学工业为主的综合性工业城市 | (1)城镇体系空间结构：以市区为中心，以沈丹铁路、公路、高等级汽车专用路为一级发展轴线，以溪田铁路、本桓公路为二级发展轴线，以小草线、201 国道和桓集线为三级发展轴线的城镇群体，形成相互依存、优势互补的大中小城镇相结合的城镇网络。(2)城区空间结构：以中心市区为主体，以石桥子经济技术开发区和北台工业园区为副城，以歪头山、火连寨、南芬、下马塘四个重点镇为边缘组团相围合的布局结构，形成带状相连、分散组团、多城市中心协调发展的组合型城市 |
| | 2007 版 | 辽东地区现代化中心城市，全国重要的钢铁和精品板材生产基地，中心城市重点产业的配套加工基地 | (1)城镇体系空间战略：优先发展本溪东北部新城区，积极疏散老城区人口、产业等职能，改善老城区环境；重点培育歪头山—石桥子、北台—桥头两个重要经济增长点；积极培育和提升小市、桓仁两个县域中心镇的职能地位，带动农村经济发展，成为社会主义新农村的服务职能中心；充分利用毗邻东北中心城市沈阳及出海口大连、营口的区位优势，优先发展沈本、溪辽沿线的城镇。(2)城区空间结构："北拓南展，东西并进，优化内核，开发外廊"，"一主三副多组团"的市区结构，包括中心城区、北部组团(歪头山—石桥子)、西部组团、南芬组团 |
| 营口 | 2005 版 | 东北最近的出海口，东北亚与环渤海经济圈的交汇点，以航运、商贸、加工、旅游为主的东北重要港口城市 | (1)城镇体系空间结构：营口市域城镇空间结构在空间上主要呈两条主轴、三条副轴的空间网络放射格局。两条主轴分别为沈大高速和 305 国道；三条副轴为营大公路、营柳路及滨海大道。在市域东部主要为山区生态景观区域，滨海为生态景观区域。营口城镇主要分布在西部的滨海经济区，这是营口的战略重点区域。(2)城区空间结构采取"南进、东拓"的城市发展战略，重点发展滨海经济区，构筑多核型结构的大城市。由老城区、大石桥城区、盖州城区、新城区构成大三角，成为港口经济平台；由老城区、大石桥城区、盖州城区构成内三角，为国内外制造业转移提供发展空间；由老城区、盖州城区、新城区构成外三角，发展以港口为核心的现代物流业；把营口市发展成为具有多核结构的组合型大城市 |

续表 6-18

| 城市 | 规划版本 | 城市定位 | 空间规划要点 |
| --- | --- | --- | --- |
| 辽阳 | 1992 版 | 历史文化名城，以石油化纤为主的、门类比较齐全的新兴工业城市 | 坚持向河东发展，1995 年逐步开发河东；中心区以改造旧城区为主，近期有控制地向南发展；辽化和宏伟区有害工业不跨越新开河 |
| | 2007 版 | 辽中南中心城市之一，历史文化名城，以石油化工、化纤为主的新兴工业城市 | (1)城镇体系空间结构："一轴两翼，一主三副，四核多点"。一主：中心城区为辽阳市的经济、文化的中心；三副：三个小城市。灯塔市：以轻工、贸易为主的现代化小城市；辽阳县：加工业、服务业等多元化发展的工业重镇；弓长岭区：以矿业、旅游业为主导的小城镇。四核：中心镇(重点镇)。刘二堡：西部的重点镇，和鞍山紧密联系；佟二堡：西北部区域社会发展的基地；铧子：产业转型，带动东北部乡村发展的基地；下达河：发展旅游业，带动东南部山区发展的基地。多点：其他乡镇。(2)城区空间结构：一心四瓣三片，向东跨越 |
| 铁岭 | 2005 版 | 沈阳经济区的副中心城市，以能源工业和农副产品加工为主的生态型山水园林城市 | (1)城镇体系空间结构："一核三轴三区"。一核：以铁岭市中心城为核心；三轴：铁岭—昌图发展主轴，开原—西丰发展次轴，铁岭—调兵山发展次轴，打造"一体两翼"的城镇空间格局；三区：南部经济区，中部经济区，北部经济区。(2)城区空间结构："南进、西扩、东延"。向南发展为主，向西发展为辅，南部建设铁岭新城和沈铁工业走廊。核心区为"一城五片"：铁岭中心城，新台子高新产业园区，腰堡工业园区，懿路工业园区，辽海工业园区，铁岭经济技术开发区 |

资料来源：根据各城市总体规划整理。

从图表中可以概括出辽中各城市在空间发展定位和空间发展战略上的观点。首先，从中心性上看，沈阳总规中提出了东北中心、辽宁省会和辽中城市群三位一体的核心；鞍山、铁岭提出建设成为城市群副中心城市；本溪定位为辽东地区的现代化中心城市。其次，在功能分工上，辽中城市群除铁岭外的六行政市均定位为国家和区域内较为重要的工业城市，在新一轮总规中对产业发展进行了较大调整，向着更细更新的方向发展。其中，沈阳是城市群综合性中心城市和国家重要工业基地，鞍山发展钢铁，抚顺发展重化工制造业，本溪发展精品板材和沈阳重点产业的配套加工，营口发展航运、商贸、加工业，辽阳发展石油化工和精细化工，铁岭在原有农副产品加工的基础上也开始大力发展能源工业。第三，在空间发展对接方面，沈阳采取多轴并进、与临近城市衔接的发展思路，主要发展轴为北向、南向和西向；除营口外五城市的空间拓展基本思路都是与沈阳对接；营口由于在空间上距离各城市较远，短期内在用地上与其他城市联系不大，但可通过交通建设打通城市群的出海通道，实现空间功能的衔接。

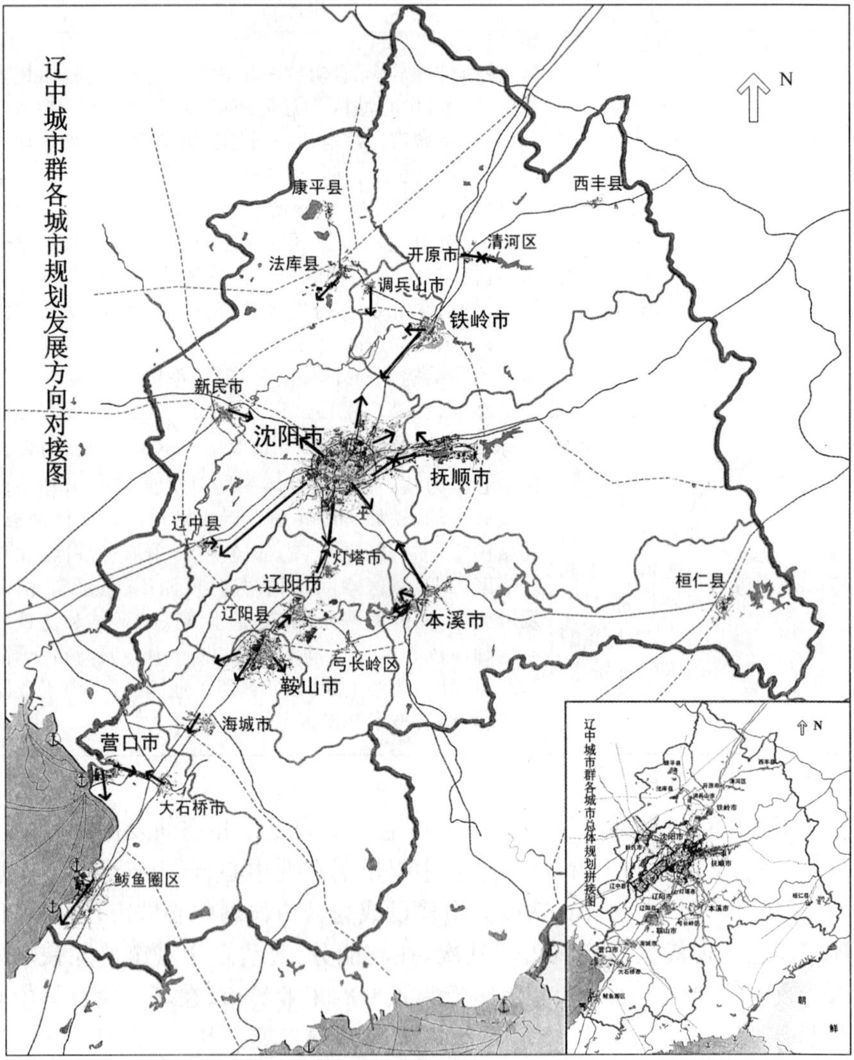


图 6-29　城市空间发展方向对接分析

——→各城市总体规划中确定的城区空间发展方向

*——城市间空间协调发展规划(以《沈阳、抚顺两市共同发展规划》为例)*

沈阳和抚顺现今在空间发展上已经十分接近,协调二市的空间发展迫在眉睫。为此,二市在修编新一轮总体规划前制定此规划,以缓解未来的发展冲突。沈阳和抚顺空间位置关系及空间结构如图 6-30(a)所示。沈阳确定的城市空间结构为"一城两轴,六带六楔"的开放式轴带结构和"南拓、北扩、东优、西延"的发展思路,其中"东优"即实现与抚顺的对接。抚顺城市空间结构是沿浑河两岸东西呈带状的组团式布局结构。抚顺城市发展战略规划已确定西进的空间发展战略,最终西部将成为抚顺主中心。本规划通过构建沈抚大都市区,形成以沈阳主城为核心,抚顺为副中心,沈抚之间多中心网络化空间结构,城镇布局如图 6-30(b)所示。沈抚结合部的功能区结构为"一带、一城、两区":"一带"为浑河生态景观带,东西长 16 千米,是都市区空间轴线;"一城"指沈抚 RBD 新城,是区域功能的核心、城市中心服务功能的拓展、旅游生

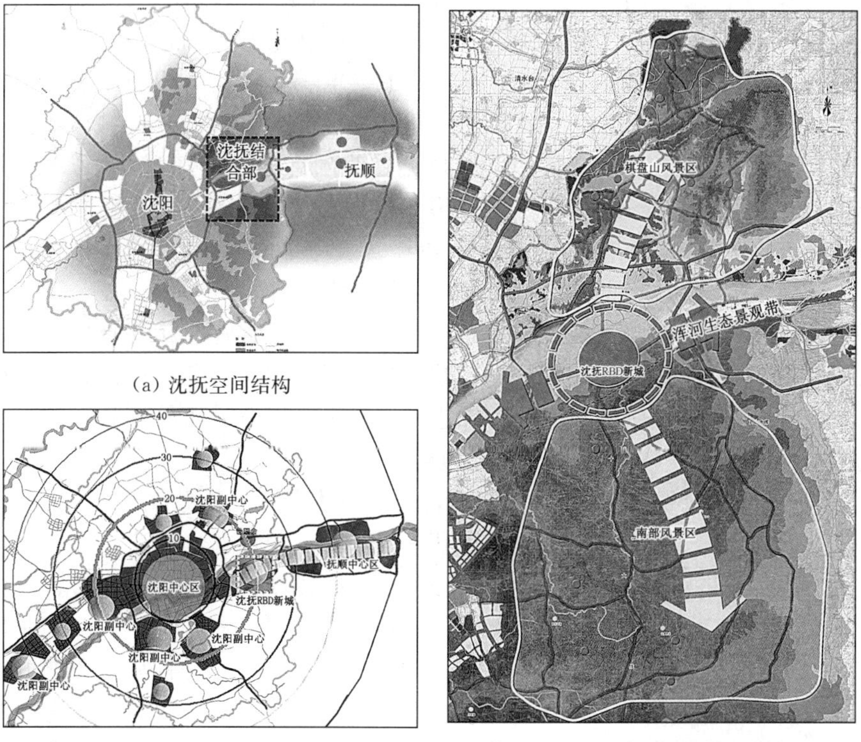


(a) 沈抚空间结构

(b) 沈抚城镇空间布局

(c) 沈抚结合部空间规划结构

**图 6-30 《沈阳、抚顺两市共同发展规划》中两市的空间规划**

资料来源:《沈阳、抚顺两市共同发展规划》

态景区服务功能的支撑和承接;"两区"为南北两大自然、生态旅游度假区,定位为沈抚都市区及沈阳经济区的城市型生态、休闲服务功能区,是沈抚都市区及沈阳经济区综合服务功能和综合竞争力提升的重要内容(图 6-30(c))。

4) 企业行为

(1) 企业选址和搬迁

在市场经济条件下,企业对自身选址和搬迁具有较大自主性。根据前文对企业选址行为的理论分析,在对原料运费、市场接近度、交通便捷性、劳动力资源和政府政策等要素综合评价后,由于辽中城市群具有矿产资源的天然优势和钢铁、石化等重工业的雄厚基础,选址在该区域内发展的企业多数仍是资源依赖型重工业企业或其相关产业。近年来,本地区注重产业升级和推进高科技产业发展,由于沈阳在地区内的人才和科技优势,这类企业多数分布在沈阳,而原来在沈阳的一些制造业企业很多开始外迁至其他城市。

进入 21 世纪,国家对沈阳等东北老工业基地采取扶持政策,特别是对装备制造、石油化工、冶金、汽车制造、船舶制造、高新技术、精品工业、农产品加工等八大行业进行税改,因此使得国内外不少重工业企业争相向辽中城市群转移。特别是沈阳,从国内范围看,由于南方经济长期持续的高度繁荣,民间集聚了大量游资,急于寻找新的发展机遇。沈阳优惠的发展政策、开放的基础设施及公用事业等领域,对于遍寻出口的南方资本来说,具有很大的诱惑力。南方企业整体性、集群式、整建制转移的条件越来越成熟,而且正在进入一个加速发展期,因此沈阳成为很多南方企业转移的第一选择。

从企业在城市内部的选址看,由于受到环境、土地成本及政府规划和政策的影响,工业企业多数集中在城市边缘或开发区内,也有一些原有的大型企业结合城市改造中的土地置换,从城市主城区迁建至城市外围和扩散到邻近城市,如沈阳铁西区企业大规模迁建等。

此外,从产业发展状况看,一方面,虽然 20 世纪 90 年代末在"退二进三"的产业政策影响下,本区二产比重处于历史低点,然而这个政策并没有使本区发展出信息咨询、金融保险、计算机服务这些高附加值产业,而是发展了批零贸易、餐饮、运输这些传统行业。后来随着产业政策的变化,第二产业比重又呈上升趋势,至 2004 年反超 1995 年的水平。另一方面,从产业的城市发展差异看,除了中心城市沈阳的二三产业比重接近,其他城市大多为二产主导,也即工业企业选址落户较服务业占有较大优势;只是铁岭由于农业比重较大,成为特例(表 6-19)。

表 6-19 各城市产业结构演变

| 城市 | 1995 | 2000 | 2004 |
|---|---|---|---|
| 沈阳 | 7.5∶44.5∶48.0 | 6.4∶44.2∶49.4 | 5.8∶49.5∶44.7 |
| 鞍山 | 6.5∶61.0∶32.5 | 7.8∶56.1∶35.1 | 5.0∶59.2∶37.8 |
| 抚顺 | 8.5∶67.1∶24.4 | 8.3∶60.7∶31.0 | 6.6∶58.4∶35.0 |
| 本溪 | 6.4∶63.1∶30.5 | 8.5∶51.1∶40.4 | 7.1∶60.4∶32.5 |
| 营口 | 17.6∶47.1∶35.3 | 15.2∶48.4∶36.4 | 11.6∶53.4∶35.0 |
| 辽阳 | 10.8∶54.9∶34.3 | 13.0∶48.0∶39.0 | 8.7∶58.5∶32.8 |
| 铁岭 | 35.4∶30.0∶34.6 | 30.7∶34.3∶35.0 | 28.4∶37.8∶33.8 |

资料来源：各城市统计年鉴，2005

（2）企业的生产联系

辽中城市群拥有完整的重化工业体系和配套能力，这种适合新经济增长周期的产业群在全国其他地方并不多见。但现实却是，企业仍以内循环为主，对外开放程度较低。一般认为，对外贸易系数①是衡量一国或地区对外开放程度的指标。2004 年，辽中城市群对外贸易系数为 18.41%，其中外向度较高的城市沈阳为 22.41%、营口为 30.65%，均大大低于全省 41.44%、全国 69%的平均水平（表 6-20）。虽然七城市在钢铁、机械、汽车、石油、石化等产业的企业之间具有一定的协作，但城市群内部区域资源要素流动机制还不够完善，各城市之间在比较优势基础上的分工合作缺失严重，区域经济联系有待加强。在城市群七行政市中，像沈阳、营口的很多重要企业的生产原材料很少来自周边城市，如沈阳重型机械集团的钢材原料尽管主要来自鞍钢和本钢，但后续的相关系列产品目前都是由沈重自己生产。老工业基地的企业大都大而全、小而全，企业间条块分割，形式上看一个区域内集中着大批同行业企业，但专业化分工程度很低。这种企业间的水平和垂直关联只能算是“企业集中”，而并未形成“产业集群”。城市群企业间水平联系和垂直联系的不足产生的另一个弊端即是重工业中原材料工业比重过高（约占八成），采掘、加工工业发展不够。原材料工业比重过大导致了高能耗、重污染和低效益。加工业比重过低，意味着原材料与加工工业的产业链条短，原材料的资源优势没有得到很好的利用，基本以初级原材料为终端产品，处于“原料工业”的低级水平，附加值未发挥，其潜在的大量价值被转移。当资源接近枯竭时，这

① 对外贸易系数是指一国或地区进出口额与其国内生产总值或国民生产总值之比。

种城市产业结构难以对资源产业的衰退产生缓冲作用,产业转型的基础薄弱。不过目前这种较低生产联系度的状况正在得到改善。

**表 6-20　2004 年辽中城市群对外贸易情况**

| 地区 | 进口<br>(万美元) | 出口<br>(万美元) | 进出口总额<br>(万美元) | 占全省比例<br>(%) | 外贸依存度<br>(%) |
|---|---|---|---|---|---|
| 沈阳 | 281 510 | 233 647 | 515 157 | 14.96 | 22.41 |
| 鞍山 | 65 107 | 100 212 | 165 319 | 4.80 | 13.59 |
| 抚顺 | 16 024 | 40 936 | 56 960 | 1.65 | 12.56 |
| 本溪 | 44 188 | 52 602 | 96 790 | 2.81 | 27.26 |
| 营口 | 39 718 | 78 182 | 117 900 | 3.42 | 30.65 |
| 辽阳 | 4 434 | 13 215 | 17 649 | 0.51 | 5.03 |
| 铁岭 | 1 266 | 8 125 | 9 391 | 0.27 | 3.59 |
| 辽中城市群 | 452 247 | 526 919 | 979 166 | 28.43 | 18.41 |
| 辽宁省 | 1 551 937 | 1 891 771 | 3 443 708 | 1 | 41.44 |

资料来源:辽宁省统计年鉴,2005

5) 空间主体的行为交互

从上文对辽中城市群空间主体行为的具体分析中可以看出,空间主体行为之间产生了相互影响,主要的行为交互如图 6-31 所示。

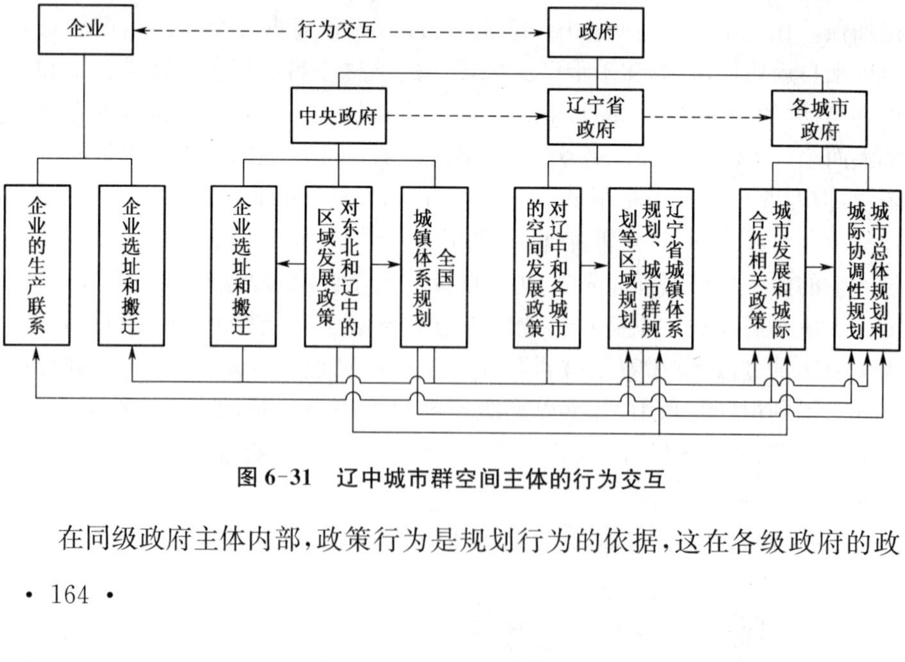


**图 6-31　辽中城市群空间主体的行为交互**

在同级政府主体内部,政策行为是规划行为的依据,这在各级政府的政策与规划行为中都得到体现。如中央政府在全国城镇体系规划中给予“振兴东北”政策的空间引导落实，将辽中南地区确定为东北振兴的龙头，促进其融入东北亚经济圈，通过交通规划和建设、产业布局等措施强化老工业基地和矿业（资源）型城市的空间发展。省政府的政策重点为辽中城市群，特别是沈阳在城市群中的高层次定位和城市群与国际、国内、省内及其内部的关联与协作。相应的，有几项重要的区域性空间规划对城市群的区位条件、内部空间结构及重点空间协调进行分析，试图通过规划建设手段实现政策的空间目标。城市政府针对城市发展政策和城际合作目标，通过总体规划和城际空间协调性规划在空间上协调城市的发展冲突和收获城市合作的“空间效益”。

不同级政府之间，主要体现的还是上级政府对下级政府在政策和规划上的指导作用。如近年来，辽宁省政府和城市群各城市政府在对辽中城市群及各城市的空间发展引导中突出贯彻了中央政府关于“振兴东北”的政策和思想。

在政府和企业这对异类主体间，辽中城市群这样的老工业基地与珠三角和苏南这些东南沿海地区不同，不仅在计划经济时代政府对企业选址与搬迁行为具有决定性作用，而且在市场经济时期，传统计划体制的痕迹依然清晰可见，政府既通过强制性政策和规划直接干预企业行为，如沈阳铁西区企业大规模外迁，亦更多通过土地、税收、投资等政策措施和区域性基础设施和开发区建设引导企业的空间行为朝向政府的区域发展目标，因此，虽然企业是辽中城市群现阶段城市群空间发展和城市化的行为主体，但其主导地位和作用的确立是一个渐进过程。此外，企业的生产联系行为与城市政府的政策和规划行为形成互动关系。一方面，城市政府通过优惠政策、空间规划布局、基础设施和软环境建设吸引外资和外地企业在本地落户；另一方面，老工业基地城市中，企业生产对水平关联和垂直关联的客观需求促进政府在城际合作上进行政策研究。

### 6.3.2 概念模型生成

基于辽中城市群主体空间行为及其交互的分析和前文对辽中空间运行两方面（空间演化和空间格局）的论述，通过探讨空间行为与空间运行两者之间的关系，可以构建辽中城市群空间运行的多主体模型。如图 6-32 所示，在模型中，虚线以上部分为空间行为，以下为空间演化和格局的各方面，由于模型在行为方面进行了简化，未讨论政府的人口、用地、产业发展等政策，因此，所涉及行为除了规划建设外，对城市化和空间的城乡关联方面的效应不明显，在此不作具体分析。

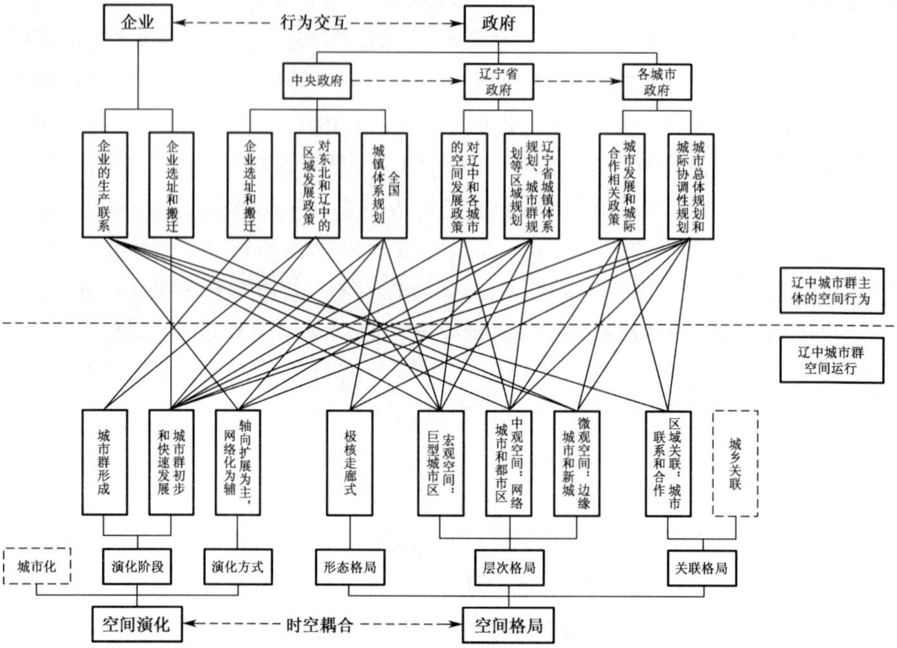


**图 6-32　辽中城市群主体行为的空间效应**

(1) 空间演化的行为机理

从空间运行各部分角度出发，从图 6-32 中可以得到与之对应的空间行为。在空间演化方面，本城市群空间形成主要归因于中央政府在 20 世纪 50 年代在辽中地区投入 20 多个大型项目的建设和当时对重工业基地的政策倾斜。重工业的发展促进鞍山、抚顺、本溪等工矿城市的人口急剧增长。如鞍山市人口 1950—1959 年机械增长 41 万人，平均每年机械增长 4 万人，到 1959 年，鞍山市区总人口高达 87.4 万人。也正是由于国家政策的作用，辽中城市群在 60 年代至改革开放后的一段时期内发展缓慢。如 60 年代开始，一大批城镇职工被精简下放，城市人口大量迁出。据统计，仅沈阳和鞍山两市就迁出城市人口 50 多万(沈阳减少 41.29 万人)。"文革"期间，城市人口大量减少，甚至出现负机械增长局面。

推动辽中城市群的初步和快速发展的主体和行为很复杂，特别是进入 21 世纪以来，城市群作为老工业基地在空间发展中面临严峻形势。辽中城市群作为国家重要的以基础原料产业为主的重工业基地，资源依赖型是其产业结构的基本特征。城市群现有五座比较典型的以资源开采为主的城市，即鞍山(冶金)、抚顺(煤炭)、本溪(冶金和煤炭)、营口的大石桥市(建材)和铁岭的调兵山市(煤炭)。虽然一些城市已有较好基础的接续产业,但还有一些资源型城市长期以来经济结构单一,区内资源长期超限开采,一旦现有矿业主导产业衰退,新的替代产业尚未形成,就会发生矿竭城衰的现象。针对这一状况,国家政府推出以“振兴东北”为核心的一系列政策,并在全国城镇体系规划中给予辽中各城市更多的发展机会和扶持。在此政策指导之下,省政府和城市政府在政策和规划中贯彻这一思想,努力加速本地区发展。在省政府的各项相关政策文件中,都把辽中城市群的发展放在省域范围内最重要的位置,并在城市群范围内对各成员城市进行空间功能定位,强调沈阳作为核心在空间发展与扩散影响上的重要作用;在此基础上,省政府通过制定区域性规划(主要是省城镇体系规划、城市群发展规划及专项规划)来研究政策的空间实施策略和城市群空间发展的布局安排。如 1995 年的《辽中城市群专题规划》推动了全地区各市镇在合理建设、生态环境保护、基础设施建设及资源开发方面的协调发展。该规划完成后,辽宁中部城市群六城市在制定本市城市总体规划时有意识地从整体发展的角度进行考虑,将“城市群规划”确定的发展策略和实施政策落实到本市的城市总体规划中。目前,辽宁中部城市群的主要交通路网、高速公路网、大型调水工程、环境保护工程等就是在该规划的协调规划下形成的。辽中城市群的各城市政府除了不可避免的空间竞争外,大力推进城际合作,包括城际合作的空间政策——基于《辽宁中部城市群(沈阳经济区)合作协议》的空间合作方式、城市总体规划及城际协调规划的编制。从对城市总体规划的分析中可以看出,各城市总体规划在功能定位和空间拓展方向上较好处理了与相关城市的发展关系,并对一些重点“问题对接区”进行了专门的分析规划,如果规划能够得到有效实施,可以预见,辽中城市群整个区域及各城市空间上会呈现良好的发展局面。此外,企业的选址和搬迁行为也对辽中城市群空间的发展演化起到推动作用。越来越多的外来企业通过对诸如区域政策、劳动力、技术、生态环境等投资环境分析之后向辽中城市群集聚。大量企业共同的区位指向在集聚效应和扩散效应的作用下,不断推动城市群的发展。

(2) 空间格局的行为机理

本城市群空间的极核走廊式形态格局和以轴向为主、兼具网络化的演化方式在很大程度上受到政府和企业的行为影响。首先,中央和地方政府长期以来坚持以沈阳为极核的发展观点,并通过加强哈大主轴和沈阳与周边城市的联系副轴上城镇、产业及交通建设形成空间的极核走廊式模式;在各级政府的空间规划中也明显体现了这一理念。前文已经针对省政府主持的四项区域性规划中的空间结构规划进行了分析。近年来,城际联系和企业的生产联系的频繁化促进城市群的空间扩展向网络化方向发展。

辽中城市群的空间层次格局体现为宏观巨型城市区、中观网络城市和都市区、微观边缘城市和新城三方面。宏观空间格局的发展受到企业生产联系、中央和省两级政府的空间政策与规划的影响。首先,巨型城市区空间在本质上是空间规模大、人口密度大、空间经济发展水平高和城市化水平高的城市化密集地区,国家和省级政府长期以来对辽中城市群在各种政策上的空间定位和规划中的空间布局促进了宏观空间格局的形成。如在省级区域性规划中,1995 年的《辽宁中部城市群专题规划》已经提出对辽中城市群按照都市连绵区标准进行空间组织,2002 年《沈阳经济区暨沈阳城市基础设施建设规划及对策》中将宏观空间理解为经济区,2003 年《辽宁省城镇体系规划(2003—2020)》和 2007 年《辽宁中部城市群经济区发展总体规划纲要》将辽中城市群理解为经济带和城市带,2008 年的《辽中城市群发展规划》认为城市群在新的全球化背景下,可以作为巨型城市区发展。历经 14 年时间,辽中城市群的宏观空间格局伴随着规划不断发展。其次,巨型城市区一个重要特征即为功能联系,而这种功能联系在很大程度上是由于企业在生产中形成的企业之间的水平和垂直联系而产生的,辽中城市群以往的企业生产联系度水平还较低,因此目前企业生产联系度的不断提高可望有效促进宏观空间格局的发展。与此相似,中观空间的发展受企业生产联系、辽宁省和各行政市两级政府的空间政策与规划的影响比较多。在省级和市级的各项空间规划中,几乎都是按照都市区来组织辽中城市群的中观空间,只是在都市区的划分上略有差别。区别于之前几次规划,2008 年《辽中城市群发展规划》中将铁岭纳入到都市区的范围,这在一定程度上推动了铁岭城市空间的优化升级。城市群的微观空间格局受到城市政府政策和规划、企业选址和搬迁、企业生产联系行为的作用影响。如在沈阳周边,政府选择几个战略地区(空港城、辽中县城等)进行重点规划建设,这大大促进了边缘城市和新城这类微观空间格局的形成、发展。另外,以企业选址为例,依托百万吨乙烯项目的落户,抚顺在其东部地区以石化产业为基础创建了高新技术产业开发园区,实现了空间上的跨越发展。

对辽中城市群空间的区域关联格局产生效应的行为主要是城市政府的城市发展与城际合作政策、城市总体规划与城际协调性规划及企业的生产联系。在上文关于城市群合作机制、辽中各城市总体规划的对接分析及沈阳和抚顺共同发展规划的例子中可以看出,城市政府的政策和规划行为一方面缓解了城市空间发展之间的矛盾冲突,另一方面促进了城市之间更紧密的合作。在迄今为止的社会条件下,城市之间的空间联系主要通过物流、人流、资金流和信息流的形式得以实现。辽中城市群作为工业基地，工业企业众多，正是产生这四种流的主体，并且以交通运输和企业关联为主要方式影响区域的关联格局。

## 6.4 本章小结

本章基于城市群空间运行及其机理的理论研究，以辽中城市群为实例进行实证分析。在城市群空间运行的时空分析中，主要从三方面展开。(1)城市群的空间演化阶段与空间层次格局。将辽中城市群空间演化过程概括为萌芽阶段、形成阶段、初步发展阶段和快速发展阶段，指出其目前处于快速发展阶段和城市群的发育期，在空间层次格局上体现了发展阶段的特征：宏观上初步形成巨型城市区；中观上培育鞍辽本网络城市；微观上有四个形成中的中国式边缘城市，它们成为沈阳周边新的增长点。(2)城市群的空间城市化与城乡关联格局。辽中城市群的城市化进程和城乡空间关系可纳入"城乡关联"阶段，在此基础上，从城乡关系的历史演进和现状格局两方面进行定性、定量分析，将辽中城市化概括为波动上升、缓慢推进和调整提高等三个阶段，并指出各城市在以城市化和城乡一体化为表征的城乡关联格局上差异明显。(3)城市群空间演化方式与形态格局。辽中城市群空间形态格局的现状体现为以沈阳为核心的"极核走廊复合式"大字空间结构，未来的发展方向为以沈阳、营口双中心为支点的"双核走廊复合式"哑铃状空间结构。相应的，空间扩展演化方式以走廊式为主，兼具网络式的特征。

在城市群宏观运行机理方面，辽中城市群的内部空间系统在宏观上可以看作辽中巨型城市区巨系统，其中包含以鞍山、辽阳、本溪三市为中心形成的鞍辽本网络城市和以桃仙空港新城、灯塔市、新民市、辽中县城为代表的边缘城市等子系统。辽中城市群的空间共生属于以竞争为主的竞合共生模式，在空间上突出体现为临近城市地区的空间竞争与合作，可分为两个层次：行政市之间的空间共生与市域范围内县市间的空间共生。前者主要有沈(阳市)抚(顺市)、鞍(山市)辽(阳县)辽(阳市)；后者主要为鞍(山市)海(城市)、开(原市)清(河区)、铁岭县市同城、抚顺县市同城等。城市群空间的集聚与扩散体现在人口、用地和产业三方面，辽中城市群空间发展演化的四个阶段(萌芽阶段、形成阶段、初步发展阶段、快速发展阶段)体现了与空间集聚与扩散的对应关系。影响辽中城市群空间运行的驱动要素比较复杂，且不同发展阶段的驱动要素并不相同。

本章最后通过构建辽中城市群空间运行的多主体模型，从微观主体行为对宏观空间运行影响的角度讨论了辽中城市群空间运行的微观机理。模型分析认为，与辽中城市群空间运行最相关的空间主体为政府和企业。除了中央政府在计划经济时期对企业的选址和搬迁具有决定性作用外，其他各级政府的空间行为主要为空间政策和空间规划建设两方面。国家和省政府的政策主要为区域发展政策；规划行为包括国家城镇体系规划和与辽中城市群相关的区域性规划。城市政府的政策主要为城市发展政策和城际合作协议；规划则包括城市总体规划和城际协调性规划。企业主体的空间行为包括企业选址和搬迁及企业的生产联系。在经济转型期，辽中城市群企业在选址和搬迁上具有一定自主性，但企业在生产中水平和垂直外向联系还不多。对于主体的行为交互，在不同级政府之间，主要体现的还是上级政府对下级政府在政策和规划上的指导作用；政府对企业行为的影响有别于珠三角和苏南等东南沿海地区，传统计划体制的痕迹依然清晰可见。两类主体（政府和企业）的具体行为在城市群的空间运行（空间演化和空间格局）各方面产生比较明显的空间效应。

# 7 结论与探讨

本章是全书的总结，归纳出研究的主要结论，并通过讨论研究中存在的主要问题，对未来的研究方向进行展望。

## 7.1 主要研究结论

随着我国城市化进程的加速，城市群成为左右区域经济的主体。国家"十一五"规划将城市群确定为推进城市化的重要空间形态，这不但强化了我国城市群发展在城市化建设中的重要性，而且也对城市群的研究提出了更高的要求。正是在这样的一个时代背景下，针对当前学术界对城市群空间运行及其机理的理论和实证研究在系统性和深度上仍存在一些缺陷的现状，本书运用人文地理学等多学科的理论和方法，在国内外相关研究综述的基础上，以辽中城市群为例进行实证分析，就城市群的空间运行及其机理进行系统的研究。本研究必将有助于构建城市群空间运行及其机理相对完整的理论框架，认识城市群空间运行的一般规律，理解城市群空间运行的宏观和微观机理。具体说来，研究的主要结论如下：

(1) 城市群的空间运行是一个时空耦合的复杂空间现象

城市群的空间运行是一个复杂的空间现象，由空间演化和空间格局的时空两部分构成，既体现出空间演化的螺旋上升，又展现出发展进程中的若干时间点上的空间状态。具体而言，空间格局是空间运行的静态呈现，包含形态格局、层次格局和关联格局三方面；空间演化是空间运行的时间过程，包含空间演化阶段、空间城市化进程和空间演化方式三方面；空间格局和空间演化在三方面形成三重对应关系，体现了城市群空间运行的时空耦合。

(2) 城市群的典型空间格局形式在时空上存在密切的逻辑关系

通过构建城市群的空间层次格局模型，揭示了学术界公认的诸多典型空间格局形式(包括大都市带、大都会带、都市连绵区、大都市伸展区、都市区、组合城市、多核心城市区、网络城市、走廊城市、卫星城、新城、边缘城市和无边缘城市等)在时空上存在的逻辑关系。从空间上看，这些格局形式可以分别纳入到宏观、中观和微观三个层面中，中观和微观空间格局与相对应的宏观格局构成一脉相承的格局体系。从时间上看，格局形式的发展过程经历了三个阶段：20 世纪 50～70 年代，20 世纪 80～90 年代，2000 年代。其中第一阶段到第二阶段的转变反映了西方城市群格局理论“亚洲化”和“中国化”的过程——西方理论移植到中国实际中产生了更丰富的格局形态；第二阶段到第三阶段的演化则主要体现了全球化、信息化浪潮对城市群空间格局的新影响，这种影响同时作用于发达的西方国家和包括中国在内的发展中国家的城市群地区，且以后者更甚。

(3) 城市群的空间演化是空间不断发育完善的螺旋上升过程

城市群的空间演化规律可以概括为从低级向高级螺旋上升的过程、聚集与扩散推进循环往复的过程、不断复杂化和网络化的发展过程，根据城市群空间的发育程度，可以将其演化过程划分为雏形期、形成期、发育期和成熟期四个阶段，每个阶段在空间构成、城市等级体系构成、集中与分散、中心与网络性、空间共生关系和空间主要格局形式等方面体现不同的特征。

(4) 城市群空间运行的机理体现了时间与空间、宏观与微观的结合

以往对城市群空间运行机理的研究一方面侧重于发展演化的机理分析而往往忽视了空间格局存在的原理及规律，另一方面未将空间中的宏观因素(如背景条件)和微观因素(如主体的空间行为)进行区别对待，而事实上运行机理应体现时间与空间、宏观与微观的结合。本书的机理研究分为宏观和微观两个方面，认为机理在这两个层面上发生作用的方式各异，宏观上为时空规律和影响因素的结合，包括空间系统与共生、集聚与扩散及空间驱动因素；微观上为主体行为的空间效应，包括微观主体行为对空间运行在格局和演化两方面的作用。

(5) 城市群空间运行的宏观机理为时空规律和影响因素的结合

本研究通过构建城市群空间运行的宏观机理概念模型来探讨城市群空间运行的宏观机理。模型由三个层次构成。由空间格局和空间演化机理构成的时空规律为其核心层次。其中，空间格局机理分别从系统与共生两种理论视角理解城市群空间的内部格局；空间演化机理体现为空间的集聚与扩散，在城市群空间演化中，具体分为集聚阶段、集聚扩散阶段、扩散集聚阶段和再集聚阶段，其作用机理分别为集聚的双重乘数效应循环累积作用、空间集聚经济与集聚不经济原理、产业转移和城市功能升级规律、外部集聚经济。由于城市群空间运行以特定的环境因素为背景和条件，这些因素对空间运行也起到宏观方面的影响，故模型在核心层之外，将影响分为传统驱动要素层和新型驱动要素层两个层次，前者包括自然条件、历史人文、区位条件、交通

运输和产业经济等要素，后者包括全球化与地方化、信息化与网络化等要素。

（6）城市群空间运行的微观机理为主体行为的空间效应

本研究从城市群微观主体空间行为对空间运行效应的角度探讨城市群空间运行的微观机理，而这种空间行为效应的分析通过构建空间运行的多主体概念模型（multi-agent system for spatial circulation，MAS/SC）实现。模型认为：对于中国城市群的空间运行而言，国家的调控发挥着很大的作用。在过去计划经济体制下，政府是空间开发投资决策的唯一主体，企业和个人的空间投资行为均要服从于政府的指令性计划。改革开放后，在向市场经济转轨的过程中，企业和个人成为相对独立的利益主体，与政府一起通过空间行为及其交互在城市群空间运行的两方面（空间格局和空间演化）产生显著而复杂的效应。

## 7.2　主要创新点

（1）将空间运行理解为空间格局和空间演化的时空耦合过程，并通过构建城市群空间运行的时空耦合模型，在城市群空间演化和空间格局之间建立了三重对应关系。在空间格局研究中，建立了城市群空间层次格局模型；在空间演化分析中，提出了城市群空间演化的四阶段划分。

（2）从宏观和微观两个层面对城市群的空间运行机理进行了相对全面而系统的研究。宏观机理概括为空间系统与共生、空间集聚与扩散、要素条件的驱动三方面；微观机理从城市群主体（企业、居民和政府）的空间行为对空间运行效应的角度探讨，并构建了空间运行的多主体概念模型（multi-agent system for spatial circulation）。

## 7.3　问题与展望

### 7.3.1　研究中的主要问题

（1）随着中国城市化的推进，城市群现象日渐凸显，大都市带、都市连绵区、都市伸展区、巨型城市区、全球城市区等众多格局模式的概念被提出。由于这些模式的概念中除了人口密度、城镇规模等定量指标外，多以定性描述，因而常常被混用；另一方面，在实证研究中，对于同一案例地，不同学者将其理解为不同空间格局类型，于是对某个城市群套用任何一种既定的格局概念进行空间分析可能都有失偏颇。

(2) 城市群是很多国家都存在的区域空间形式,然而由于其形成和演化的条件千差万别,即使对发展程度相当的两个城市群地区而言,它们所经历的发展路径可能大相径庭。特别是全球化影响的加深带来发达国家和发展中国家城市群特征的更大分化,以西方国家城市化和区域发展理论为指导的城市群空间发展相关理论在我国并不一定适宜。因此,我国城市群空间研究的开展缺乏坚实的理论基础。

(3) 研究发现,城市群空间的运行机理十分繁复,不论用何种方式加以划分和概括都很难阐述得很清楚。特别是在政府、企业和居民主体行为及其交互对城市群空间的作用效应方面,就存在四个难点:一是人的行为的复杂性和非完全理性;二是主体通过竞争、协商和合作产生行为交互具有非确定性和动态性,难以预料;三是行为在空间上的效应很难定量反映;四是当行为理论应用到实证中时,需要海量的数据进行分析验证,而这些数据在很多时候是无法获得的。

### 7.3.2 研究展望

(1) 本研究多数还是基于国外关于区域空间的经典理论,如城市群空间格局中的巨型城市区等,然而,中国城市群发展的实际情况与国外在发展历史条件、国际环境政策和城市化路径上都有很大差别。在以后的研究中,需要加强国内外城市群空间发展的比较研究,针对中国城市化发展的特殊性和中国城市群的发展特点,在借鉴国外城市密集地区的相关理论的基础上,构建适合中国的理论体系。

(2) 本研究对城市群空间运行宏观机理中的若干影响因素分别进行分析。然而,如实证分析中所述,这些因素在实际中是共同起作用,很多时候它们之间还产生相互影响,未来的研究需要对各类因素的综合效果进行分析。

(3) 对于城市群空间运行的微观机理,本研究通过建立多主体概念模型进行分析是有益的探索。然而,现实中的主体行为是十分复杂的,很多时候也是非理性的,如何将更多的主体和更切实际的行为规则纳入模型,并在实证分析中运用分析技术和计算机模拟手段将行为规则实现定量化和空间可视化,成为未来研究发展的重点所在。

# 参考文献


[1] Battern. Network cities: creative urban agglomerations for the 21st century [J]. Urban Studies, 1995

[2] Benenson, I. A cellular automata for the simulation of competitive location. Computers [J]. Environment and urban systems, 1998,12(7):699-714

[3] Berry B J L. Comparative urbanization: divergent paths in the twentieth century [M]. The Macmillan Press, 1981

[4] Bontje M and Burdack, M. Edge cities, European-style: examples from Paris and the Randstad [J]. Cities, 2005,22(4)

[5] Brookfield H. Interdependent development [M]. London University of Pittsburgh Press, 1975

[6] Camagni R, and Capello, R. The city network paradigm: theory and empirical evidence [M]//R Capello, P N ijkamp, et al. Urban dynamics and growth. Netherlands: Elsevier B V, 2004:495-529

[7] Castells M. The informational city: information technology, economic restructuring and the urban-regional process [M]. Oxford: Basil Blackwell, 1989

[8] Tutorial page [EB/OL]. [2004-09-01]. http://www.ceroi.net/reports/arendal/dpsir.htm

[9] Dieleman, F M and Faludi, A. Randstad, Rhine-Ruhr and Flemish Diamond as one polynucleated macro-region? [M]. Blackwell Publishing, 1998

[10] Doxiadis C A. Man's movement and his settlements [J]. Ekistrics, 1970,29(1):173-175

[11] Durfee, E H, et al. Trends in Cooperative Distributed Problem Solving [J]. IEEE Transactions on Knowledge and Data Engineering, 1989,1(1):63-83

[12] Ferrand, N. Modelling and supporting multi-actor planning using multi-agent systems [C]. 3rd NCGIA Conference on GIS and environment modelling, 1996

[13] Franklin S, G A. Is it an agent, or just a program?: a taxonomy for autonomous agent [M]//Muller J P, Wooldridge M J, Jennings N R, et al. Intelligent agents 3: agent theories, architectures and languages. Springer, 1997:21-35

[14] Friedmann J R. Regional Development Planning: a Reader [M]. Cambridge: MIT Press, 1964

[15] Friedmann, J and Miller, J. The urban. eld [J]. Journal of the American Institute of Planners, 1965, 31(4):312-319

[16] Friedmann J R. Urbanization, Planning and National Development [M]. London: Sage Publication, 1973. 6-7

[17] Fridemann J R. The world city hypothesis: development and change [J]. Urban Studies, 1986, 23(2):59-137

[18] Garreau J. Edge City: Life on the New Frontier [M]. New York: Doubleday. 1991

[19] Golany, Gideon. New-town planning: principles practice [M]. New York: John Wiley, 1976

[20] Gottmann N J. Megalopolis or the Urbanization of the Northeastern Seaboard [J]. Economic Geography, 1957, Vol. 33, No. 3

[21] Hagerstrand T. Innovation Diffusion as a Spatial Process [M]. Chicago: University of Chicago Process, 1968, 124-168

[22] Haggett P, Cliff A D. Locational Models [M]. London: Edward Amold Ltd., 1977:37-69

[23] Hall, P. Planning for the mega-city: a new eastern Asian urban form [M]//Brotchie J, Newton P, Hall P, et al. East west perspective on 21st century urban development: sustainable eastern and western cities in the new millennium. Aldershot: Ashgate, 1999:3-26

[24] Hall, P. World cities, mega-cities and global mega-city-regions [J]. GaWC Annual Lecture, 2004

[25] Hall, P. The Greater South East a mega-city region? http://ippr.org, 2004b

[26] Jos van Ommeren, P R, Peter Nijkamp. Job moving, residential mov-

ing, and commuting: a search perspective [J]. Journal of urban economics, 1999(46):230-253

[27] Kan, K. Expected and unexpected residential mobility [J]. Journal of urban economics, 1999(45):72-96

[28] Kunzmann K R, Wegener M. The Pattern of urbanization Western Europe [J]. Ekistrics, 1991, 50(2):156-178

[29] Lambregts, B, Zonneveld, W. From Randstad to deltametropolis: changing attitudes towards the scattered metropolis [J]. European planning studies, 2004, 12(3)

[30] Lang, R E. Edgeless cities: exploring the elusive metropolis [M]. Washington: Washington brooking institution press, 2003

[31] Maes, P. Modelling adaptive autonomous agents [M]. Cambridge: MIT Press, 1994:135-162

[32] McGee T G. The Emergence of Desakota Regions in Asia: Expanding a Hypothesis [M]. Honolulu: University of Hawail Press, 1991:25-126

[33] OECD. OECD core set of indicators for environmental performance reviews [C]. OECD Environment Directorate Monographs No. 83, 1993

[34] Peng Chong. Using multi-agent system for residential expansion models—a case study of Hongshan District [J]. Chinese geographical science, 2007, 17(3):210-215

[35] Pinto, S M. Residential choice, mobility, and the labor market [J]. Journal of urban economics, 2002(51):469-496

[36] POLYNET. POLYNET Action 1.1, 1.2 & 2.1. The young foundation & Polynet Partners. 2005

[37] Pyrgiotis Y N. Urban networking in Europe [J]. Ekistics, 1991, 50(2):350-351

[38] Raju, K A, Sikdar, P K, Dhingra, S L. Micro-simulation of residential location choice and its variation [J]. Computer, environment and urban systems, 1998, 22(3):203-218

[39] Romanos, Michael, Carla Chifos, and Tony Fenner. The Transformation of Suburban Business Centers into Metrotowns: A Critical Assessment of the Phenomenon. Unpublished paper. Cincinnati, OH: University of Cincinnati, 1989

[40] Sassen S. The global city [M]. Princeton: Princeton University Press, 1991

[41] Scott A J, Agnew J, Soja E W, et al. Global city-region[M]//Scott A J et al. Global city-regions: trends, theory, policy. Oxford: Oxford University Press, 2001

[42] Torrens, P M. How land-use-transportation models work [C]. Advanced spatial analysis working paper series 20,2000

[43] Torrens, P M. New advances in urban simulation: cellular automata and multi-agent systems as planning support tools [M]//Planning support systems in practice. London: Springer-Verlag, 2002

[44] Turok, I and Bailey, N. The theory of polynuclear urban regions and its application to central Scotland[J]. European planning studies, 2004,12(3)

[45] UNCSD. Programme of work on indicators for sustainable development of the Commision on Sustainable Development (CSD) [EB/OL]. http://www. un. org/esa/sustdev/program. htm,December 1999

[46] Wusten, H van der and Faludi, A. The Randstad: playground for physical planners, in: F M Dieleman and S Musterd (Eds) The Randstad: A Research and Policy Laboratory [M]. Dordrecht: Kluwer Academic Publishers, 1992

[47] Xu, Y. A discreet choice based facility location model for inland container depots [J]. College of Engineering and Mineral Resources, 1999

[48] 陈凡,胡涓.中外城市群与辽宁带状城市群的城市化[J].自然辩证法研究,1997,13(10):48-53

[49] 陈华,刘永新.区域经济增长理论与中国区域经济非均衡协调发展[J].国际技术经济研究,2006,9(2):6-10

[50] 陈立人,王海斌.长江三角洲地区准都市连绵区刍议[J].城市规划汇刊,1997(3):31-36

[51] 崔功豪,王本炎.城市地理学[M].南京:江苏教育出版社,1992

[52] 崔功豪,魏清泉,陈宗兴.区域分析与规划[M].北京:高等教育出版社,2001

[53] 代合治.中国城市群的界定及其分布研究[J].地域研究与开发,1998,17(2):40-43,55

[54] 戴特奇,金凤君,王娇娥.空间相互作用与城市关联网络演进——以我国

20 世纪 90 年代城际铁路客流为例[J]. 地理科学进展，2005，24(2)：80-89
[55] 邓静，孟庆民. 新城市发展理论评述[J]. 城市发展研究，2001(1)：1-8，14
[56] 邓悦，王铮，吴永兴. 上海的边缘城市[J]. 人文地理，2001，16(5)：34-39
[57] 杜德斌. 加拿大城市住户居住选址行为研究——以多伦多都市普查区和蒙特利尔都市普查区为例[J]. 世界地理研究，1997(1)：58-65
[58] 方创琳，宋吉涛，张蔷，等. 中国城市群结构体系的组成与空间分异格局[J]. 地理学报，2005，60(5)：827-840
[59] 傅志平. 和谐社会导论[M]. 北京：人民出版社，2005
[60] 高汝熹，罗守贵. 论都市圈的整体性、成长动力及中国都市圈的发展态势[J]. 现代城市研究，2006(8)：5-11
[61] 顾朝林. 地域城镇体系组织结构模式研究[J]. 城市规划汇刊，1987(2)
[62] 顾朝林. 中国城镇体系[M]. 北京：商务印书馆，1995：201-226
[63] 顾朝林. 经济全球化与中国城市发展[M]. 北京：商务印书馆，1999：248-266
[64] 顾朝林，甄峰，张京祥. 集聚与扩散——城市结构新论[M]. 南京：东南大学出版社，2000
[65] 顾朝林. 中国城市发展的新趋势[J]. 城市规划，2006，30(3)：26-31
[66] 顾朝林，等. 概念规划：理论，方法，实例[M]. 北京：中国建筑工业出版社，2003
[67] 顾朝林，吴莉娅. 中国城市化研究主要成果综述[J]. 城市问题，2008(12)：2-12
[68] 顾朝林，俞滨洋，薛俊菲，等. 都市圈规划：理论、方法与实例[M]. 北京：中国建筑工业出版社，2007
[69] 顾朝林，于涛方，陈金永. 大都市伸展区：全球化时代中国大都市地区发展新特征[J]. 规划师，2002，18(2)：16-19
[70] 顾朝林，张敏. 长江三角洲城市连绵区发展战略研究[J]. 城市问题，2000(1)：7-11
[71] 顾朝林，张敏. 长江三角洲都市连绵区性状特征与形成机制研究[J]. 地球科学进展，2001，16(6)：332-338
[72] 顾朝林，赵晓斌. 中国区域开发模式的选择[J]. 地理研究，1995，14(4)：8-22
[73] 顾朝林. 城镇体系规划：理论，方法，实例[M]. 北京：中国建筑工业出版社，2005

[74] 谷海洪，诸大建. 欧洲空间区域一体化的规划[J]. 城乡建设，2005(11)：60-63
[75] 官卫华，姚士谋. 城市群空间发展演化态势研究——以福厦城市群为例[J]. 现代城市研究，2003(2)：82-86
[76] 韩守庆，李诚固，郑文升. 长春市城镇体系的空间管治规划研究[J]. 城市规划，2004，26(9)：81-84
[77] 何伟. 区域城镇空间结构与优化研究[M]. 北京：人民出版社，2007
[78] 侯启章. 珠江三角洲城市群体研究[D]. 广州：中山大学，1993
[79] 胡彬. 长三角城市网络化发展内涵研究[J]. 中国工业经济，2003(10)：35-42
[80] 胡刚. 城市群走向组合城市[J]. 特区经济，2006(12)：12-14
[81] 胡宁. 山东板报城市群结构及发展动力研究[D]. 济南：山东师范大学，2004
[82] 胡伟平. 城镇群体空间关系的生态学透视——以珠江三角洲为例[J]. 热带地理，2003，23(3)：284-288
[83] 胡序威. 有关城市化与城镇体系规划的若干思考[J]. 城市规划，2000，24(1)：16-20
[84] 胡序威，周一星，顾朝林. 中国沿海城镇密集地区空间集聚与扩散研究[J]. 北京：科学出版社，2000
[85] 姜洪庆. 空间的竞争与合作——浅析广东城镇结构规划[J]. 规划师，2003，19(9)：13-17
[86] 江曼琦. 城市空间结构优化的经济分析[M]. 北京：人民出版社，2001
[87] 金凤君. 基础设施与人类生存环境之关系研究[J]. 地理科学进展，2001，20(3)：276-285
[88] 金丽国. 聚集经济的微观基础——一个区位选择的分析框架[J]. 数量经济技术经济研究，2006(4)：73-88
[89] 金丽国. 区域主体与空间经济自组织[M]. 上海：上海人民出版社，格致出版社，2007
[90] 景哲. 关中城市群发展模式研究[D]. 西安：西安理工大学出版社，2005
[91] 景建军. 城市群形成的动力机制研究——以山东半岛城市群为例[J]. 济南：山东师范大学，2007
[92] 李秉毅. 城镇体系规划是城市可持续发展与城乡一体化发展的基础[J]. 规划师，1999，15(3)：34
[93] 李红卫，吴志强，易晓峰，等. Global-Region：全球化背景下的城市区域现

象[J]. 城市规划,2006,30(8):31-37
[94] 李金铠. “中原城市群”框架下小城镇持续推进问题研究[J]. 河南社会科学,2006,14(2):151-1554
[95] 李培祥,李诚固. 经济全球化的区域效应[J]. 山东经济,2003(6):21-23
[96] 李蕊蕊,赵伟. 区域空间发展理论研究的进展[J]. 泉州师范学院学报(自然科学版),2006,24(2):58-62
[97] 李铁立. 北京市居民居住选址行为分析[J]. 人文地理学,1997(6):38-42
[98] 李小健,张晓平,彭宝玉. 经济全球化对中国区域经济发展的影响[J]. 地理研究,2000(3)
[99] 李亚军. 山东半岛城市群规划研究[D]. 济南:山东大学,2005
[100] 林燕平. 中国地区国民收入差距实证研究[M]. 北京:北京大学出版社,2000
[101] 刘静玉,王发曾. 城市群形成发展的动力机制研究[J]. 开发研究,2004(6):66-69
[102] 刘荣增. 试析新经济增长对城市与区域发展的影响[J]. 经济经纬,2002(3):33-36
[103] 刘荣增. 城镇密集区发展演化机制与整合[M]. 北京:经济科学出版社,2003:14-15
[104] 刘荣增. 城镇密集区及其相关概念研究的回顾与展望[J]. 人文地理,2003,18(3):13-17
[105] 刘荣增. 我国城镇密集区发展演化阶段的划分与判定[J]. 城市规划,2003(9):78-80
[106] 刘晓霞,甄峰,张年国. 信息时代区域空间结构成长机制研究[J]. 西北大学学报(自然科学版),2005,35(5):645-648
[107] 刘耀彬,陈志,杨益明. 湖北省城市体系空间结构发展研究[J]. 华中科技大学学报(城市科学版),2003,20(3):53-59
[108] 刘志虹,彭翀. 辽中城市群空间协调规划[J]. 城市规划,2007(10):48-51
[109] 陆大道. 区域发展及其空间结构[M]. 北京:科学出版社,1998
[110] 陆大道. 论区域的最佳结构与最佳发展——提出“点轴系统”和“T ”型结构以来的回顾与再分析[J]. 地理学报,2001,56(2):127-135
[111] 陆大道. 中国区域发展的新因素与新格局[J]. 地理研究,2003,22(3)
[112] 陆玉麒. 区域发展中的空间结构研究[M]. 南京:南京师范大学出版社,1998

[113] 陆玉麒.区域双核结构模式的形成机理[J].地理学报,2002,57(1):85-96
[114] 罗海明,甄峰.长江三角洲大都市区划分研究——兼论中美大都市区界定指标体系的比较[J].人文地理,2005,20(4):9-14
[115] 马昂主.区域经济发展和城乡联系[J].城市问题,1993(5):6-13
[116] 麦克劳林,著;王凤林,译.系统方法在城市和区域规划中的应用[M].北京:中国建筑工业出版社,1988:145-149
[117] 芒福德,著;倪文彦,宋俊岭,译.城市发展史——起源、演变和前景[M].北京:中国建筑工业出版社,1989
[118] 孟祥林.城市化进程研究——时空背景下城市、城市群的发展及其影响因素的经济学分析[D].北京:北京师范大学,2006
[119] 苗长虹,王海江.中国城市群发育现状分析[J].地域研究与开发,2006,25(2):24-29
[120] 苗东升.系统科学精要[M].北京:中国人民大学出版社,2000
[121] 倪鹏飞,侯庆虎.中国城市竞争力报告[M].北京:社会科学文献出版社,2004:78-82
[122] 倪鹏飞.中国城市竞争力报告[M].北京:社会科学文献出版社,2006:363-369
[123] 年福华,姚士谋,陈振光.试论城市群区域内的网络化组织[J].地理科学,2002,22(5):568-573
[124] 宁越敏,施倩,查志强.长江三角洲都市连绵区形成机制与跨区域规划研究[J].城市规划,1998(1):16-20
[125] 彭翀.辽中城市群空间发展格局研究[J].城市规划,2007(10):44-47,62
[126] 彭翀,杜宁睿,刘云.大城市居住用地扩展的多主体模型研究[J].武汉大学学报(信息科学版),2007,32(6):548-551
[127] 钱学森,等.论系统工程[M].长沙:湖南科学技术出版社,1988
[128] 仇保兴.论五个统筹与城镇体系规划[J].城市规划,2004,28(1):8-16
[129] 仇保兴.卫星城规划建设若干要点——以北京卫星城市规划为例[J].城市规划,2006,30(3):9-12
[130] 沙里宁.城市:它的发展、衰败与未来[M].北京:中国建筑工业出版社,1986
[131] 申玉铭.经济全球化、知识化对全球可持续发展的影响[J].经济地理,1999,19(3): 13-17

[132] 史育龙，周一星．关于大都市带(都市连绵区)研究的论争及近今进展述评[J]．国外城市规划，1997(2)：2-11
[133] 苏雪串．城市化进程中的要素集聚、产业集群和城市群发展[J]．中央财经大学学报，2004(1)：49-52
[134] 孙一飞．江苏省城镇密集区研究[D]．南京：南京大学，1994
[135] 孙一飞，马润潮．边缘城市：美国城市发展的新趋势[J]．国外城市规划，1997(4)
[136] 唐茂华．城市群体空间：演化机理与发展趋向[J]．上海行政学院学报，2005，6(5)：63-69
[137] 汤铭潭．城市信息化与信息网络规划研究[J]．建设科技，2005(7)：19-21
[138] 陶松龄，甄富春．长江三角洲城镇空间演化与上海大都市增长[J]．城市规划，2002，26(2)：43-48
[139] 王何，逄爱梅．我国三大都市圈域中心城市功能效应比较[J]．城市规划汇刊，2003，144(2)：72-76
[140] 王缉慈，等．创新的空间——企业集群与区域发展[M]．北京：北京大学出版社，2001
[141] 王宁．略论组合城市的理论与实践——以浙江省奉化市为例[J]．规划师，2000(4)：103-106
[142] 王士君，高群，王丹．城市相互作用关系的一种新模式——近域城市整合研究[J]．地理研究，2001，21(6)：558-563
[143] 王松霈．生态经济学为可持续发展提供理论基础[J]．中国人口·资源与环境，2003
[144] 王晓俊，王建国．兰斯塔德与“绿心”——荷兰西部城市群开放空间的保护与利用[J]．规划师，2006，22(3)：90-93
[145] 王兴平．都市区化：中国城市化的新阶段[J]．城市规划汇刊，2002(4)：56-59
[146] 王学真，高峰．知识经济下的技术创新与区域发展[J]．齐鲁学刊，2001(16)：112
[147] 王一鸣．中国区域经济发展新格局、新挑战[J]．半月谈，2006
[148] 魏后凯，等．现代区域经济学[M]．北京：经济管理出版社，2006
[149] 吴传清．世界城市群概览[J]．宁波经济，2004(4)：34-36
[150] 吴传清，李浩．国外城市群发展浅说[J]．经济前沿，2003，5：30-32
[151] 吴传清，刘陶，李浩．城市圈区域一体化发展的理论基础与协调机制探

讨[J]. 经济前沿,2005,12:26-30
[152] 吴传清,李季. 关于中国城市群发展问题的探讨[J]. 经济前沿,2003(增刊):29-31
[153] 吴启焰. 城市密集区空间结构特征及演变机制——从城市群到大都市带[J]. 人文地理,1999,14(1):11-16
[154] 吴晓,马红杰."边缘城市"的形成和形态初探[J]. 华中建筑,2000,18(4):85-86
[155] 吴永生. 江苏省城乡统筹的空间格局及其形成机制研究[D]. 南京:南京师范大学,2005
[156] 武永祥,吴芳. 由居住需求层次分析看现阶段我国的住宅建设[J]. 中国房地产,2001(9):39-40
[157] 吴志强. Global Region: An Alternative Strategy for Canton [C]. 广州都市区发展国际研讨会论文集,2002
[158] 谢守红. 湖南省城镇空间布局探讨[J]. 衡阳师范学院学报(自然科学版),2002,23(6):89-92
[159] 谢永琴. 城市外部空间结构理论与实践[M]. 北京:经济科学出版社,2006
[160] 邢怀滨,陈凡,刘玉劲. 城市群的演进及其特征分析[J]. 哈尔滨工业大学学报(社会科学版),2001,3(4):83-87
[161] 徐昊. 我国中部地区城市化进程中城市群空间形态研究[D]. 武汉:华中科技大学,2004
[162] 徐永健,许学强,阎小培. 中国典型都市连绵区形成机制初探——以珠江三角洲和长江三角洲为例[J]. 人文地理,2000,15(2):19-23
[163] 许大明. 东北区城乡一体化进程与策略研究[D]. 长春:东北师范大学,2003
[164] 许学强,周春山. 论珠江三角洲大都会的形成[J]. 城市问题,1994(3):3-6
[165] 许学强,周一星,宁越敏. 城市地理学[M]. 北京:高等教育出版社,1997
[166] 薛东前,孙建平. 城市群体结构及其演进[J]. 人文地理,2003(4):64-68
[167] 薛东前,王传胜. 城市群演化的空间过程及土地利用优化配置[J]. 地理科学进展,2002,21(2):95-102
[168] 薛东前,姚士谋,张红. 城市群形成演化的背景条件分析[J]. 城市地域与研究,2000(12):50-53
[169] 颜华. 我国统筹城乡发展问题研究[D]. 哈尔滨:东北农业大学,2005

[170] 阎小培，郭建国，胡宇冰. 穗港澳都市连绵区的形成机制研究[J]. 地理研究，1997(2)：22-29
[171] 杨汝万. 全球化背景下的亚太城市[M]. 北京：科学出版社，2004
[172] 杨晓娜. 城乡协调发展研究[D]. 武汉：华中师范大学，2005
[173] 姚士谋. 中国城市群[M]. 合肥：中国科技大学出版社，1992：7-10
[174] 姚士谋，朱英明，陈振光，等. 中国城市群(第二版)[M]. 合肥：中国科技大学出版社，2001
[175] 姚士谋，陈爽. 长江三角洲地区城市空间演化趋势[J]. 地理学报，1998，53(增刊)：1-10
[176] 姚士谋，陈爽，陈振光. 关于城市群基本概念的新认识[J]. 城市研究，1998(6)：15-17
[177] 姚士谋，陈彩虹，陈振光. 我国城市群区空间规划的新认识[J]. 地域研究与开发，2005，24(3)：37-41
[178] 叶嘉安，徐江，易虹. 中国城市化的第四波[J]. 城市规划，2006，30(增刊)：13-18
[179] 叶玉瑶. 城市群空间演化动力机制初探[J]. 城市规划，2006，30(1)：61-66，87
[180] 余斌，罗静. 试论城乡地域系统的空间组织[J]. 华中师范大学学报(自然科学版)，2005，39(4)：564-567
[181] 于涛方，吴志强. 长江三角洲都市连绵区边界界定研究[J]. 长江流域资源与环境，2005，14(4)：397-403
[182] 郁鸿胜. 欧洲城市群发展的基本特点[J]. 上海综合经济，2003(6)：57-58
[183] 张海峰. 山东半岛城市群生态环境与经济协调发展模式研究[D]. 青岛：中国海洋大学，2005
[184] 张京祥. 城镇群体空间组合[M]. 南京：东南大学出版社，2000
[185] 张京祥，崔功豪. 试论城镇群体空间的组织调控[J]. 人文地理，2002，17(3)：5-8
[186] 张勤. 强化空间开发管制，加强城镇化体系规划——建设部城乡规划司副司长张勤谈城乡统筹与区域协调[J]. 城乡建设，2005(11)：34-35
[187] 张庭伟. 1990 年代中国城市空间结构的变化及其动力机制[J]. 城市规划，2001，25(7)：7-14
[188] 张祥建，郭岚，徐晋. 长江三角洲城市群的空间特征、发展障碍与对策[J]. 上海交通大学学报(哲学社会科学版)，2003，11(6)：57 62

[189] 张晓明. 长江三角洲巨型城市区特征分析[J]. 地理学报,2006,61(10):1025-1036
[190] 赵鹏军,彭建. "边缘城市"对城市开发区建设的启示——以天津经济技术开发区为例[J]. 地域研究与开发,2000,19(4):54-57
[191] 赵永革. 论中国都市连绵区的形成、发展及意义[J]. 地理学与国土研究,1995,11(1):15-22
[192] 浙中城市群论坛. 规划篇:城市群功能与结构——城市群空间组织[EB/OL]. [2007-12-16]. http://www.fjsen.com/misc/2007-02/01/content_258624.htm
[193] 甄峰. 信息技术作用影响下的区域空间重构及发展模式研究[D]. 南京:南京大学,2001
[194] 郑吉春,赵天杨,朱余旺. 我国城市群梯度发展战略分析与评价[J]. 中国软科学,2003(10):120-123
[195] 周复多. 组合型城市发展研究——兼论昆阳与鳌江镇的组合[J]. 经济地理,1993(4)
[196] 周玲强. 长江三角洲国际性城市群发展战略研究[J]. 浙江大学学报(理学版),2000(3):201-204
[197] 周一星. 城市地理学[M]. 北京:商务印书馆,1995:315
[198] 周一星. 中国的城市体系和区域倾斜战略探讨[M]//中国城市化道路宏观研究. 哈尔滨:黑龙江人民出版社,1991
[199] 周一星,杨焕彩,等. 山东半岛城市群发展战略研究[M]. 北京:中国建筑工业出版社,2004
[200] 朱舜,高丽娜,等. 泛长三角经济区空间结构研究[M]. 成都:西南财经大学出版社,2007
[201] 朱英明. 我国城市群地域结构特征及发展趋势研究[J]. 城市规划汇刊,2001(4):55-57
[202] 朱英明,姚士谋,李玉见. 我国城市群地域结构理论研究[J]. 现代城市研究,2002(6):50-52
[203] 朱英明. 城市群经济空间分析[M]. 北京:科学出版社,2004
[204] 邹军,陈小卉. 城镇体系空间规划再认识——以江苏为例[J]. 城市规划,2001,25(1):30-33